Universale Economica Feltrinelli

SERGIO RAMAZZOTTI
VADO VERSO IL CAPO

13.000 km attraverso l'Africa

Feltrinelli

Prima edizione italiana Feltrinelli Traveller s.r.l. 1996
Prima edizione nell'"Universale Economica" novembre 1999
Quinta edizione febbraio 2007

ISBN 978-88-07-81572-0

Grazie di cuore a Filippo Piazzi e a Gilberto Milano:
senza la loro fantastica incoscienza
questo libro non sarebbe mai nato.

A Monica, che sa.

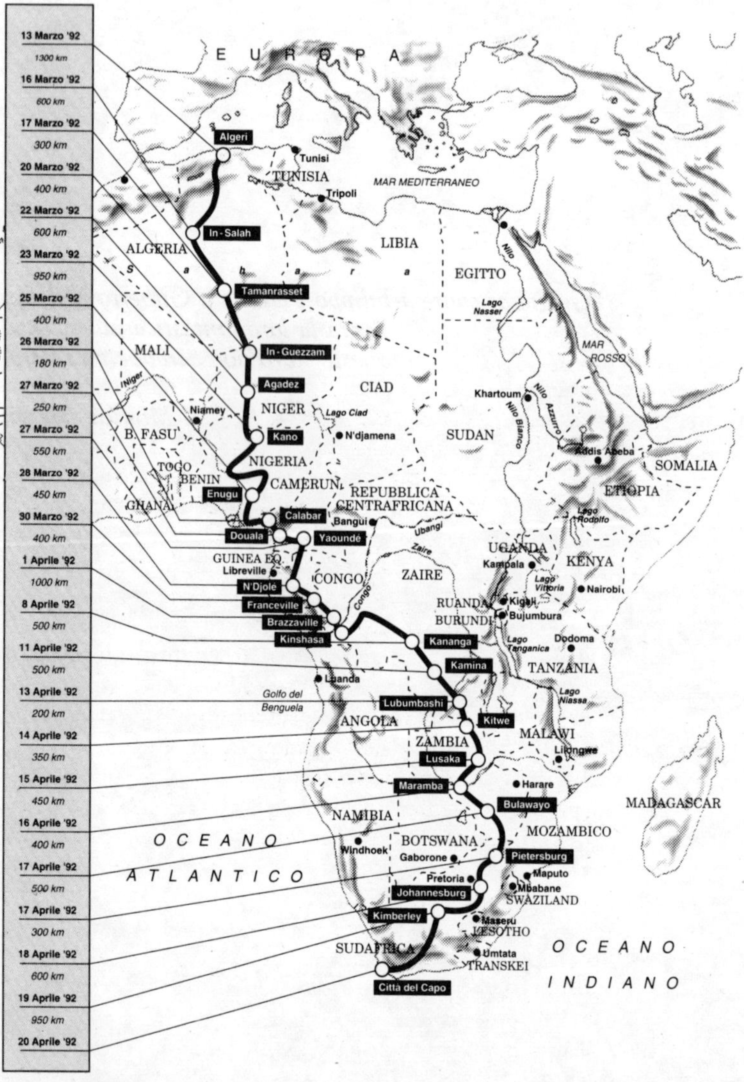
13 Marzo '92
1300 km
16 Marzo '92
600 km
17 Marzo '92
300 km
20 Marzo '92
400 km
22 Marzo '92
600 km
23 Marzo '92
950 km
25 Marzo '92
400 km
26 Marzo '92
180 km
27 Marzo '92
250 km
27 Marzo '92
550 km
28 Marzo '92
450 km
30 Marzo '92
400 km
1 Aprile '92
1000 km
8 Aprile '92
500 km
11 Aprile '92
500 km
13 Aprile '92
200 km
14 Aprile '92
350 km
15 Aprile '92
450 km
16 Aprile '92
400 km
17 Aprile '92
500 km
17 Aprile '92
300 km
18 Aprile '92
600 km
19 Aprile '92
950 km
20 Aprile '92
EUROPA
Algeri
Tunisi
TUNISIA
Tripoli
MAR MEDITERRANEO
In - Salah
ALGERIA
LIBIA
EGITTO
Nilo
Sahara
Tamanrasset
Lago Nasser
MAR ROSSO
MALI
In - Guezzam
Agadez
CIAD
Niger
Niamey
NIGER
Lago Ciad
Khartoum
Nilo Azzurro
Nilo Bianco
B. FASU
Kano
N'djamena
SUDAN
NIGERIA
Addis Abeba
SOMALIA
TOGO
BENIN
CAMERUN
REPUBBLICA CENTRAFRICANA
ETIOPIA
GHANA
Enugu
Calabar
Bangui
Lago Rodolfo
Douala
Yaoundé
Ubangi
Zaire
UGANDA
GUINEA EQ.
Libreville
Kampala
KENYA
N'Djolé
CONGO
ZAIRE
Lago Vittoria
Nairobi
Franceville
Congo
RUANDA
Kigali
Brazzaville
BURUNDI
Bujumbura
Kinshasa
Kananga
Lago Tanganica
Dodoma
Kamina
TANZANIA
Luanda
Golfo del Benguela
Lubumbashi
Lago Niassa
ANGOLA
Kitwe
MALAWI
ZAMBIA
Lilongwe
Lusaka
Maramba
Harare
Bulawayo
MADAGASCAR
NAMIBIA
MOZAMBICO
OCEANO ATLANTICO
BOTSWANA
Windhoek
Gaborone
Pietersburg
Pretoria
Maputo
Johannesburg
Mbabane
SWAZILAND
Kimberley
Maseru
LESOTHO
SUDAFRICA
Umtata
TRANSKEI
OCEANO INDIANO
Città del Capo

Il nero viene a trovarmi almeno una notte la settimana. Indossa l'uniforme grigioverde, a volte la mimetica, e mi chiedo come faccia a tenerla così stirata con questo caldo e con questa polvere. Gli si legge la diffidenza nel bianco degli occhi, sotto il berretto: "Vôtre pièce, s'il vous plaît," *documenti per favore. Qualche volta li chiede in inglese:* "Your passport, please".

Gli porgo il passaporto liso con la mano che gronda sudore, metà per il caldo, metà per la tensione. Sulla copertina color vinaccia rimangono le mie impronte digitali bagnate. Ormai ho capito che quando il bianco degli occhi di un gendarme nero si illumina di quella luce sospettosa, la prima frase che uscirà dalle labbra carnose sarà "Vôtre pièce s'il vous plaît" *o* "Your passport please".

Non riesco, tuttavia, a trattenere un no di sconforto. E non è un "no" mormorato tra i denti o sbuffato sottovoce: glielo urlo in faccia, con la stessa disperazione di un prigioniero di guerra che, lasciato qualche ora a meditare dopo una notte di torture, ora vede tornare il suo boia col coltello in mano.

Mentre urlo, in una parte lucida del mio cervello sfreccia questa successione di pensieri: bloccato, ritardo, sguardo sospettoso, interrogatorio, sequestro pellicole/macchina fotografica, costretto a tornare a casa, prezzolare (finiti i soldi), il viaggio continua, sono sempre più povero, povero come la gente che ho incontrato finora, perché un altro problema? (problème, problem), *i miei visti sono regolari, regolari, regolari. Poi mi sveglio, e il posto di blocco assolato si dissolve nella notte.*

Anche questo si chiama mal d'Africa?

Sono tornato a casa da tanti mesi, eppure il sogno è sempre puntuale, non accenna a volermi lasciare. Però non lo chiamo "incu-

bo" perché, in fondo, non mi dispiace che ritorni: il sogno, insieme a una curiosa cicatrice che il sole ha scavato sul mio naso, a qualche diapositiva scattatami da mani intimidite dal dover reggere una macchina fotografica e a una fastidiosa infezione intestinale, mi ricorda che in corrispondenza di alcuni punti ben precisi tra Algeri e Città del Capo (punti che un navigatore satellitare potrebbe esprimere con cruda precisione in gradi, minuti e secondi ma che io preferisco identificare come baracche, cippi miliari, anse di fiumi, traversine di rotaie, dune) c'è un'Africa soltanto mia. In ognuno di questi luoghi è avvenuto qualcosa che ha cambiato la mia idea di Africa, di amicizia, di uomo, di viaggio, forse anche la mia vita. Mi cullo in questo ricordo e so che se prendessi un aereo per tornare a rivederli, quei luoghi si dissolverebbero al momento di allacciare la cintura di sicurezza.

Nei mesi di marzo e aprile del 1992 ho attraversato l'Africa, dall'Algeria al Capo di Buona Speranza, con i mezzi pubblici: ho percorso 13.000 chilometri a bordo di camion, treni merci e passeggeri, taxi, furgoni, traghetti e barchini, e per alcuni tratti anche a piedi.

Prima di questo viaggio l'Africa era la mia amante. Dopo è diventata mia moglie.

1.

Nel 1992 Gilberto Milano era caporedattore di *AutoCapital.* Le idee pazze erano sempre sue, anche se, guardandolo, nessuno avrebbe mai detto che un uomo come lui potesse concepirne. Gilberto ha la barbetta rossa, la pancetta e gli occhiali spessi ed è un animale di redazione, di quelli che contemporaneamente parlano al telefono, cancellano le righe in eccesso di un articolo e riescono sempre a sorprenderti alzando gli occhi al momento giusto quando tu tenti di sgattaiolare in corridoio senza farti vedere.

I colleghi, che con lui avevano lo stesso rapporto di *HassLiebe*, amore-odio, che i tedeschi dell'Est avevano prima della caduta del Muro con le loro Trabant, le povere utilitarie con carrozzeria di plastica tanto brutte eppure tanto agognate, lo chiamavano Gilberto Milagno, perché nessuno aveva mai scritto un articolo che gli fosse andato bene al primo colpo. Ma lui non se la prendeva: metodico, verso le cinque del pomeriggio, quando la sua carica cominciava a esaurirsi, scendeva al piano di sotto e si coccolava – estate e inverno – con una cioccolata calda nella quale inzuppava un biscotto di pastafrolla.

Mi chiamò a gennaio; doveva appena aver finito di far merenda, perché suonava fin troppo allegro: "Un'idea eccezionale: parti per l'Africa e l'attraversi con i mezzi pubblici, sullo stesso percorso della Paris-Le Cap. Facciamo vedere ai nostri lettori cosa significa viaggiare in bus nel Continente Nero, altro che macchine da rally! Ma cerca di partire in fretta".

Il rally Parigi-Città del Capo si era concluso da neanche un mese e Gilberto voleva che il mio taccuino di viaggio africano potesse essere pubblicato al più presto.

Così, due giorni più tardi il mio passaporto era già a Roma per il giro delle ambasciate. Gilberto intanto aveva perso un po' del suo entusiasmo iniziale. Parlava con me di questa traversata come una ragazzina potrebbe raccontare a sua madre del primo bacio.

"Certo però che fino a Città del Capo in autobus non dev'essere facile... Ma tu te la senti davvero?" mi chiedeva ridendo con gli occhi bassi. Sembrava si vergognasse di guardarmi in faccia. In realtà – si vedeva bene – si era già pentito della sparata fatta due settimane prima al telefono, e si malediceva perché sapeva, già prima di comporre il mio numero, che io non mi sarei mai tirato indietro. Per consolarlo gli ripetevo sempre la stessa frase: "Non preoccuparti, vedrai che sarà più facile del previsto. Anzi," aggiunsi una volta, "vedrai che riesco a tenere la media dei trecento chilometri al giorno. All'alba del quarantesimo giorno ti telefonerò da una stanza del più bell'albergo di Città del Capo".

Non l'avessi mai detto. In redazione cominciarono a circolare storielle umoristiche su un pazzo che aveva deciso di fare il giro dell'Africa in quaranta giorni utilizzando il torpedone al posto della mongolfiera. Cosicché io presi tutto ciò non più soltanto come un lavoro, ma anche come una sfida: quaranta giorni avevo promesso e quaranta giorni ci avrei impiegato. Gilberto si rassegnò: "Guarda cosa ti ho procurato," mi disse il giorno dopo sorridendo maliziosamente sotto la barbetta. Era una cartina dell'Africa, dettagliatissima.

"Quella fa schifo, la lasci a casa!" fu la prima frase che disse Giovanni Mattiangeli vedendomi entrare nel suo ufficio con una pila di carte sotto il braccio. In cima a tutto c'era la mappa regalatami da Gilberto Milano. Proprio lui mi aveva suggerito di andare a conoscere la persona che gli aveva dato l'idea della traversata con i mezzi pubblici. "Si definisce un puro, uno che ha girato l'Africa in lungo e in largo, e che si è stufato di vedere turisti che inquinano il deserto e le foreste scorrazzando con i loro fuoristrada portati da casa."

Penso che i camion algerini sono catorci dalla marmitta corrosa e dagli scarichi oleosi e puzzolenti, mentre almeno i fuoristrada dei turisti hanno la marmitta catalitica. Gilberto mi spiega che il puro quando viaggia nel deserto prende il cammello o chiede un passaggio sui camion da trasporto. Il suo motto è: meglio dieci turisti su un camion solo che su dieci Toyota.

Il puro ha sui quarantacinque anni, ben vestito, abbronzato. Mi stringe la mano e noto l'orologio d'acciaio, marca Rolex, al polso destro. Quando si siede, e allunga le braccia in avanti per liberarsi dalla morsa della giacca, ne vedo un secondo uguale al polso sinistro.

Inizia a parlare (niente convenevoli di rito, si parla subito d'Africa e per un'ora buona parleremo soltanto di quello) e gli occhi gli si illuminano di una luce bianca, tagliente. Quasi folle. Capisco per la prima volta quali sono gli effetti che il mal d'Africa provoca a un uomo. Si è presentato con un ventaglio di cartine Michelin dalle copertine rosse ormai scolorite dal sole, che ha sbattuto sulla scrivania. In mezzo spicca la 953 *Afrique Nord et Ouest*, la bibbia di tutti i viaggiatori del deserto. "Se vuole viaggiare sicuro ci vogliono queste," dice.

"Non credo che per viaggiare in autobus la cartina debba essere così dettagliata. Gli autisti sapranno la loro strada," gli rispondo.

"Hai ragione, hai ragione." Scoppia in una fragorosa risata. Cinque minuti di conversazione, e già siamo passati al tu. "Queste le porto ogni volta solo perché sono mitiche. In realtà non le ho mai aperte, non mi sono mai servite a niente."

Mitiche? Mi rassegno. Gilberto mi aveva avvertito. Apro la mia cartina, sulla quale ho già tracciato un percorso di massima con un pennarello giallo, e la stendo sulla scrivania. Ho intenzione di attraversare il deserto lungo la pista di Tamanrasset, arrivare fino in Niger, e poi restare il più possibile sulle strade principali passando la Nigeria, il Camerun, il Congo. Da Brazzaville (dove gli equipaggi della Paris-Le Cap si erano imbarcati aggirando via mare l'Angola, che aveva negato il permesso di far passare la corsa sul proprio territorio) entrerò in Zaire, e poi giù attraverso Zambia e Zimbabwe, fino al Sudafrica.

Birolex (l'ho battezzato così per i suoi due orologi) scruta la mappa e fa un fischio leggero: "Un bel viaggio, non c'è che dire. Quanti chilometri dovresti fare?" Gli dico che sono 13.000, e che vorrei arrivare in quaranta giorni.

"Non dovresti avere troppi problemi. Hai scelto un percorso molto lubrificato."

Lubrificato, nel vocabolario personale di Mattiangeli, è un termine dai mille significati. La stazione degli autobus di Algeri, apprendo, è superlubrificata perché ogni giorno decine e decine di pullman partono per tutte le destinazioni. La pista di Tamanrasset è lubrificata, trovare un passaggio per attraversare il deserto è fin troppo facile. Lubrificati sono anche i trasporti pubblici in Niger ("A Niamey c'è una *gare routière* che sembra un luna park") e in Zambia, da dove posso "sperare di arrivare a Città del Capo in due o tre giorni". Un itinerario liscio come l'olio.

"Non posso darti indicazioni sull'Africa centrale: dal Camerun fino allo Zambia per me è zona inesplorata. Non mi piace, e mi fa paura. La vera Africa è il deserto, le tribù del Nord, i dogon, i tuareg. Oppure i grandi parchi del Sud. La foresta tropicale non ha personalità, non ha fascino. Non puoi innamorartene. Nel deserto, invece, sarei anche disposto a morire."

Nell'ufficio, arredato freddamente con la moquette grigia, i mobili spigolosi marrone scuro e le litografie incorniciate d'alluminio, l'atmosfera si è fatta calda. Mattiangeli parla della sua Africa come di un'amante, a volte dolce, a volte perfida, ma della quale soffre la lontananza. Per lui percorrere le piste sabbiose del Sahara è come fare l'amore con questa immensa donna che teme e rispetta. I solchi lasciati dalle ruote dei fuoristrada targati Milano, Monaco o Parigi diventano ferite inferte da un violentatore. Lui vuole farlo dolcemente, senza lasciare la traccia inquinante e dolorosa del proprio passaggio. Io mi appresto a fare la stessa cosa, con il suo stesso spirito. Ripiego la cartina e ci salutiamo.

Prima di andarmene, però, voglio togliermi una curiosità, e domando a Birolex come mai porta due orologi uguali. Lui stende le braccia, e dai polsini slacciati spuntano i due cronografi. Indica quello di destra: "Questo me lo regalarono per la cresima. Qualche anno fa si ruppe, e non trovavo nessuno che riuscisse a ripararlo. Allora ne comprai un altro uguale, ma siccome non volevo rinunciare a portare anche il primo, li mettevo entrambi. Finché trovai un artigiano in grado di sistemare quello rotto. In quel periodo avevo già iniziato a viaggiare in Africa, e ogni volta che tornavo lasciavo l'orologio di sinistra sincronizzato sull'ora locale del posto dove ero stato". Gli faccio notare che i due orologi segnano la stessa ora. "Sì, perché è un mese che sono tornato da Agadez, dove non c'è differenza di orario con l'Italia. Ma questa di destra è l'ora di Milano. E questa di sinistra rimane sempre l'ora di Agadez."

Già a Milano il percorso inizia a rivelarsi tutt'altro che lubrificato. Avevo lasciato il mio passaporto a un'agenzia che si sarebbe occupata di tutte le procedure burocratiche per la richiesta dei visti. Qualche giorno dopo il mio incontro con Birolex, un'impiegata mi telefona e mi dice che ci sono dei problemi con i documenti. Avere a che fare con le ambasciate mi ha sempre provocato una certa inquietudine. Sembra che i funzionari dell'ufficio visti, scrutando tra le righe di quel modulo che li informa sul tuo nome, cognome, professione e buone e cattive intenzioni nei confronti del loro paese, possano con un misterioso rito entrare nella tua vita privata, nei tuoi pensieri, e capire se sei pericoloso al punto di negarti il lasciapassare.

"Lei ha chiesto un visto per l'ingresso in Nigeria? La mia collega deve essersi scordata di dirle che ottenerlo in meno di un mese e mezzo è praticamente impossibile. A meno che..."

Sguardo complice della donna.

"Con una banconota da cento dollari la procedura si sveltisce. Di solito lo rilasciano in una settimana."

"Ma è scandaloso!" Lei mi fissa coi suoi occhi ben truccati, poi mi risponde senza scomporsi: "Mi dispiace, purtroppo i nigeriani sono riusciti a importare anche in Italia il sistema del loro paese. Non possiamo farci niente se sono dei grandi stronzi". Dice "stronzi" senza la minima inflessione.

Tiro fuori due banconote da cinquanta dollari e gliele porgo. Lei le prende e prosegue: "Ho paura che non sia tutto. Senta questa: l'ambasciata del Gabon mi ha rimandato indietro i moduli perché dicono che ci sono delle macchioline. Deve compilarne degli altri".

"Ma quei moduli me li hanno inviati loro!" protesto. Mentalmente calcolo altri dieci giorni perduti prima di ricevere dei documenti nuovi da Roma.

"Lo so, lo so. Non è mica la prima volta che succede. Così come l'ambasciata dello Zaire, quando si chiede un visto d'ingresso multiplo, ne rilascia di proposito uno singolo. È sempre così. Anzi, lei è già stato fortunato a ricevere i visti più difficili in pochi giorni."

Domando che cosa bisogna fare per ottenere un visto multiplo dello Zaire.

"Basta chiederlo, e loro lo rilasciano con tante scuse per l'errore. Naturalmente dovrà pagare anche questo, e le costerà il doppio di quello che ha già sborsato. È un loro piccolo trucco."

Dodici timbri sul passaporto per poter attraversare in libertà linee rette tracciate arbitrariamente dall'uomo sono costati 875.500 lire.

2.

Arrivo ad Algeri in una splendida giornata di sole e vado all'Hotel de l'Aéroport. Ho con me uno zaino rosso e una borsa nera con gli apparecchi fotografici. Al bancone un impiegato col pizzetto prende il mio passaporto e mi accoglie con uno stentato "buongiorno, come andiamo capo?" in italiano.

Mi tocca l'ottavo piano, e la camera è rovente come una sauna. Il condizionatore non funziona e dai rubinetti non esce altro che aria calda. Nella stanza aleggia un odore antico di polvere e di muffa. Vorrei cercare di partire al più presto. Scendo alla reception per chiedere informazioni.

"Sto cercando un autobus per Tamanrasset."

L'uomo sgrana gli occhi. "A Tamanrasset con l'autobus? E perché mai? C'è un aereo ogni giorno, è così comodo! In autobus potrebbe impiegarci una settimana."

Una settimana per duemila chilometri di pista asfaltata. Preoccupante, sarei già fuori media, e subito dopo incontrerei il deserto, dove non posso sperare di percorrere più di un centinaio di chilometri dall'alba al tramonto. Preoccupante? Fuori media? Mi sorprendo già a ragionare sui famosi trecento chilometri giornalieri che mi sono imposto. Perché, poi, non so spiegarlo. Ma so che, contando a partire da oggi, il quarantesimo giorno sarà il lunedì dell'Angelo, e quel lunedì voglio essere a tutti i costi a Città del Capo, ad ammirare il punto dove Oceano Atlantico e Oceano Indiano si abbracciano spumeggiando.

"Non ho abbastanza soldi per viaggiare in aereo," mento all'uomo della reception. Lui sfodera un sorriso: "Allora vada alla *gare routière*. Troverà tutto quello che le serve".

Il taxi, una fatiscente Fiat 124 gialla, aspetta fuori dell'albergo. Al volante c'è un giovane coi baffi che stranamente non mi propone di cambiare dollari o franchi francesi al tasso di mercato nero. Invece mi domanda: "Che cosa ci fa ad Algeri uno come lei di questi tempi?". "Cerco di andarmene," gli dico. "È saggio. In Algeria si è spezzato qualcosa. Per gli stranieri non è più come prima."

Poche settimane prima si è tenuto il terzo turno delle elezioni politiche. Il Fis, Fronte islamico di salvezza, portavoce dei disoccupati e dei disperati che agli occhi del governo rappresentava – con la sua minaccia di chiudere l'Algeria nella spelonca buia del fanatismo religioso – un pericolo mortale per la già disastrata economia, ha riscosso un successo clamoroso: 180 seggi al parlamento. Il governo, spaventato, ha messo al bando gli integralisti, proclamato lo stato d'emergenza e mandato i carri armati nelle piazze. Il presidente Chadli Benjedid si è dimesso e al suo posto si è insediato il falco Mohamed Boudiaf. Molti esponenti del Fronte sono stati incarcerati, e non passa venerdì (il giorno sacro dei musulmani) che davanti alle moschee la polizia non si scontri duramente con i fedeli.

Spiego al tassista che vado verso il Capo. Lui mi dice che il viaggio più lungo che ha fatto è stato fino a Tlemcen, dove vivono i suoi genitori, e non sa che cosa sia il "Capo". Accarezza un adesivo appiccicato sul cruscotto, con la scritta "Nel nome di Allah clemente e misericordioso" stampata nel carattere *muhaqaq*, capricciosi riccioli color oro su sfondo nero. "La polizia spara ancora, ma non tutti i musulmani sono uguali. Io, ad esempio, voglio una sola cosa: la pace. E siamo in tanti a volerla, straniero, tanti quanti quelli che vogliono la guerra."

Non immaginavi, placido tassista senza nome, che cosa sarebbe accaduto nel tuo paese di lì a poche settimane.

Non potevi prevedere che il 29 giugno un fanatico avrebbe ammazzato il presidente Boudiaf con un colpo di pistola, che il 26 agosto una bomba sarebbe esplosa all'aeroporto di Algeri causando dieci morti, che i militari avrebbero lanciato una controffensiva violentissima a colpi di incursioni di paracadutisti, di irruzioni nel cuore della notte, di esecuzioni sommarie, di distribuzioni di armi ai civili contrari all'integralismo e che nelle strade del paese, sugli autobus, nei mercati sarebbero comparsi, sempre più numerosi, i *ninja*, gli agenti di polizia con la tuta e il passamontagna neri ("Condurremo una guerra implacabile fino a quando non avremo sradicato dalla nostra terra tutti coloro che si sono macchiati le mani col sangue dei tutori dell'ordine," avrebbe dichiarato il generale Khaled Nezzar, comandante dell'esercito). Non potevi prevedere che gli integralisti islamici avrebbero cominciato a rapire, violentare e tagliare la testa a tutte le ragazze sorprese a frequentare la scuola, che sarebbero arrivati a sgozzare intellettuali, giornalisti, lavoratori stranieri e preti, che in questa guerra senza quartiere sarebbero caduti in 40.000, scannati, decapitati, accoltellati o trafitti dai proiettili nel nome della patria laica o di Allah misericordioso.

La *gare routière* si trova poco lontano dalla stazione ferroviaria, un bell'edificio del Novecento che col suo orologio sul frontone e la scritta "Gare d'Alger" dipinta in nero mi fa venire in mente un'immagine di viaggiatori d'altri tempi, con le valigie di cuoio lucido tappezzate di etichette d'albergo: Grand Hotel de Londres, Napoli; Winter Palace, Luxor; Hotel d'Angleterre, Parigi; Raffles Hotel, Singapore. La stazione delle corriere, invece, è un inferno: dentro al recinto di rete metallica centinaia di persone brulicano intorno ai dodici autobus in attesa di partire. I bus sono veri e propri relitti su quattro ruote: così sporchi di fango che non si riesce a distinguerne il colore, i parabrezza una ragnatela di incrinature causate dai sassi. Qualche ruota è storta al punto che il veicolo, visto da davanti, sembra pietosamente inginocchiato.

Il Ramadan, il mese del sacro digiuno, è iniziato da una settimana, e i venditori di tè, caffè e frittelle si sono messi in disparte con i loro banchetti a ruote, in attesa che dagli altoparlanti delle moschee la voce registrata dei muezzin annunci, cantilenando, il tramonto del sole e permetta ai fedeli di andare a riempirsi lo stomaco. All'estremità più lontana del recinto un gruppo di balordi ha messo in piedi – su due bidoni unti di petrolio – una piccola bisca dove si gioca ai dadi.

Fotografo due uomini del sud che, nonostante la calura insopportabile, si sono avvolti nel loro caftano di lana (ciò che ripara dal freddo ripara anche dal caldo, dicono i tuareg), hanno infilato il volto nel cappuccio a punta per scacciare la luce del sole, e ora dormono beati con le mani in tasca, sdraiati sui loro sacchi. Sembrano due frati stanchi.

Dietro di loro c'è un venditore di couscous che, appena mi vede puntare l'obiettivo, inizia a sbraitare sopra il frastuono della folla e mi si avvicina saltellando sulle stampelle. "È proibito fotografare, vattene! Ce l'hai il permesso della polizia?" È a un metro da me, e mi punta la stampella alla gola come fosse una spada. Intanto i due in caftano si sono svegliati per le urla, e intorno a me si è radunata una piccola folla di curiosi.

Mi scuso e me ne vado, seguito dagli occhi di tutti e da commenti in arabo che non capisco. Scatto ancora qualche foto in un altro angolo della stazione, poi entro nell'androne della biglietteria. Ci sono quindici file di poltrone di plastica arancione, rivolte verso i botteghini. Le sedie sono tutte occupate. Molti dormono, alcuni ascoltano musica raï. Il grande tabellone appeso a una delle pareti laterali informa che il primo bus per Ghardaia (non ce ne sono di diretti per Tamanrasset) parte l'indomani mattina alle cinque e mezzo. Decido di prendere quello.

Mentre attraverso il ponte che passa sopra i binari della ferrovia e porta in centro, scoccano le sette di sera e partono nell'aria, uno dopo l'altro, i cento canti che decretano, fino all'alba dell'indomani, la fine del digiuno. La città è deserta. Tutti si sono precipitati nei ristoranti, o a casa, per la cena. Nel silenzio mi godo le piazze alla francese colme di verde e gli antichi edifici imbiancati a calce e ingialliti dal sole e dagli sputi; passo sotto i chilometri di portici dalle colonne color pastello che col sole ospitano un mercato ininterrotto e accarezzo il marmo lucido delle fontane. Entro in un ristorante sotto un porticato, ma mi dicono che non c'è posto, farei meglio a riprovare di lì a un'ora.

Allora vado sulla spiaggia, rosa e profumata di tramonto mediterraneo; apro la cartina sulla sabbia, e faccio correre gli occhi fino a Città del Capo.

Al mattino, prima dell'alba, torno alla *gare routière*. L'androne è silenzioso. I passeggeri sono tutti avvolti nei loro caftani color cioccolato, e dormono ovunque: sul pavimento, sulle sedie, sugli enormi cumuli di sacchi. Manca un quarto d'ora alla partenza del mio pullman, ma lo sportello dove si comprano i biglietti per Ghardaia è ancora chiuso. Eppure, come ho verificato ieri, i bus partono in perfetto orario. Il bigliettaio sarà nel retro, a rimpinzarsi di tè caldo e frittelle prima che spunti il sole e cominci un'altra giornata di digiuno. In coda insieme a me ci sono almeno altre trenta persone, ma nessuno sembra preoccuparsi. Qualcuno, appoggiato al corrimano, riesce a sonnecchiare in piedi.

Quando il vecchio orologio appeso alla parete segna le cinque e venticinque ecco che, dall'altra parte, spunta un vecchio sdentato che apre un libriccino dalla copertina azzurra e dalle pagine di carta velina e vi annota sopra qualcosa. Poi inizia ad urlare: "Ghardaia, Ghardaia!". Sta finendo di masticare un boccone di frittella, e mentre sbraita ne sputa un pezzo che termina la sua corsa contro il vetro e rimane lì come un campione di coltura biologica pronto per essere analizzato al microscopio.

La coda, immobile fino a un minuto prima, si tramuta in una mischia di rugby: decine di mani protendono le mazzette di dinari, tentano di infilarsi nella stretta fessura e di raggiungere il bigliettaio. Il biglietto costa 210 dinari e i soldi sono tutti contati al centesimo. Il bigliettaio a quest'ora non ha certamente i soldi per il resto, e tra le mille mani che lo sfiorano privilegia quelle che stringono la somma giusta. "*Chef, chef!*" gli urlano con tono implorante i passeggeri intorno a me.

Ho conquistato il mio biglietto di carta velina azzurra a prezzo di qualche costola schiacciata, ma quando esco dall'androne l'autobus è già sparito. Non ho mai sentito racconti di autobus partiti in perfetto orario nei paesi africani – e potrò confermarlo al termine del mio viaggio – ma pare che la *gare routière* di Algeri rappresenti un'eccezione. Un'eccezione malaugurata, visto che pochi secondi di distrazione per chiedere a un uomo con la divisa dei Transports Algériens dove sia finito il mio bus mi costano il furto dell'intera attrezzatura fotografica. Gìrati! mi dice una voce dentro. Quando mi giro, le mie due sacche sono diventate una sola.

Mi prende alla gola un groppo d'angoscia. Vorrei guardare lontano, riuscire a vedere qualcuno che corre con la mia borsa in mano, ma ormai c'è troppa gente. È come tentare di mettere a fuoco il paesaggio dietro a uno stormo di aironi che si levano in volo tutti insieme.

Quando corro all'ufficetto della polizia, dentro l'androne, trovo un agente mezzo addormentato con i piedi sulla scrivania che si scava sotto le unghie lunghe con uno stuzzicadenti e ogni tanto sorbisce il tè da un bicchiere fumante. Gli spiego che cosa mi è successo. Il poliziotto non si scompone. Senza interrompere l'operazione di pulizia delle unghie mi suggerisce di aspettare le otto e di sporgere denuncia al commissariato dell'ottavo *arrondissement*. Non ha nemmeno sollevato il volto.

"Gliela troviamo noi la sua macchina fotografica, non si preoccupi. Le recuperiamo nel novanta per cento dei casi. Intanto battiamo a macchina la denuncia." Il poliziotto mi sembra troppo ottimista. È vestito in borghese, con un paio di jeans attillati, gli stivali da cow-boy e un giubbotto di pelle con le spalle imbottite. Sparisce per un'ora, poi torna nella sala d'aspetto dove mi ha lasciato. Si è tolto il giubbotto ed è rimasto con una maglietta verde militare con la scritta "Vietnam" e un teschio alato. "Mi spiace farla aspettare, ma non riesco a trovare una macchina da scrivere con caratteri non arabi. Ora la mandiamo a prendere in un altro commissariato." Dopo un'altra ora riappare trionfante. Regge tra le braccia, come fosse un bambino, un mostro di ghisa grigia con i tasti cromati. Batte la denuncia in un lampo, muovendo le gambe al ritmo dei tasti. "Però io non posso timbrarla. Dobbiamo aspettare che torni il commissario." "E il commissario dov'è?" domando. "Sta coordinando le pattuglie di fronte alle moschee. Oggi è venerdì. Avrà sentito che abbiamo qualche problema con gli integralisti." "Sia sincero, crede che ci siano veramente delle speranze di ritrovare la mia borsa?" "Credo di sì. Oggi stesso faremo un giro al mercato delle pulci di Bab-el-Oued, e vedrà che qualcosa salterà fuori."

Prendo mentalmente nota del nome. Credo che chi espone oggetti rubati al mercato di Bab-el-Oued sappia riconoscere le facce di questi poliziotti meglio di quelle dei genitori. La loro visita verrebbe annunciata da un rapido passaparola ben prima del loro ingresso nel suk, e nel giro di mezzo minuto il ricettatore sarebbe già al sicuro in qualche topaia della casbah. Decido di andare a cercare la mia attrezzatura da solo, senza polizia.

Il commissario rientra dalla battaglia dopo mezzogiorno. È tarchiato, con un volto taurino e unto. Indossa un completo grigio con doppiopetto a righe e un paio di scarpe rosse lucidissime. Guarda la denuncia, mi squadra e poi firma con un grugnito.

Esco e prendo un taxi per Bab-el-Oued. Lungo la strada, mi viene in mente di fare una sosta alla *gare routière*, dove stamane ho lasciato in deposito lo zaino che contiene un centinaio di rullini e la biancheria. Mi tolgo la giacca kaki e prendo una camicia blu e un paio di occhiali da sole. Non vorrei che il ladro riconoscesse anche me. È un pietoso tentativo di sembrare diverso da stamattina, ma non saprei dove andare a cercare una parrucca e un paio di baffi finti.

Prima di andarmene, mi faccio prestare dall'uomo del deposito bagagli una penna e un foglio di carta. Scrivo in francese: "Offro ventimila dinari per una borsa di tela nera contenente macchine fotografiche rubata stamattina in questa stazione". Ci penso un attimo, poi decido di fare leva anche sulla religione e aggiungo, trascrivendola da un Corano tascabile, una frase estratta dal versetto dei ladri: "Se dopo il furto rinunci al vantaggio del tuo atto ingiusto e compi opere buone, anche il Signore Allah rinuncerà alla sua ira su di te, poiché Dio è buono e misericordioso". In fondo metto la data, il mio nome e il numero di telefono dell'albergo. Non ci spero molto, ma ventimila dinari sono pur sempre lo stipendio di parecchi mesi.

Dall'altra parte della strada, seminascosto in un vicolo, c'è un buco sudicio occupato da una vecchia fotocopiatrice Xerox arancione grande come un rinoceronte. Per dieci dinari faccio fare dieci copie del mio annuncio. L'uomo alla fotocopiatrice lo legge con la coda dell'occhio e mi guarda interessato, ma non dice una parola. Torno alla *gare routière* e appendo i fogli: due all'esterno dell'androne, uno sotto il tabellone delle partenze, qualcuno sparso per le pareti, l'ultimo di fianco all'ingresso del deposito bagagli. L'impiegato al banco, un uomo straordinariamente alto, foruncoloso, con gli occhiali dalle lenti spesse come due vetri blindati, ha seguito la scena con interesse. "Che cosa c'era nella sua borsa?"

Lo guardo sospettoso. Sono convinto che almeno una persona, in tutta la stazione, sappia esattamente dove si trova in questo momento la mia attrezzatura. Prima di andare al commissariato avevo provato a interpellare i giocatori di dadi in fondo al recinto, ma quelli avevano borbottato qualcosa scuotendo la testa, e poi se ne erano andati raccattando le loro cose in fretta e furia. E che invece sia lui, questo gigante butterato, l'uomo giusto? Elenco il contenuto della borsa. "Un danno grave. Lei è un giornalista, o qualcosa del genere?" Annuisco. "Forse so dove può ritrovare la sua roba," dice.

Dai miei occhi devono essere uscite due fiammate, perché l'uomo mi fissa atterrito come se fossi Allah disceso in terra: "E dove? A Bab-el-Oued, forse?". "No, non ho mai visto macchine fotografiche a Bab-el-Oued. Bisogna cercare al mercato Lagiba, a Bellecour. Ma non può andarci da solo, si perderebbe."

Tiro fuori di tasca dieci banconote da cento dinari e gliele porgo: "Lei sarebbe disposto ad accompagnarmi?".

"Certo, come no. Ma metta via i soldi, non è necessario." Adesso sono io a fissarlo esterrefatto. Non credevo di poter trovare in Algeria un uomo che rifiuta una mancia pari a un terzo del suo stipendio. "A proposito, io mi chiamo Ahmed." Mentre parla, Ahmed esce dal loculo pieno di valigie, sacchi, scatole di cartone legate con lo spago, buste di plastica contenenti galline che ogni tanto si lamentano per il caldo emettendo un chioccio soffocato, e chiude la saracinesca alle sue spalle: "Andiamo".

"Ma nel frattempo ci sarà pur qualcuno che dovrà ritirare il suo bagaglio."

"Non si preoccupi, nessuno perderà l'autobus. I primi partono fra tre ore."

Suggerisco di prendere un taxi, ma Ahmed vuole a tutti i costi usare il bus. Una volta a bordo, insiste anche per pagarmi il biglietto. Discutiamo per un po', e mi gela con una frase a cui non posso ribattere: "Lei ha già perso abbastanza per oggi".

Dopo un'ora nel traffico rumoroso e puzzolente scendiamo di fronte alla grande moschea di Bellecour. Il mercato inizia subito dietro all'edificio sacro, snodandosi lungo una via larga che sale verso la casbah. Ahmed mi mette in guardia: "Tolga il portafoglio dalla tasca. Ecco, faccia come me". Prende il suo borsellino di pelle e se lo infila nelle mutande. "Adesso percorreremo tutto il mercato. Se vede qualcosa di suo, non domandi nulla al venditore. Lo prenda e se ne vada immediatamente. Di corsa. E urli 'polizia!'. Ha capito?" Ahmed non deve essere nuovo a questo genere di imprese.

Appena entriamo nel suk veniamo risucchiati dalla folla urlante. Siamo costretti a muoverci seguendo la corrente, sgomitando per farci largo nel muro impenetrabile fatto di corpi umani. I venditori espongono la loro merce per terra, ai lati della strada. Sui fazzoletti colorati giacciono montagne di circuiti elettronici strappati da vecchie radio, montature di occhiali rotte, scarpe con la suola bucata, pile, lampadine, binocoli russi scrostati. Alcuni stanno in piedi in mezzo alla via e offrono, sbraitando a squarciagola, un unico articolo. Un paio di pantaloni, un registratore a cassette. Un vecchio col turbante e la barba maomettana tiene in mano un frac avvolto nella plastica, con tanto di camicia bianca e papillon.

Continuiamo a salire nella via che si fa sempre più stretta, e il rumore si fa sempre più assordante. Ahmed mi tiene a braccetto.

"Se anche vedessi la mia macchina, crede veramente che riusciremmo a scappare? È già un miracolo se riusciamo a camminare," gli urlo in un orecchio. "Cerchi di guardare dappertutto. A scappare penseremo poi."

Ci inoltriamo in un labirinto allucinante: il mercato si dirama in una decina di budelli larghi come un uomo, che corrono nella penombra sotto gli archi delle vecchie case dall'intonaco di fango. Passiamo in mezzo a nuvole di vapori acri che si levano dalle ceste colme di spezie e di pesce essiccato. Saliamo e scendiamo scalinate ripide, dai gradini alti fino al ginocchio, fino al cuore della casbah, nella roccaforte dell'Islam. La scritta "*Vive FIS*" campeggia – in arabo e in francese – su tutti i muri. Non una donna mostra il volto, sempre rigorosamente nascosto dal chador. Si intravvedono solo i lampi di pupille diffidenti, o forse curiose.

Dopo mille svolte riusciamo a guadagnare un ponticello con la vecchia grata di ferro battuto, dal quale si domina buona parte del mercato. Le contrattazioni si svolgono anche da quassù: chi compra piega la mazzetta di dinari in sei, e la butta al venditore che sta in basso. Questo svolge le banconote, controlla la cifra, poi lancia l'oggetto sul ponticello. "Riesce a vedere qualcosa da qui?" mi domanda Ahmed. "Se ci fosse qualcosa di mio, lo riconoscerei anche a un chilometro di distanza."

Abbiamo camminato per tutto il pomeriggio. L'unica macchina fotografica che ho visto era una vecchia reflex sovietica. La teneva in mano un giovane e per un attimo, da lontano, mi era parso che potesse essere una delle mie Nikon. Mi ero precipitato trascinando con me Ahmed e spintonando malamente almeno una ventina di persone che avevano preso ad insultarmi. In quel momento avevo capito che, se fosse stato necessario scappare, ci sarei riuscito eccome. Avrei corso sulle teste della gente, ma mi sarei ripreso ciò che mi apparteneva. Ma l'apparecchio che il ragazzo teneva alto sopra la testa non era che un mezzo rudere.

"Ahmed, credo che possiamo andarcene," dico. "Mi dispiace. Almeno ci abbiamo provato." Gli domando se è sicuro di non voler accettare nulla per il tempo che mi ha dedicato. "Non si preoccupi. Allah mi ripagherà."

Secondo la tradizione musulmana un uomo, prima di morire, deve allevare un figlio, piantare un albero e uccidere un serpente. Per quanto mi riguarda, oggi Ahmed ha piantato il suo albero.

3.

Sabato sera sono di nuovo alla *gare routière*. Tengo in mano lo stesso biglietto acquistato il giorno prima e aspetto l'autobus delle otto e mezzo per Ghardaia. Nello zaino ho una macchina fotografica con due obiettivi e una fotocopia della cartina (quella che Birolex mi aveva suggerito di lasciare a casa) sulla quale avevo segnato il percorso da seguire e una serie di appunti importanti. L'originale era nella borsa rubata.

Certe volte credo che mia moglie Monica sia il mio angelo custode. Venerdì sera, dopo la sfortunata visita al mercato di Bellecour, ero tornato in albergo e le avevo telefonato. Le avevo spiegato quello che mi era successo e le avevo chiesto di portare al giornale una vecchia macchina fotografica e degli obiettivi che non usavo da tanti anni. Poi avevo telefonato a Gilberto, dicendogli di prepararmi una fotocopia della cartina (anche lui ne aveva una, per seguire i miei spostamenti) e di spedirmela insieme al resto.

Avevo già disfatto il mio zaino, rassegnandomi a trascorrere ad Algeri almeno una settimana in attesa del pacco, quando suonò il telefono. Era Monica: aveva trovato un suo amico agente di viaggio che proprio il giorno seguente sarebbe arrivato ad Algeri e avrebbe alloggiato nello stesso albergo dove mi trovavo io.

Sabato a mezzogiorno avevo ricevuto tutto, senza nemmeno dover uscire dall'hotel. Quel pomeriggio, tanto per placare una voce che mi tormentava, avevo visitato il *marché aux puces* di Bab-el-Oued, quello dove la polizia aveva intenzione di fare incursione dopo la mia denuncia. L'oggetto più prezioso che avevo visto era un'autoradio senza marca che portava ancora i segni del cacciavite. Visto che con la mia borsa era sparito anche il registratore che uso per prendere appunti, in una cartoleria avevo comprato un quaderno dalla copertina rosa.

Alle sette di sera, quando il canto dei muezzin si diffonde tra le case, la *gare routière* si blocca. Si bloccano le donne e gli uomini che fino a un minuto prima correvano per procurarsi il pasto serale (terminata la preghiera diventa impossibile trovare del cibo: i venditori ambulanti si rifugiano in un angolo e attaccano a mangiare ciò che un attimo prima vendevano, senza dare più retta a nessuno). Si bloccano, girano all'unisono le spalle al disco arancione che scende dietro le gru del porto, e s'inginocchiano a recitare l'eterna invocazione: *Allahu akbar*, Dio è grande.

Visto qui, tra gli autobus e i cumuli di bagagli, lo spettacolo del Maghrib – la preghiera del tramonto – ha un che di magico. Sembra una danza rituale trasposta in balletto, o meglio un balletto lentissimo ispirato da una danza rituale e circondato da una coreografia surrealista fatta di vecchie corriere polverose illuminate dalle luci verdognole delle lampade a tungsteno. Trecento, forse quattrocento persone sollevano le braccia al cielo, si inchinano, si rialzano, poi si inginocchiano poggiando la fronte sul terreno, siedono sui talloni e tornano di nuovo in piedi per ripetere la sequenza. Non si ode altro rumore che il fruscio delle vesti.

Dopo la preghiera, la corsa al cibo è fulminea: si aprono i pentolini col couscous, si scioglie il latte in polvere nelle bottiglie d'acqua, si svolgono i fagotti di carta da pacco che contengono qualche prezioso pezzo di carne. Avidamente, si beve la prima acqua e si fuma la prima sigaretta della giornata.

La prima volta che mi imbattei nel Ramadan fu nel 1990, in Pakistan, dove ero andato a cercare un monumento che, secondo la locale tradizione musulmana, sarebbe la tomba della Madonna. La leggenda dice che gli apostoli deposero Gesù dalla croce col favore delle tenebre e fuggirono verso Oriente insieme alla Vergine. Viaggiarono per mesi finché, giunti a poca distanza dalla catena montuosa del Karakorum, Maria morì di stenti. Gli apostoli cercarono allora un luogo elevato nelle vicinanze, la seppellirono e costruirono sopra al tumulo un semplice monumento funebre.

Akhtar Hasan, un funzionario del Ministero dell'Informazione di Islamabad, conosceva la leggenda e mi aveva promesso di aiutarmi a localizzare la tomba, o almeno il punto dove si credeva fosse avvenuto il rito funebre. Passai parecchi giorni a Rawalpindi aspettando una sua telefonata, e nel frattempo giravo per la città cercando altre informazioni.

Del Ramadan mi colpì, più che il rito in sé, il modo i fedeli lo vivevano: non serenamente, ma come una tortura. che qui, terminata la preghiera della sera, la gente si gettav sul cibo e sull'acqua con un'ingordigia quasi animalesca, continuando a ingozzarsi per ore. Per la mia ignoranza rischiai anche di farmi linciare una volta che – in pieno giorno – camminavo in un bazar sorseggiando una bottiglia di Coca-Cola. Venni circondato da una decina di persone che, a parole e con eloquenti gesti del pollice fatto scorrere sulla gola, mi fecero capire che dovevo smetterla di bere in pubblico durante il sacro digiuno.

Dopo due giorni mi telefonò Akhtar Hasan: tramite l'arcivescovo di Islamabad era entrato in contatto con il reverendo J.J. Edward, un prete cattolico dello Sri Lanka che viveva a Murree e sapeva dove si trovava la tomba.

Murree è un paesino di montagna vicino al confine con l'India, a poca distanza da Islamabad. Partimmo di buon mattino, e nelle prime ore del pomeriggio eravamo già nel soggiorno del reverendo Edward, di fronte a tre tazze di tè fumante. La prima domanda che gli feci non c'entrava nulla con la Madonna e la sua tomba: "Non crede che il Ramadan sia un rito ipocrita?"

Edward alzò gli occhi dalla sua tazza di tè. "Ipocrita? Cosa intende dire?" Il tono della mia domanda era stato volutamente provocatorio. "Voglio dire che mi ha colpito il modo in cui questo rito viene osservato. C'è molta forzatura. Se un credente digiunasse con convinzione non si preparerebbe con la ciotola in una mano e il cucchiaio nell'altra già mezz'ora prima dello scadere del termine." Il prete mi rispose sorridendo: "Da questo punto di vista la religione cattolica è molto più ipocrita. Lei immagina un cattolico costretto a digiunare per un mese dall'alba al tramonto?" Poi scattò in piedi e ci portò a vedere la tomba: "Venga," mi disse, "capirà molte cose".

Il monumento era sulla sommità di una collina appena fuori dal paese, ai piedi di un ripetitore della televisione pakistana. Un tabernacolo bianco, scarno, deludente. Edward, urlando sopra al vento che minacciava di farci rotolare giù dal pendio, mi raccontò alcune storie legate alla tomba. Nel XVIII secolo gli inglesi avevano costruito un forte su quella stessa collina. Quando, dopo l'indipendenza del 1947, l'edificio fu abbattuto, la tomba, che si trovava all'interno delle mura, venne risparmiata. E ancora, vent'anni fa venne modificato il progetto di costruzione del traliccio per non dover abbattere la tomba. "Vede? Furono sem-

i a salvarla, perché la rispettano. Anche se è inne-
a tomba cristiana." Edward mi fece notare che il
nento era orientato a nord, al contrario di tutte
lmane che guardano sempre a est, verso la Mecca.
lamica è incredibilmente più aperta della nostra.
musulmani Gesù Cristo era un profeta di Allah, e questo giustifica la sua presenza nella storia dell'Islam, il punto è che la sua esistenza non viene negata. Noi avremmo la forza di ammettere che Maometto era un profeta di Dio, e di trovargli un posto nella Bibbia?"

Ripenso a questo episodio mentre, sulla banchina numero sette, dove sto aspettando il mio autobus, i passeggeri si preparano per l'assalto.

Lungo il marciapiede c'è una fila di enormi sacchi di iuta, ceste e scatoloni in posizione strategica per essere spinti a bordo prima degli altri. I pentolini contenenti il semolino, il sugo di carne piccante e le verdure per il couscous sono stati accuratamente riposti. Quello che rimane servirà stanotte, durante il viaggio.

Tutti stanno in piedi sul bordo della banchina, con le teste voltate a sinistra, in attesa del torpedone. Io mi tengo in disparte, dietro agli altri, stretto al mio bagaglio. Un giovane nero si avvicina, mi saluta in francese e mi domanda se vado anch'io a Ghardaia. Gli dico che arriverò fino a Tamanrasset.

"Guarda! Anch'io vado fino a Tamanrasset. Faremo la strada insieme." Gli chiedo di mostrarmi il biglietto. Sono diventato sospettoso. Lui mi porge il suo pezzetto di carta velina azzurra con un sorriso ingenuo. È magrissimo, e porta una giacca blu tanto stretta che le maniche coprono a stento gli avambracci. Il suo unico bagaglio è uno zainetto di colore giallo fosforescente, grande sì e no da contenere un maglione. Un contrasto terribile, col nero della pelle e il blu della giacca: "Non crederai mica che sia un borsaiolo? Già, ma qui in Algeria è pieno di ladri. Non puoi girarti un attimo, *et voilà*. Ti hanno rubato tutto".

Mi viene da ridere.

In quel momento si unisce a noi, sbucato dal nulla, un ometto ben vestito che ci saluta con un "buonasera, signori" bisbigliato in tono melenso. Ha i capelli lisciati con la brillantina e porta la cravatta. Il colletto è talmente liso che si sfilaccia in piccole liane di tessuto annerito dall'unto della pelle. Si rivolge al mio futuro compagno di viaggio: "I signori sono amici?" Lui gli dà corda, e con la coda dell'occhio (bianca come solo sul volto di un nero può apparire, specialmente sotto le lampade verdognole della stazione) mi fa un cenno rapido, come se volesse dirmi di stare in guardia: "Siamo amici, sì".

Nel frattempo arriva l'autobus. Sulla banchina si scatena una battaglia. I passeggeri si lanciano contro le porte ancora prima che il veicolo si fermi, e cercano di aprirle infilando le unghie sotto la gomma. L'autista tira bruscamente il freno a mano, poi si alza dal sedile, apre di qualche centimetro un finestrino e dallo spiraglio urla qualcosa alla folla. Di colpo la gente si cheta. Nel silenzio, l'uomo con la brillantina chiede: "State viaggiando per turismo o per affari?" Il suo sorriso mezzo accennato ricorda l'espressione di un serpente. "È inutile che ci provi con noi, imbecille. Non siamo fessi. Vattene!" Lui ci fissa per un attimo. Il serpente che stava incantando la sua preda l'ha vista improvvisamente sfuggirgli con un balzo fulmineo sopra un ramo. Nei suoi occhi non c'è sorpresa, né smarrimento. Solo rabbia, una rabbia tanto intensa che sembra possa far esplodere i bulbi oculari come due palloncini. L'uomo si dilegua nello stesso nulla da dove era venuto.

"Ecco qua un esempio di quello che stavamo dicendo prima. Specialmente in questi posti di ladri ne trovi a centinaia. Come si dice? *Lupus in fabula*, no?"

Una citazione in latino? Mi viene in mente la frase con la quale un amico mi aveva salutato: "Portati parecchio da leggere, non credo che avrai molte occasioni di parlare". Altroché. Colui che dividerà con me i primi duemila chilometri – si chiama Hmidou Mamadou e vive a Bamako, in Mali – mi sembra tutto tranne che noioso.

Saliamo sull'autobus ormai quasi pieno. Il primo respiro è un artiglio che si stringe intorno ai polmoni: odori di pollame, granaglie, sudore, pannolini sporchi di bimbi, cuoio vecchio, grasso, olio, polvere mi colpiscono tutti insieme. Smetto di sentirlo soltanto mezz'ora dopo. Troviamo due posti nella prima fila e cerchiamo di sistemarci come meglio possiamo.

Perché i sedili più vicini al posto di guida sono liberi, mentre in fondo al bus la gente è stipata come in un vagone bestiame? "Credo che abbiano paura di un incidente," dice Hmidou. "I posti in fondo sono i più sicuri. E poi lontani dal rumore del motore si dorme meglio."

Mi consola il fatto di non aver dovuto camminare lungo il corridoio, dove i passeggeri hanno stipato una quantità inverosimile di bagagli. Ogni tanto, dal mucchio, si leva il vagito di un bambino. Che cosa sarebbe successo se, tradito dal buio, lo avessi calpestato?

L'autobus parte in orario alle otto e mezzo. Mentre si svolgevano le operazioni di carico dei bagagli l'autista ha indossato la divisa notturna, il caftano marrone col cappuccio a punta. Ora guida lento sulla strada statale, sorseggiando a tratti del tè da un bicchiere di carta che, miracolosamente, resta in equilibrio sul cruscotto nonostante gli scossoni provocati dalle buche. Non riesco a togliere gli occhi dal suo volto (che lampeggia nello specchietto retrovisore al ritmo dei lampioni sulla strada) sfregiato da una cicatrice che va dall'occhio al mento. "Ci metteremo molto, fino a Ghardaia?" gli chiedo. "Non molto, la strada è buona. Ci arriveremo domattina alle sei, *inchallah*." "È tanto che fa questo percorso?" "Saranno vent'anni. Ormai lo conosco bene. Tutte le notti Algeri-Ghardaia, tutte le mattine Ghardaia-Algeri. Ma lei che cosa fa su quest'autobus? Perché non viaggia in aereo? È uno straniero!" Inconcepibile, in Africa, che uno straniero non possa permettersi l'aereo. Ancora più inconcepibile che, pur avendo i soldi necessari, decida di non prenderlo.

"Quella come se l'è fatta?" chiedo all'autista indicando la cicatrice. Altro sorso di tè. "I cammelli. E il sonno. Da anni dormo un'ora all'andata e un'ora al ritorno. Mi tengo su con questo." Indica il bicchiere in bilico sul cruscotto. L'autobus è un vecchio Mercedes. Mi cade l'occhio sul contachilometri: segna 678.000, ma non mi stupirei se avesse già superato una volta la boa del milione. "Non me ne sono accorto in tempo. Sono finito in pieno dentro un branco che stava attraversando la strada e ho sfondato il vetro con la testa. Quando sono caduto sull'asfalto, i cammelli rimasti in piedi sono scappati. Scalciavano come pazzi, e mi hanno rotto tutte le costole. Però sono ancora qui."

"Lei guida venti ore al giorno e ne dorme solo due!"

Torno al mio posto, che è subito dietro a quello dell'autista, ma il calcolo delle sue ore di veglia e di sonno ancora non mi torna. Hmidou sta già dormendo profondamente. Apro il mio quaderno dalla copertina rosa e tento di prendere appunti tra gli scossoni. Fuori è già notte, e mi faccio luce tenendo tra i denti una piccola torcia elettrica. Dentro al quaderno c'è la fotocopia della cartina che mi ha inviato Gilberto: il percorso fino a Città del Capo è tracciato con un evidenziatore arancione. La mappa è stata realizzata mettendo assieme sei fogli col nastro adesivo. Su ognuno di essi, la riga color arancio corrisponde, più o meno, a duemila chilometri. Sul primo foglio, proprio sopra al puntino che rappresenta Algeri, Gilberto ha scritto in rosso: "Attenzione! Furti macchine fotografiche!". Voleva tirarmi su di morale.

Sei fogli. Immagino il nostro pullman che sta percorrendo, a quaranta chilometri l'ora, la strada che si inoltra tra le prime dune del Grande Erg occidentale. Traccio con la penna nera una linea fino a Ghardaia. Non copre nemmeno un terzo di quella arancione. Nemmeno un diciottesimo di tutto il percorso.

Un bambino attacca a piangere. La madre tenta di zittirlo offrendogli il biberon, ma lui non vuole saperne. Allora parte un ceffone: il bimbo strepita da far tremare i timpani. Mi accorgo che ogni tanto piccoli oggetti colpiscono il mio braccio destro, quello che dà sul corridoio. Mi volto, e vedo un vecchio che mastica con lentezza e pilucca da un fagottino di carta di giornale che contiene una massa bruna e collosa. Datteri freschi. Il vecchio rumina a lungo, con la testa piegata verso il corridoio e lo sguardo fisso sulla strada, poi sputa il nocciolo. Sono sulla sua traiettoria. Il resto dei passeggeri fa più o meno lo stesso: hanno riaperto pentolini, gavette e cartocci unti e hanno cominciato a mangiare.

Il bambino non ha ancora smesso di piangere. Io ho rinunciato a scrivere e Hmidou si è svegliato. "Allora sei uno scrittore." Mi ha visto prendere gli ultimi appunti. "Posso vedere?"

Gli porgo il quaderno. Ho scritto solo un paio di pagine, e già si sono formate, agli angoli dei fogli, quelle famose orecchie che ci tormentavano a scuola tanti anni fa. Guai a chi ha il quaderno con le orecchie, urlavano le maestre. E noi giù a lisciarle con la saliva.

"Ma questo è italiano. Tu sei italiano." Dopo la citazione in latino, Hmidou mi sorprende ancora. Gli domando come faccia a conoscere il latino e l'italiano. "Ho studiato dalle suore. Molte di loro erano del tuo paese."

Hmidou mi spiega di aver perduto il suo passaporto ad Algeri. Il più vicino consolato del Mali è a Tamanrasset, e ci sta andando per farsi rilasciare un nuovo documento. "Ho bisogno di arrivare in fretta, perché sto per finire i soldi. Non posso pagarmi un albergo." Sembra che si vergogni. Toglie il portafoglio di tasca: è giallo fosforescente, come lo zainetto. Mi mostra uno scomparto che contiene novecento dinari, quarantamila lire. Li ha messi da parte per il viaggio fino a Tamanrasset e ritorno, precisi all'ultimo spicciolo. In un altro scomparto ci sono duecento dinari: "Questi mi servono per mangiare. È tutto quello che mi rimane. Purtroppo sono anche cristiano. Fossi stato musulmano, il Ramadan mi avrebbe aiutato". Gli chiedo perché tornerà ad Algeri. "Sembra che ci siano buone speranze di ottenere un visto per l'Italia. Verrò a lavorare nel tuo paese."

Cerco di immaginare Hmidou, che viene da un paese dove l'analfabetismo raggiunge l'83% e sfoggia citazioni latine, girare per le vie a vendere sigarette o falsi portafogli firmati. Lo riconoscerei se un giorno si offrisse di lavarmi il parabrezza al semaforo? "Sai cosa ti aspetta in Italia?" gli domando. "No, ma non mi faccio scoraggiare. Credo nella mia volontà. Mio nonno era uno stregone dogon. Mi ha insegnato tante cose sui poteri della volontà."

Dogon: un'etnia di 240.000 persone, pastori e agricoltori isolati nelle zone montuose del Mali, chiusi all'interno dell'arco deciso che il fiume Niger disegna prima di puntare verso il sud e l'Oceano Atlantico. Scultori raffinatissimi, che plasmano il legno e il bronzo e ne traggono immagini dalla grazia enigmatica di un Modigliani, e che vivono in capanne di legno con porte da cattedrale. Stregoni e suore: che influenza possono avere sulla formazione di un bambino?

"Un giorno mio nonno fece sparire il pene a un uomo." Hmidou mi fissa, aspettando la mia reazione. Lo guardo senza parlare. Tra lo stupore e il sonno devo avere un'espressione terribilmente idiota, perché Hmidou scoppia in una risata. "Ho detto che mio nonno fece sparire il pene a un uomo. Lo so che è difficile da credere, ma io non ero più un ragazzino. Avevo quindici anni, e l'ho visto con i miei occhi. C'erano molte altre persone intorno. Credo che mio nonno sia riuscito a suggestionarci tutti con la forza della sua volontà, e noi abbiamo creduto di vedere quell'uomo senza uccello. L'uomo aveva messo in dubbio i poteri dello stregone in pubblico. Mio nonno lo chiamò davanti alla sua capanna e gli disse che per dimostrare che aveva torto avrebbe fatto sparire la sua virilità. 'Entra nella mia capanna, e vediamo se hai coraggio,' gli disse. Intorno si era radunato tutto il villaggio. Mio nonno non fece altro che pronunciare delle parole. Sono convinto che riuscì a provocarci una visione collettiva semplicemente col potere della sua volontà."

Il ritmo del racconto di Hmidou si fa più veloce, come la confessione dell'innocente che sa di non essere creduto. "Ora non sei più un uomo, gli disse, mostralo a tutti. Lui si calò i pantaloncini che portava e tutti videro quello che vidi io. L'uomo si guardò, poi cadde in ginocchio davanti a mio nonno, e pianse pregandolo di farlo tornare come prima." Provoco Hmidou: "Quell'uomo non avrebbe potuto essere d'accordo con tuo nonno? Non poteva essere nato con una malformazione?" "Non credo: aveva dodici figli."

Perché stupirsi di fronte a un episodio di suggestione collettiva? Anche nel nostro mondo cosiddetto "civile" si verificano episodi di suggestione quando, per esempio, un malato di cancro guarisce dal male dopo aver assunto delle semplici pastiglie di farina convinto, come il medico gli ha assicurato, che si tratti di un nuovo farmaco miracoloso. Che cosa sono le cure di uno stregone se non pillole di farina?

Mentre Hmidou racconta la sua storia, fuori il paesaggio cambia: adesso sono scomparse le case, sono scomparsi gli alberi, sembra scomparso anche il terreno che è diventato una distesa di sabbia di una piattezza assoluta, senza l'ombra di un rilievo che restituisca corporeità all'immagine. Intorno alla strada che corre perfettamente dritta c'è solo il cielo della notte illuminato da una gloriosa luna piena. La luce è così intensa che dal finestrino riesco a scorgere alcuni animali (cani?) distanti un centinaio di metri.

"Forse vuoi una dimostrazione." Hmidou non si da pace: non sa che alla sua storia credo molto più di quanto do a vedere. "Tu sai che il muscolo della palpebra si muove autonomamente, e per noi è molto difficile controllarlo." Gli domando se ha intenzione di mostrarmi qualcosa di cruento. "Non preoccuparti, è semplicissimo. Ti dimostrerò come la mia volontà può prendere il controllo dei muscoli delle palpebre e impedire che si contraggano per tutto il tempo che voglio."

Prima che io possa aprire bocca, Hmidou ha estratto un pacchetto di sigarette, ne ha presa una, e si è messo a fissarla con gli occhi sbarrati. Lo fisso a mia volta. Le sue palpebre sono immobili, come di pietra. I bulbi oculari – d'un bianco quasi fosforescente, nel chiarore azzurro che la luna diffonde nell'abitacolo – sembrano sospinti verso l'esterno da una estensione innaturale dei muscoli dell'orbita. Hmidou non parla, e sembra indifferente agli scossoni provocati dalle buche. Gli occhi e la sigaretta rimangono sempre alla stessa altezza. Dopo dieci minuti (non un attimo ho distolto i miei occhi dai suoi) cominciano a scendere le lacrime: due sottili rigagnoli che scorrono lungo le guance nerissime e gocciolano sui pantaloni – sempre sullo stesso punto – formando due macchie scure. Hmidou non fa un gesto. Sono quasi le tre del mattino. Parlando il tempo è trascorso in fretta e vorrei cercare di riposare: "Va bene. Mi hai convinto, ora puoi smetterla". La risposta è un gesto rapido della mano come per scacciare una mosca.

Decido di dormire. Si è fatto freddo: apro lo zaino e prendo una giacca pesante. Per un po' cerco una posizione sul sedile, ma è troppo stretto, e il mal di schiena inizia a tormentarmi. Finisco per sdraiarmi nel corridoio, incastrato tra due sagome umane avvolte nelle loro coperte. Quando mi adagio i due mugolano, ma non si svegliano. I sacchi sul pavimento sono morbidi (credo che contengano granaglie): mi addormento in pochi istanti.

Un attimo dopo una mano mi scuote la spalla, svegliandomi. Fuori è ancora buio, ma l'autista ha acceso le luci dell'abitacolo. Guardo l'orologio: le sei del mattino. Sollevo la testa, e quasi mi lascio scappare un urlo. Hmidou è diventato un mostro: gli occhi sono gonfi e rossi come due ciliegie mature. Due fiumi di lacrime scorrono lungo le guance, lambiscono le orecchie e le labbra e si infilano sotto il collo della maglietta. La pelle del volto sembra marmo nero lucidato a specchio. Le due macchie sui pantaloni arrivano al ginocchio. Hmidou sorride: è stato lui a svegliarmi. Siamo arrivati a Ghardaia.

In una mano Hmidou regge ancora la sigaretta. Non ha smesso di fissarla per tutta la notte.

Scendiamo solo noi: dopo un cambio d'autista, gli altri passeggeri proseguono per Ourgla, verso est. Stiamo per un po' a guardarci e a tossire, avvolti nella nuvola di sabbia che il pullman ha sollevato quando è ripartito. Ora Hmidou si asciuga le lacrime. Sta tremando vistosamente: ha solo la giacca per coprirsi, ed è inzuppata. Il freddo punge come un grosso ago nelle ossa. Gli porgo una felpa, che lui indossa velocissimo. Il sole sta sorgendo, e colora d'arancio il cielo limpidissimo. Lontano, su una collina di sabbia, alcune case di fango arrampicate lungo il pendio sembrano – nella luce dell'alba – immense pepite d'oro. La piazza delle corriere è deserta. C'è solo un dromedario che si aggira tra gli autobus. I suoi passi si sentono appena: il rumore degli zoccoli è attutito dalla sabbia.

Arriva un autobus: il cartello appoggiato sul cruscotto dice che proviene da Haaoud al Hamra, una piccola oasi in pieno deserto, quasi cento chilometri a est di Ourgla. Una ventina di tuareg, il capo avvolto negli *chèche* blu, scendono in silenzio, quasi si preoccupassero di disturbare. Alcuni occhi si voltano rapidi a guardarci dall'oscurità delle fessure degli *chèche*. Sguardi furtivi, sospettosi. L'autobus non fa in tempo a parcheggiare da un lato della piazzetta, che i tuareg sono già scomparsi. Come se la sabbia li avesse ingoiati.

Appesa sotto il porticato della biglietteria, un edificio che rammenta un carcere della Legione Straniera, con le mura di sabbia e fango pressati e, come finestre, fessure protette da una grata, c'è una lavagna con gli orari delle partenze. Gli orari sono stati vergati col gesso da una mano incerta, le destinazioni sono stampate in inchiostro bianco: Bordj-Omar-Driss, Bordj Messaouda, Tin Fouyè. Nomi che indicano un atollo di palme in mezzo a un oceano di sabbia. Fa un effetto strano vederli stampati, questi nomi, su un orario ufficiale -seppure in ardesia – della Compagnie des Transports du Sud-Est, e pensare che alcuni dei torpedoni parcheggiati di fronte a noi percorrono davvero quelle piste d'asfalto a buchi che sulle cartine diventano esili linee nere perdute in una sconfinata distesa giallo pallido.

L'autobus per In-Salah (ottocento chilometri più a sud) parte alle otto e mezzo di sera. Quello per El-Golea (trecento chilometri) è stato soppresso con un semplice colpo di spugna umida sulla lavagna. Sotto la striscia bianca si intravedono ancora i numeri cancellati: quindici e trenta. Hmidou mi spiega che, durante il Ramadan, le partenze degli autobus a lungo percorso vengono spostate un'ora dopo il termine del digiuno: "Viaggiare di giorno, col caldo, senza poter bere né mangiare è una tortura. Così la compagnia si adegua alle esigenze dei fedeli". Partendo alle otto di sera i passeggeri hanno un'ora per riprendersi dalle privazioni dell'intera giornata.

La *gare routière* comincia ad animarsi. Sulla piazza compaiono i taxi: sono tutte vecchie giardinette Peugeot, dipinte di un giallo squillante. Sui cofani ostentano il vecchio scudo nero con il leone d'oro. Mentre aspettano i passeggeri (che non sono mai meno di sei per volta, altrimenti la macchina non si muove), i tassisti discorrono a coppie e passeggiano avanti e indietro, mano nella mano, lasciando le loro impronte sulla sabbia. Da un lato, in disparte, sta parcheggiato un grosso fuoristrada Toyota. L'autista, un ometto alto sì e no un metro e mezzo, in tunica e *chèche* bianchissimi, non parla con nessuno: si sta attentamente ispezionando le unghie. Ci dicono che quella è l'unica macchina diretta a In-Salah. Ci avviciniamo. Hmidou saluta l'ometto, il quale non solleva neanche la testa: "Lei va a In-Salah?". "Sì, ma non subito." La voce è bassa, soffocata dai dieci strati di *chèche* che l'uomo ha avvolto intorno al capo. "Forse domani. Più probabilmente tra due o tre giorni. Sto aspettando dei pezzi di ricambio da Algeri." "Allora faremmo meglio a prendere l'autobus." "Certo, se riescono a sostituirlo in tempo."

Io e Hmidou ci scambiamo un'occhiata.

"Quello che avrebbe dovuto ripartire da qui stasera è fermo lungo la strada di El-Golea, a più di cento chilometri, con un semiasse spaccato."

Decidiamo di prendere una Peugeot fino a El-Golea. Hmidou tenta di contrattare sul prezzo, ma il tassista è irremovibile: vuole centocinquanta dinari a testa. Paghiamo e gli domandiamo a che ora si parte. "Presto, abbiate fiducia, vedrete che alle nove saremo pieni." La Peugeot, una 504 tenuta insieme con filo di ferro, chiodi e nastro adesivo, è predisposta per nove passeggeri: due sul sedile anteriore, schiacciati di fianco all'autista, quattro su quello posteriore e altri tre nel bagagliaio, dove è stato montato un divanetto che una volta doveva essere un materasso. Hmidou si volta verso di me e fa schioccare la lingua contro i denti, come usano i siciliani per dire no. "Ci sta raccontando balle. Ci vorranno ore prima che trovi altre sette persone." "Ormai abbiamo pagato. Andiamo a cercare un posto dove bere un caffè." "*Mon ami*, ti sei scordato che è Ramadan? Non troveremo un posto aperto nemmeno pregando."

Ci inoltriamo comunque nel paese. C'è un unico colore dominante, l'ocra della sabbia. Strade di sabbia, incorniciate da costruzioni di sabbia, si inerpicano su colline di sabbia. Gli unici materiali estranei al deserto sono il vetro delle finestre, il ferro delle grate e il legno delle travi rotonde e appuntite come lance che sporgono, in file ordinate, dai muri esterni delle case.

Il sole comincia a scottare. Non una caffetteria, non un pozzo. Camminiamo per una mezz'ora in stradine che diventano sempre più strette e sempre più ripide. Alla nostra vista le donne intabarrate nel chador abbassano lo sguardo e chiudono, con una retina di maglia, l'ultima fessura che lascia intravedere gli occhi.

Quando ci voltiamo per tornare sui nostri passi, un ragazzino che sta correndo a piedi nudi quasi ci sbatte contro: "Il taxi! Il taxi è pronto, veloci!" Lo ha mandato il nostro tassista: deve aver trovato i passeggeri. Sono le nove e cinque. "È la prima volta che mi succede," dice Hmidou.

L'autista della Peugeot pretende la restituzione della mancia che ha allungato al ragazzino per spedirlo alla nostra ricerca: cinque dinari. Hmidou si oppone, ma lo zittisco. Cinque dinari sono il costo di una telefonata. Porgo la banconota senza parlare, e gli occhi dell'uomo si illuminano d'un gran sorriso.

Ci sistemiamo sul sedile posteriore: siamo arrivati in ritardo, e ci toccano i posti più scomodi. Chiudo la portiera e il finestrino, sorretto da una delicata struttura di cacciavite e fil di ferro, cede e precipita fragorosamente all'interno dello sportello. Per fortuna non si è rotto. L'autista, che aveva già preso posizione e si apprestava a mettere in moto, emette un gridolino soffocato e scende per venire a esaminare il danno. Dall'esterno mi arriva una mitragliata di imprecazioni in arabo. Poi, da sotto lo sciarpone, si sentono i singhiozzi di un pianto sommesso. Hmidou si spazientisce: "Allora, vogliamo andare!" Sempre piagnucolando, l'uomo si rimette al volante e parte.

La Peugeot esce da Ghardaia a passo d'uomo, sputacchiando come un vecchio asmatico. A ogni buca sentiamo sotto i nostri piedi i colpi secchi e ferrosi delle balestre contro gli assi delle ruote.

Il paese finisce all'improvviso, senza sfumare: un metro prima ci sono le case, un metro dopo c'è solo polvere gialla.

La strada diventa una trincea d'asfalto che ogni tanto la sabbia invade e tenta d'ingoiare. Alla nostra destra, il Grand Erg occidentale; a sinistra, il Grand Erg orientale. Seconda, terza, quarta: la Peugeot tocca i cento chilometri orari. Quando passiamo sulle larghe lingue di sabbia che invadono la strada, la macchina scoda pericolosamente. Nell'abitacolo il caldo è atroce: tutti i finestrini (tranne il mio, e benedico il momento in cui si è rotto) sono bloccati nella posizione chiusa, uno con lo spago, gli altri con coltelli infilati nella guarnizione. Non ho lo spazio materiale per togliermi la giacca. Quasi non ce n'è a sufficienza per respirare. Mi lascio cullare dal frastuono del motore, e dopo un po' mi addormento.

Mi sveglia, forse dieci minuti, forse due ore dopo, la musica araba che proviene dall'autoradio. Dormivamo tutti e l'autista ha alzato il volume al massimo. Quando arriviamo a El-Golea è mezzogiorno. "Ho fame," mi dice Hmidou. "Andiamo a cercare qualcosa da mangiare." Troviamo una panetteria e compriamo due lunghe baguette croccanti (sono appena sfornate. Ma come? In pieno Ramadan!). Poco più in là c'è un banchetto che vende olive verdi condite con olio piccante: una tortura, col caldo che fa, ma non si trova altro. Ne prendiamo abbastanza da riempire i due panini.

Mentre torniamo sulla piazza principale alla ricerca di un po' d'ombra, veniamo affiancati da un tassista a bordo della solita Peugeot: "Ho sentito che cercate un taxi per In-Salah. Si parte fra due ore". L'uomo è del Mali, e appena riconosce Hmidou i due attaccano a parlare in un dialetto incomprensibile. Urlano, ridacchiano e continuano a darsi pacche e a stringersi la mano. Domando come mai il tassista è così sicuro di poter partire in due ore. Hmidou mi dice che alle due del pomeriggio arriva un aereo da Algeri, e una puntata all'aeroporto di solito permette di riempire il taxi.

Torniamo in piazza a bordo della Peugeot e l'uomo ci offre di restare a mangiare in macchina. Mi sento a disagio: gli adesivi con i versetti del Corano decorano il cruscotto e noi, in pieno giorno, azzanniamo panini lunghi trenta centimetri. Il tassista ci lascia da soli: scende dalla macchina, ci saluta con un sorriso dai denti candidi e va a sdraiarsi sotto un camion parcheggiato poco distante.

Al riparo della stessa ombra, altri occhi ci fissano: si capisce che sono sguardi di disapprovazione (e non anche di fame?). Hmidou non ha il minimo ritegno: continua a sputare rumorosamente noccioli d'oliva dal finestrino. Lo prego di trattenersi. Niente da fare: "Tu non sei musulmano, no? E nemmeno io. La nostra religione non ci obbliga a digiunare, e io mangio". È tutto. Dalla bocca di Hmidou riprendono a decollare i piccoli proiettili verdi. Terminata la mia dose di olive, sono sudato come se fossi appena uscito dal bagno turco. Di bere neanche a parlarne: non si trova dell'acqua in tutta El-Golea. Ci rassegnamo ad aspettare.

Alle tre del pomeriggio stiamo aspettando ancora. "La pazienza è d'oro," continua a ripetere Hmidou. Capirò a fondo il significato di questa frase soltanto al termine del viaggio, fra molte settimane. L'aereo da Algeri è arrivato, ma era semivuoto. Mi sembra di svenire per il caldo e la sete. All'infuori di due giovani turisti francesi che non ci hanno rivolto una parola, in tre ore non abbiamo visto una sola persona camminare al sole.

Alle tre e mezzo una grossa Toyota con le insegne di una compagnia petrolifera frena proprio di fronte a noi, sollevando un nuvolone di sabbia. Al volante c'è un uomo in *chèche* blu: "Andate a In-Salah? Salite". Hmidou quasi si inchina, esplodendo in un rosario di ringraziamenti. Non è da lui essere così servile, anche perché è chiaro che il passaggio non sarà gratis. Comunque carichiamo i bagagli rapidamente (mi accorgo in tempo che tra i sacchi stivati nel baule ce n'è uno contenente galline vive, sul quale stavo per gettare il mio pesantissimo zaino) e due minuti dopo stiamo correndo verso sud a centoventi chilometri l'ora. Ogni volta che prendiamo una buca la Toyota trema come un martello pneumatico, e l'autista fa fatica a reggere il volante.

Appena usciti da El-Golea l'uomo si è voltato verso di noi per battere cassa: duecentocinquanta dinari. Ora continua a svolgere e riavvolgere intorno al capo il suo turbante blu, lungo non meno di sei metri. Lo fa con grande abilità, usando una mano sola.

La pelle chiara del volto ha preso una sfumatura di colore indaco e sulle guance i pori sono punte di spillo di un blu oltremare. "Di dove siete?" È la terza volta che lo sentiamo parlare da quando siamo saliti a bordo. Per chiederci i soldi ha detto semplicemente "*deux cent-cinquante*". "Lui è italiano, io vengo dal Camerun," si affretta a rispondere Hmidou. Lo guardo con stupore. Camerun? Lui mi fa un cenno che vuol dire: taci, ti spiegherò poi. "*Je comprend,*" mormora l'autista prima di ripiombare nel silenzio.

Stiamo viaggiando sotto il sole con i quattro finestrini ermeticamente chiusi. Il caldo torrido e il fuoco delle olive che ancora mi arde in gola mi fanno sudare fino a inzuppare la maglietta. Decido di aprire il mio finestrino. Hmidou, che suda copiosamente anche lui, si gira di scatto e, sempre senza una parola, mi supplica di chiuderlo. Mi faccio convincere dai suoi enormi occhi imploranti, e giro la manopola finché il vetro non si infila nella guarnizione, sigillando nuovamente l'abitacolo.

L'uomo al volante ha seguito la scena con la coda dell'occhio e ha acceso l'aria condizionata al minimo, serrando istintivamente davanti alla bocca e al naso l'ultimo lembo di *chèche*, di solito lasciato penzolante. Deve odiare l'aria condizionata, perché dopo mezz'ora la spegne. La stoffa blu ricade sul petto. Alle cinque, quando il sole ha appena cominciato la sua caduta verso l'orizzonte, ci fermiamo per l'*asr*, la preghiera del pomeriggio.

Tira un vento selvaggio, rovente, con raffiche che crepitano come un nido di mitragliatrici. Quando l'autista è abbastanza lontano, prendo di petto Hmidou e gli domando perché mai quell'uomo lo terrorizzi tanto. "Non ora, ti prego. Aspettiamo di essere a In-Salah."

Ci arriviamo alle sei: il tempo di scaricare gli zaini, e la Toyota è già una lontana nuvola bianca. Hmidou respira profondamente: "Quello era un tuareg bianco. Tra i più puri. Il mio paese è in guerra con loro".

Solo ora comprendo a fondo cosa spingeva Hmidou a comportarsi in quel modo strano. Forse l'istinto della paura, sviluppato da una certa tribù o addirittura da un'intera razza umana nel corso di un'era di schiavitù, può riprodursi nel codice genetico dei discendenti anche dopo il loro affrancamento. È ereditaria la paura? Quella di Hmidou era la paura atavica e incontrollabile dello schiavo nei confronti del padrone.

I tuareg, gli altezzosi guerrieri nomadi originari della Cirenaica e della Tripolitania, chiari di pelle e dai lineamenti bellissimi, già prima del 1000 dopo Cristo si spinsero oltre i massicci del Sahara centrale. Arrivarono a migliaia, calando come falchi sulle popolazioni nere che abitavano i monti dell'Hoggar, dell'Air e dell'Adrar degli Iforas – che oggi si trovano, rispettivamente, in teritorio algerino, nigerino e maliano – riducendole in schiavitù. Non più tardi dell'XI secolo i tuareg erano padroni indiscussi del Sahara e controllavano completamente le vie carovaniere e i traffici commerciali sull'asse nord-sud.

L'economia degli "uomini blu", che detenevano tra l'altro l'importantissimo monopolio del commercio del sale (in Africa tutt'oggi estremamente prezioso in quanto, ricco di minerali e antiparassitario, è l'elemento fondamentale nell'alimentazione del bestiame), era eccezionalmente florida. A farla prosperare sarebbero forse bastate le sole razzie dei villaggi, fin quasi al Golfo di Guinea. Ancora nel secolo scorso, i neri catturati dai tuareg percorrevano in lunghe colonne le piste del nord, diretti verso il deserto, dove avrebbero rimpiazzato gli schiavi morti di stenti e di piaghe nelle saline.

Oggi gli uomini blu sono circa cinque milioni. Molti di essi hanno perduto le caratteristiche originarie, mescolandosi alla popolazione nera e adattandosi alla vita sedentaria e al lavoro. I guerrieri di un tempo sono oggi camionisti e guide turistiche. Tuttavia, quasi un milione di tuareg ancora non si rassegna a rinnegare le proprie tradizioni nomadi: sparsi in diverse tribù nel triangolo sahariano compreso tra Niger, Mali e Algeria, continuano a vivere di pastorizia e di piccolo commercio, spostandosi liberamente da uno stato all'altro lungo le piste dei loro avi, che seguono dando retta all'istinto più che all'occhio. Rifiutano di sottostare a ogni tipo di legge. "Il deserto si prende ciò che gli appartiene," dice una massima tuareg. Ed è quella del deserto, l'unica legge che un tuareg rispetta: l'alternarsi di sole e luna senza ombre dal giorno della nascita a quello della morte, la lotta per la sopravvivenza dell'uomo e del suo animale, i capricci della sabbia che ingoia in un giorno i pozzi dai quali l'acqua è sgorgata per secoli; l'assenza di confini al di fuori di quello che separa il cielo dalla terra.

Ora i tuareg sono in guerra: i paesi che per quasi un millennio hanno subito le loro scorrerie sono intenzionati a imporre proprie leggi e proprie frontiere per mettere ordine all'interno e stringere le mani degli investitori internazionali. L'obiettivo è quello di bollare come minoranza etnica un popolo che ancora vive seguendo una gerarchia sociale vecchia di secoli. *Ihaggaren*, *Imrad*, *Imaden*, *Harratin*, *Iklan:* prima i nobili, poi i vassalli, gli artigiani, i giardinieri e da ultimi i domestici. Gli uomini blu si sono ribellati imbracciando i kalashnikov: sparano gli AK-47 dei guerrieri, sparano gli AK-47 dell'esercito. La Realpolitik non conosce le parole del canto secolare:

> Siamo fatti per vivere liberi
> gli spazi aperti sono ciò di cui abbiamo bisogno.
> A volte la notte mi sdraio sulla schiena
> ad ammirare le stelle
> e mi sembra di impazzire dalla gioia.

Gli ostacoli più grossi da superare sono le frontiere. La linea che univa Algeri e Città del Capo sulla mia cartina era, in un primo momento, quasi retta; poi i no con cui le ambasciate avevano risposto alle mie richieste di visto mi avevano obbligato a introdurvi sempre più curve, finché non si era trasformata in una grande esse che sfiorava, senza penetrarvi, il Ciad e l'Angola. E comunque, lungo il percorso tracciato col pennarello giallo, restavano alcuni punti interrogativi vergati in inchiostro rosso: quasi tutti a cavallo di una linea di confine. Uno di questi stava sopra il cerchio bianco che indica il posto di frontiera di Assamakka, l'unico esistente lungo i quasi mille chilometri di confine che separano l'Algeria dal Niger. E sapevo che i tuareg – o chi si stava spacciando per loro – non mi avrebbero aiutato a cancellarlo.

Qualche mese prima della mia partenza alcuni gruppi di turisti che percorrevano in fuoristrada la pista Tamanrasset-Assamakka-Agadez erano stati assaliti in pieno deserto da banditi in groppa a cammelli. Gli episodi erano avvenuti a pochi giorni di distanza l'uno dall'altro, nel periodo di Natale, quando la pista pullulava di fuoristrada con targa europea. I banditi avevano rapinato i turisti di vestiti, soldi, cibo, macchine fotografiche e in un caso avevano anche sparato, uccidendo un giovane e ferendone gravemente un altro.

Alle autorità algerine, nigerine e maliane non era sembrato vero di potersi scagliare pubblicamente contro i tuareg, accusandoli di fronte al mondo di voler attirare l'attenzione con atti di terrorismo.

Gli uomini blu, per bocca del loro portavoce Ahamadou N'Gadè, avevano smentito seccamente, dichiarandosi convinti dell'esistenza di un complotto: come potremmo, aveva detto N'Gadè, scoraggiare i turisti a visitare il deserto, noi che sul turismo viviamo?

In effetti, mentre le agenzie di stampa rilanciavano le dichiarazioni di N'Gadè, ottantasei turisti britannici, australiani e neozelandesi che avevano subito pochi giorni prima un attacco armato a Bordj el Mokhtar (al confine tra Algeria e Mali) denunciavano di essere stati aggrediti non da tuareg ma da lavoratori algerini, con l'evidente complicità della stessa polizia di frontiera algerina. Intanto, però, le capitali Niamey e Bamako avevano già provveduto a chiudere, a tempo indeterminato, le frontiere di Assamakka e di Bordj el Mokhtar dove, "per ragioni di sicurezza", nessun veicolo con turisti stranieri a bordo avrebbe potuto passare.

Se la situazione non fosse mutata (il che era molto improbabile), per arrivare in Niger non avrei potuto fare altro che montare a bordo di uno degli unici mezzi autorizzati a percorrere la pista: un camion da trasporto. Ma sarei riuscito a convincere l'autista a trasportare un carico di quei tempi così scomodo? E chi mi garantiva che una volta giunto ad Assamakka la gendarmeria nigerina mi avrebbe lasciato proseguire?

4.

La *gare routière*, una spianata di sabbia sempre uguale a se stessa quale che sia la città, percorsa sempre dagli stessi solchi di pneumatici e circondata dallo stesso muretto di cemento, è ormai divenuta il mio nuovo microcosmo. In un angolo in penombra Hmidou sta liberando la vescica.

Stiamo procedendo velocemente. Siamo a 1300 chilometri a sud di Algeri e ci siamo arrivati in un giorno e una notte di viaggio, praticamente senza intoppi. Sono quasi deluso: mi aspettavo guasti meccanici irreparabili, posti di blocco, ritardi di ore, e invece abbiamo viaggiato alla media di cinquantacinque chilometri orari. (Media, penso ancora a mantenere la media.)

Nella piazza illuminata da un solo freddo lampione è già pronto l'autobus notturno per Tamanrasset. Intorno alla porta, simile a un enorme magnete che ha attirato un grappolo di enormi schegge di metallo, sono accalcate decine di uomini dai lunghissimi *chèche*, con il biglietto stretto in pugno.

Più si procede verso sud – inoltrandosi, una volta superata la piana del Tademait, verso il massiccio dell'Hoggar, il cuore del Sahara – più gli *chèche* si allungano: gli strati avvolti pazientemente attorno al volto per proteggere la testa, gli occhi e le vie aeree dal sole e dalla sabbia diventano venti poi trenta e poi quaranta, dando al copricapo la forma di un cono gelato.

Il deserto ci circonda. Me ne rendo conto soltanto quando decido di attaccare le fotocopie della cartina sul quaderno degli appunti. Estrarre il rotolo di nastro adesivo dallo zaino mi fa un effetto strano. Il piccolo oggetto lucido stona in mezzo a questa piazza. Strappo un pezzetto di nastro e, mentre lo tengo teso fra le dita, il vento mi spruzza addosso la cresta di una duna lontana.

Mille granelli di sabbia restano incollati al nastro: li porterò con me per tutto il viaggio.

L'autobus parte in orario e procede verso sud a non più di venti chilometri orari. Tam dista 660 chilometri. Tam è l'abbreviazione di Tamanrasset; una volta che lo sai, ti sembra di non poterla più chiamare col suo nome intero. Le lingue di sabbia schiacciate dalle ruote risuonano soffici, le buche profonde come pozzi torturano le balestre.

A mezzanotte incappiamo in un posto di blocco. Due agenti con la divisa della gendarmeria salgono a bordo, con i mitra in pugno, e strattonano in malo modo chi sta dormendo: il mucchio di corpi immobili che occupava il corridoio prende vita. Tutti i passeggeri vengono fatti scendere. Gli agenti ci ordinano di identificare ciascuno il proprio bagaglio e di aprirlo di fronte ai loro occhi: un'ora in piedi nella notte gelida, di fronte a valigie e sacche smembrate, illuminati dalla luce brutale di una fotoelettrica. All'una ci lasciano andare senza aver trovato nulla. Motore in moto, grattata della prima marcia e imprecazione a denti stretti dell'autista.

Alle due accostiamo ai lati della pista: l'autista vuole dormire. Fino all'alba, quando ci rimettiamo in marcia, una struggente nenia araba gracchia da un registratore sepolto chissà dove nel retro dell'autobus. Ho sete, ed è giorno soltanto da pochi minuti. Mi guardo intorno e i miei occhi incontrano altri occhi che riflettono una luce diafana: volti secchi e bocche che sanno di non poter bere per dodici ore. "Dove vai?" mi chiedono in molti. Rispondo "verso il Capo" e ricevo sguardi interrogativi. Provo delusione perché non sanno dov'è il "Capo". Adesso concepisco l'Africa come una grande e tozza Italia, e mi stupisco di fronte a un uomo del deserto che non sa dov'è Città del Capo come mi stupirei di fronte a un trentino che non sapesse dov'è Reggio Calabria, e in silenzio rido di me. Spiego che cos'è il "Capo" e quanto è lontano, e gli sguardi sono di disapprovazione.

Tam è bella come la ricordavo, ma più triste. C'ero stato nel 1990, quando la città pullulava di peugeottari, giovani europei coi jeans e la barba lunga arrivati da Algeri a bordo di vecchie e semidistrutte Peugeot 504: a centinaia si riposavano al campeggio Dassine e si procuravano la benzina e l'acqua per attraversare gli ultimi 600 chilometri di deserto che separano Tam da Arlit, in

quello che dice. Lui mi squadra e ci ripensa: "Ha il cinquanta per cento di probabilità".

Mentre aspettavo di essere ricevuto e mi trovavo in mezzo a uomini e donne rifugiati all'ombra del portico, con i passaporti dalle copertine raggrinzite in una mano e con fogli timbrati contenenti domande, preghiere e speranze accuratamente riposti in buste di plastica ingiallita nell'altra, qualcuno aveva portato una brocca d'acqua fresca (immunità diplomatica che consentiva all'acqua di circolare in pieno giorno), sulla quale mi ero avventato. Un litro abbondante era bastato a malapena a sciacquare le croste di sabbia dal mio palato e dall'esofago.

Quell'uomo era un impiegato del consolato o uno che, come me, attendeva il suo turno? Annoto il dubbio sul quaderno, ma non cerco una risposta: del fascino triste di un ufficio pubblico africano fa parte anche il non riuscire a distinguere i semplici cittadini dagli impiegati e dai funzionari.

Un nero alto e senza capelli, vestito solo di un paio di jeans, mi avvicina e mi chiede cosa ne penso della guerra del Golfo, di quegli stronzi di americani che sembra che abbiano vinto ma invece hanno perso perché Saddam Hussein è ancora lì ben piazzato sulla sua sedia, e giura che se domani scoppiasse un'altra guerra lui andrebbe a combattere, il giorno dopo, per Saddam e per Allah, e ta-ta-ta-ta-ta, mima un mitra con i pugni chiusi e spara una raffica verso il marciapiede opposto. "Perché non sei andato a combattere due anni fa, quando c'era la guerra?" gli chiedo. "Ho fatto domanda, non mi hanno voluto."

Vado alla posta per tentare di telefonare in Italia. L'ufficio postale è un loculo scuro come l'interno di una cattedrale, con quattro cabine (gli unici apparecchi pubblici della città) che a stento soffocano le urla di chi sta telefonando. Almeno cento persone sono accalcate davanti alla porta: è la coda di chi aspetta di chiamare. "Si può telefonare all'estero?" Faccio passare la domanda di bocca in bocca attraverso il crocchio di persone odoroso di sudore. La risposta arriva dopo mezz'ora, ed è: no.

Passo di fronte all'ufficio dell'Air Algérie, assediato da un grappolo di persone più nutrito di quello davanti alla posta. È in corso una rissa che mi ricorda un quadro di Boccioni: un impiegato con la camicia bianca e la cravatta blu della compagnia aerea si rotola nella sabbia con un uomo la cui tunica, fino a pochi minuti fa, doveva essere bianca. Nessuno interviene per fermarli. C'è nervosismo, mi spiega uno degli spettatori: è Ramadan e tutti vogliono andare a trovare amici e parenti per la festa del quindicesimo giorno. L'Air Algérie non ha mantenuto la promessa di istituire voli speciali da Tam per Algeri. Qui le prenotazioni fatte al computer, quando funziona, valgono come merda.

Scopro che l'uomo è il tenutario ufficiale della lista d'attesa: un foglio di carta su cui si scrive il proprio nome a mano a mano che ci si mette in coda davanti all'ufficio. Chi prima arriva prima sale a bordo. Ogni tanto l'uomo fa un appello: chi non risponde viene depennato dalla lista. Qualcuno intanto ha pensato a separare i contendenti, che si stanno spolverando i vestiti. Un minuto ancora e si stringeranno la mano come fratelli. "*C'est l'Algérie*," mi dice con un mezzo sorriso l'uomo della lista d'attesa, e la frase suona tanto simile a "*c'est la vie*".

I camion del deserto muovono dalla dogana, un ampio spazio sabbioso alla periferia della città. Due grossi Mercedes 2624 a sei ruote motrici diretti ad Agadez, in Niger, gli pneumatici appiattiti sotto il pesantissimo carico di datteri secchi, attendono di partire. Il carico assomiglia a un monumentale soufflé di sacchi di iuta, una mongolfiera ancorata con duecento tiranti a questo minuscolo giocattolo arancione che potrebbe decollare da un momento all'altro.

Gli uomini dell'equipaggio e i passeggeri sono rannicchiati intorno a uno dei veicoli e bevono il tè. Mi unisco al gruppo e chiedo se c'è un posto a bordo. "Finché hai soldi per pagare e il camion non si sfonda, c'è sempre un posto a bordo," mi rispondono, e uno di loro mi allunga un bicchierino fumante. Il sole deve ancora tramontare, ma mi viene spiegato che quando viaggia durante il Ramadan il musulmano è dispensato dall'obbligo del digiuno. Tra un rigo e l'altro delle sure coraniche questa interpretazione si potrà anche trovare, ma qui nessuno sta viaggiando, almeno per il momento.

Gli equipaggi non sanno se partiremo stanotte o domani mattina. Gli autisti sono spariti due giorni fa, quando i camion sono arrivati semivuoti a Tamanrasset, e non si sono fatti più vedere.

L'autista, nella gerarchia dell'equipaggio, è al vertice della piramide: è il comandante con le stellette e i galloni. Gli altri lo rispettano come l'ultimo dei mozzi rispetta il capitano di un transatlantico. È responsabilità sua che queste tonnellate di datteri e acciaio giungano dall'altra parte del deserto. Usare la parola "equipaggio" per un camion nella cui cabina entrano non più di tre persone sembra ridicolo: eppure un autista, un vice autista, un cuoco, due o tre meccanici e una quantità variabile di altre persone il cui ruolo non è ben chiaro (li ho visti cacciare lucertole, scaricare e caricare i cento sacchi per recuperare un attrezzo dimenticato sul fondo del cassone, preparare il tè e per il resto del tempo ascoltare le scariche elettrostatiche emesse da una radio portatile) costituiscono innegabilmente un equipaggio.

Alle nove di sera, sotto un cielo buio e carico di nuvole, si prepara il couscous. Ne mangio due piatti, che mi danno una piacevole sensazione di sazietà, e ringrazio calorosamente il cuoco. "Quando si viaggia, non si ringrazia," mi risponde lui. Gli autisti non sono ancora comparsi, e ormai è chiaro che stanotte non si partirà. Un'ora dopo stendiamo le coperte sotto i camion.

Nessun camionista al mondo somiglia a un principe quanto Abubakar: ricordo il suo arrivo alla dogana come la discesa di una stella dalla scalinata di un teatro di Broadway. Magrissimo, aveva una tunica azzurro carico e uno *chèche* bianco, entrambi stirati di fresco e senza una macchia, l'incedere leggero di un'indossatrice e lo sguardo profondo, altezzoso, di un uomo che, per quanto traspariva dagli occhi, poteva essere bellissimo. Era lui che ci avrebbe portato ad Agadez.

Emerse dalle nebbie come un fantasma alle sette del mattino e il suo equipaggio rotolò fuori dalle coperte per correre chi a preparargli il tè, chi a mettere in moto il camion, chi a controllare i nodi che tenevano fermo il carico di datteri. Per un attimo, prima di svegliarmi completamente, mi chiesi chi potesse essere questo semidio venuto dal cielo, finché lui, il bicchiere fumante in mano, cominciò a fare il giro dei passeggeri per chiedere i soldi. Quindicimila cfa a testa, l'equivalente del suo stipendio mensile: per chi non può permettersi l'aereo il camion è l'unica alternativa per attraversare il deserto, e gli autisti, imponendo gabelle salatissime, moltiplicano il loro salario per dieci, venti, cinquanta.

Arrivò anche da me, e "Dove è diretto?" e "quindicimila cfa" furono le uniche cose che mi disse. In cinque giorni non mi rivolse più la parola, sembrava che volesse evitarmi: non seppi mai il suo cognome e non riuscii mai a vederlo in volto.

Alle otto e mezzo siamo pronti a partire. Abbiamo bevuto il tè forte e dolce e siamo tutti ben svegli dopo aver respirato in abbondanza i gas di scarico dei camion, che sono in moto da un'ora e mezza. È arrivato anche l'autista dell'altro camion, col quale viaggeremo in coppia. Ora ci avvertono che alla dogana di Assamakka potremmo dover sostare "qualche tempo" per sbrigare delle pratiche burocratiche. "Qualche tempo" può significare ore, giorni, se va male settimane.

I passeggeri si arrampicano rassegnati sul cassone e si sistemano alla meglio sopra i sacchi: assicurano il povero bagaglio (borse e zainetti dai colori fosforescenti, che stridono con il tono pastello dolce e uniforme che ci circonda), cercano un punto d'appiglio, scavano con le mani e con le ginocchia nella dura massa dei datteri per crearsi un comodo incavo. Due di loro, Julien e Madou, originari del Mali, viaggiano con due grossi frigoriferi imballati nel cartone: i pacchi, fissati con della corda, sembrano beneficiare di una legge di gravità diversa da quella in vigore nel resto del pianeta, una legge che – soltanto su questo veicolo e solo in questo momento – consente a un corpo pesantissimo di mantenere un equilibrio impossibile su un cumulo traballante di sacchi di datteri. Gli altri uomini dell'equipaggio si arrampicano sul cassone incitati dalle urla di Abubakar, che tutto d'un tratto ha una gran fretta, e il camion si muove.

Dall'alto della mia posizione, in bilico sui sacchi, vedo sparire le case basse di Tamanrasset in una nuvola di polvere ocra. La strada asfaltata, una specie di nastro di liquirizia spesso venti centimetri e aggrappato al terreno sottostante come un cancro, viene rapidamente inghiottita dalla sabbia: ogni tanto qualche lembo d'asfalto tenta di sollevarsi dal letto soffice, ma è un tentativo vano. Un colpo di vento, e il deserto inghiotte anche quello.

Dico addio a Tam e guardo avanti: è già deserto, vento caldo e secco che profuma di sabbia, silenzio, riverbero che fa male agli occhi, rocce e cavalloni di sabbia che fagocitano se stessi in un ciclo di marea lungo centinaia di secoli; spiagge infinite e piccole onde scavate da migliaia di pneumatici nella sabbia divenuta dura come cemento, onde appuntite che fanno vibrare paurosamente il carico.

Il Sahara, il grande padre che si prende ciò che gli appartiene.

Viaggiamo da dieci minuti, i due camion appaiati a pochi metri l'uno dall'altro (a volte uno degli autisti dà un colpo d'acceleratore, sporge sorridente la testa dal finestrino e urla qualcosa che potrebbe essere "mangia la mia polvere," e in effetti quando ci troviamo dietro ne mangiamo in abbondanza), e siamo già in mezzo al vuoto. Quando manca l'orizzonte, quando tutto è piatto, soffice, monocolore e l'aria è silenziosa, si perde il senso delle proporzioni. Un ciotolo a venti metri di distanza sembra un masso sotto il quale potersi riposare e godere un po' d'ombra, e ti convinci di poter saltare con un balzo una duna alta cento metri.

Avevo provato per la prima volta questa sensazione irreale quando avevo attraversato il Tassili dell'Hoggar con i peugeottari, percorrendo questa stessa pista. A un certo punto del viaggio, forse al secondo o al terzo giorno, ci eravamo fermati in adorazione di fronte a una grossa roccia, quasi una montagna che spuntava da una duna. Il mio compagno di viaggio mi aveva proposto di andare in cima, ed eravamo partiti abbandonando la Peugeot.

Entrambi credevamo di trovarci a non più di cento metri dalla base della grande duna, e quando riguardo, a distanza di anni, una foto che scattai dal punto in cui avevamo fermato l'auto, sono ancora convinto che dovevano essere cento metri, forse centocinquanta. Mi dico che il deserto può ingannare gli occhi ma non una macchina fotografica, non un obiettivo e una pellicola, freddi oggetti tecnologici concepiti per registrare con distacco la realtà.

Camminammo per più di un'ora, con la sabbia che risucchiava i nostri scarponcini e li riempiva dei propri granelli. Quando, stanchi di sollevare a ogni passo scarpe pesanti come blocchi di piombo, ci fermammo per riposare e alzammo lo sguardo, la duna era esattamente alla stessa distanza che avevamo stimato dalla macchina: cento metri. Non era diventata più alta né più lunga: si allontanava da noi esattamente alla stessa velocità con cui noi ci avvicinavamo a lei.

Camminammo per un'altra ora, e forse, stavolta, il mastodonte di roccia e sabbia era impercettibilmente più vicino. Ma ci rendemmo conto che non saremmo mai riusciti ad arrivare in cima e poi a raggiungere la macchina prima del tramonto. Ci guardammo in faccia sconsolati e tornammo indietro.

Che distanza può percorrere, in due ore, un uomo che cammina nel deserto? Uno, due, quattro chilometri? O soltanto cinquanta metri? Da quel giorno, ogni tanto, mi capita di ripensare a quella duna-montagna, e ogni volta frugo tra scatole coperte di polvere, ritrovo quella diapositiva che scattai dalla macchina e la fisso incredulo, pensando a quanto elegante e beffardo fu il deserto quel giorno, quando decise di spiegarmi che io sono una creatura piccola e insignificante come uno dei miliardi di granelli di silicio di cui esso è composto.

Eccomi qui di nuovo, mentre viaggio verso il Niger. Immagino di osservare i nostri due Mercedes da un satellite: due puntolini che arrancano lasciandosi dietro un filo esile di fumo; due piccole macchie composte da molecole di ferro, acciaio, datteri, carne, ossa e sangue, che sporcano un quadro astratto dipinto con un chilo di tempera ocra su una tela grande come una parete.

Vuoto. Vuoto. Vuoto. Vuoto. Vuoto.

Cristo, perché non riesco a togliermi dalla testa questo pensiero?

Vuoto. Vuoto.

Il sole ha iniziato ad attaccare la pelle del mio naso, si è fatto strada tra i pori, sotto l'epidermide, ha sciolto come burro microscopici pallini di grasso e ora cuoce lentamente la carne, la rende rossa e croccante. E intorno il vuoto. Dov'è la mia crema protettiva? Dov'era, dovrei piuttosto dire. Non era forse nella borsa nera sparita alla *gare routière* di Algeri un milione di anni fa?

Vuoto.

Deglutisco polvere impalpabile come zucchero a velo, che si attacca insistente all'esofago e alla trachea.

Vuoto.

Uno degli uomini che viaggiano col frigorifero mi offre uno *chèche* e mi insegna ad avvolgerlo intorno al capo. Il primo metro va sopra alla testa come un foulard stile anni cinquanta, poi lo si fa girare intorno al collo, salendo lentamente, giro dopo giro, lasciando una fessura per gli occhi e – con una manovra sapiente – una sorta di sportello per la bocca, un lembo piegato in due che quando non serve si richiude poggiandolo sul naso.

Ora il vento sfiora solo i miei occhi e le mie mani, e il sole è respinto dai trentatré strati di tessuto verde. Ma il pensiero persiste: *vuoto*. È un pensiero terribile eppure piacevole. L'idea di sfidare la natura e nel contempo di essere alla sua mercé mi rende euforico. E gli autisti dei nostri camion, che lo fanno ogni giorno, che cosa dovrebbero provare? Che m'importa di loro! Avrei voglia di saltare giù dal cassone e di mettermi a correre, o a camminare, o a strisciare, e raccontare alla sabbia quanto mi piace sentire il suo calore.

Ci sono dei momenti in cui sento che potrei arrivare a piedi fino a Città del Capo. Non dicono che il vuoto esalta?

La pista che i camion seguono non serve a rendere il vuoto un po' meno vuoto, perché non c'è una pista vera e propria. In questo tratto la sabbia è marcata da una fila ininterrotta di solchi che si intrecciano, si sovrappongono, schizzano lontano a est, a ovest, a sud-est o a nord-nord-ovest fino all'orizzonte ma, alla fine, arrivano tutti alla stessa destinazione: In-Guezzam.

Ogni camion, ogni macchina che ha attraversato il deserto ha scelto la propria rotta, la propria pista. Quale seguire, se all'apparenza una potrebbe portare in Marocco e l'altra in Libia? Questi solchi, che dovrebbero colmare un po' l'immenso senso di vuoto che le dune creano nell'osservatore sperduto, paradossalmente lo inquietano e lo allontanano ancora di più dalla realtà, dal mondo razionale e grigio, fatto di strade, semafori e linee di mezzeria, al quale il suo cervello è ormai assuefatto. "Tranquillo," si ripete quest'uomo. Gli autisti sanno dove andare, lo saprebbero anche se questi solchi non ci fossero, essi sanno leggere le sfumature di colore della sabbia e il diverso tremolare dell'aria all'orizzonte, hanno la mappa di questo deserto stampata a linee finissime su uno dei cromosomi che compongono le trecce del loro Dna: non possono perdersi. Comunque, durante il viaggio, l'uomo della città viene confortato dall'apparizione periodica di cippi di cemento che portano su un lato la scritta "Ing" seguita da un numero, e su quello opposto la scritta "Tam" seguita da un altro numero. La somma dei due numeri fa sempre quattrocento, la distanza in chilometri tra In-Guezzam e Tamanrasset.

La prima volta che vidi uno di quei cippi risi di gusto: pietre miliari in mezzo al deserto, dove le strade sono tracciate nella memoria di chi le percorre prima che sulla sabbia! "Non nella mia," mi disse il mio compagno di viaggio Habib, che guidava la Peugeot a centodieci all'ora e si divertiva come un matto. Eppure, quanto ci si sente stupidi a farsi rassicurare da un paletto di cemento piantato nella sabbia, e quanto appare inutile lo stesso paletto quando passarvi di fianco è una questione di puro caso, dal momento che la pista dei solchi è larga non meno di un chilometro e uno potrebbe percorrerla tutta senza avvistare un solo cippo.

Il camion si ferma all'improvviso. Quello dietro si affianca, e i due autisti si scambiano qualche parola. Abbiamo problemi allo sterzo. "È andata liscia solo per un'ora," commenta con uno sbuffo uno dei meccanici che viaggia con noi sui sacchi. Lo dice piano: ha paura di farsi sentire da Abubakar?

I veicoli che percorrono questo deserto sono martiri montati su ruote di gomma: le loro balestre scricchiolano come catene arrugginite sotto il peso del carico, gli pneumatici incassano ogni giorno più colpi di quanti ne prenda un pugile in tutta la sua carriera, i motori trascinano pesi dieci volte superiori a quelli immaginati dal progettista, i carburatori e i filtri ingollano sabbia a chili (tra i peugeottari, uomini pieni di risorse, era diffuso il trucco della calza da donna avvolta intorno alla presa d'aria del carburatore per bloccare la sabbia).

Anche i meccanici sono martiri, santi silenziosi del martello e della chiave inglese: verrebbe voglia di metterne insieme 365 e di stampare un calendario. Ogni giorno dell'anno dedicato a uno di questi uomini, di questi maghi che, con quattro attrezzi lisi e lucidi per l'uso quotidiano e con la forza delle braccia, riparano e ricostruiscono tutto, piegano alla loro volontà il ferro e l'acciaio più spessi, smontano e rimontano motori da 15.000 centimetri cubici come scatole di costruzioni e, col vento che tira forte, li rimettono nel cofano puliti e unti come se fossero appena usciti dalla fabbrica, senza un granello di sabbia appiccicato sopra.

Mentre i nostri due santi lavorano allo sterzo, sdraiati sulla sabbia a faccia in su, il cuoco prepara il tè con un rito lentissimo, che prima della fine della traversata avrò visto ripetere cento volte e imparato a memoria. Il tè bolle, assieme a qualche foglia di menta, per un quarto d'ora buono, finché l'acqua non prende il colore del petrolio. Dio sa da dove vengano gli sterpi che bruciano sotto la teiera. A bordo del camion non li ho visti, e intorno non c'è il minimo segno di vegetazione. Dopo la bollitura il cuoco mette lo zucchero nella teiera, e comincia a versare l'ambra liquida e profumata: dalla teiera nel primo bicchiere, e da questo a tutti gli altri, come se il vetro stesso dei bicchieri dovesse impregnarsi del sapore forte del tè che rinfresca le pareti della bocca. Si beve tutti insieme succhiando rumorosamente dall'orlo del bicchiere per non scottarsi, al riparo dal vento che sferza l'altro lato del camion. È un momento bello, caldo. Il tè avvicina. "*Cha*, tè del deserto, ti sveglia, ti nutre, ti rinfresca e ti riscalda," mi dice il cuoco. Sento di avere intorno degli amici, anche se di molti non conosco ancora il nome.

Soltanto Abubakar se ne sta in disparte, solo nella sua cabina, lo sguardo fisso sul cruscotto, ad aspettare che i cortigiani riparino la carrozza. Lo sbattere dei ferri termina dopo un paio d'ore, durante le quali la teiera nera di fuliggine è stata svuotata e riempita tre volte.

Saliamo di nuovo a bordo, col piacevole aroma di menta che sale dallo stomaco. Il tè, scopriamo, ci ha fatto venire fame: Julien, uno degli uomini col frigorifero, estrae un coltello a serramanico e taglia un sacco. I datteri secchi passano di mano in mano, e presto diventeranno una piacevole abitudine, un modo per riempirsi lo stomaco a colazione e un passatempo durante le lunghe giornate. I frutti sono duri, asciutti, (alcuni pieni di piccoli vermi bianchi che – ora dopo ora – sono penetrati attraverso la tela dei sacchi e si sono intrufolati nei nostri bagagli, nei vestiti e nelle scarpe), ma sono anche dolci e pieni di energia. Mastichiamo e sputiamo, mastichiamo e sputiamo, e dopo qualche ora di questo ruminare incessante mi accorgo di non poter più fare a meno del sapore dei datteri.

Ci fermiamo nuovamente alle undici (problemi al motore), alle undici e mezzo (problemi al carburatore) e all'una (problemi allo sterzo).

All'una siamo a nemmeno trenta chilometri da Tamanrasset. L'altro camion ci abbandona e prosegue per la sua strada.

Ho dovuto togliermi lo *chèche*, mi sembrava di soffocare. Adesso che siamo fermi e il vento non mi rinfresca più mi accorgo dell'errore: il sole mi ha bruciato il volto e la sabbia mi ha bruciato la gola.

Il cuoco prepara il pranzo. Ha a disposizione solo sei ingredienti: acqua (sempre freschissima, conservata nelle ghirbe di pelle di capra appese ai lati del camion), concentrato di pomodoro, cipolle, patate, semolino e qualche brandello di carne bruna avvolta in una carta marrone. Il suo repertorio ha sempre lo stesso sapore ma va premiato per lo sforzo di variare l'aspetto dei piatti: couscous, zuppa di pomodoro, cipolle e patate, cipolle e patate al pomodoro, carne al pomodoro (variante con patate o con cipolle o con entrambe), carne con patate, patate e pomodori e altro ancora (quante combinazioni di piatti diversi si possono ricavare da sei ingredienti base?), il tutto accompagnato sempre da un pane impastato al momento con farina gialla e acqua e cotto sotto le braci. Che importa se il cuoco si è soffiato il naso tre volte con le mani mentre impastava il pane, penso mentre addento la superficie calda e croccante della mia fetta: il fuoco ha purificato tutto.

Il pane è l'unica cosa che viene divisa equamente tra i viaggiatori. Il companatico si trova tutto nella stessa pentola, troppo piccola per ospitare dieci mani che vi si tuffano avide. Al primo pranzo in comune capisci subito la regola: se vuoi riempirti lo stomaco a sufficienza devi ingozzarti in fretta, prendere la seconda manata di cibo e gettarla in bocca mentre questa è ancora piena della prima, non importa se il cibo è rovente e il tuo esofago si contrae per il dolore.

Mangiare, mangiare, sopravvivere.

Sono fra amici, ma quando siamo di fronte al cibo, accucciati in circolo intorno alla pentola come leoni intorno alla preda appena uccisa, i miei compagni di viaggio diventano nemici. Concorrenti.

A pranzo, con la mia fetta di pane, ho avuto un solo pugno di couscous. L'ho masticato troppo a lungo, con voluttà, ho voluto assaporarne la consistenza granulosa, e quando ho abbassato di nuovo gli occhi verso la pentola ho visto il fondo pulito e lucidato dai passaggi accurati delle dita.

Durante la mattinata ho scoperto che i datteri fanno venire una sete terribile, e finché il camion è in movimento non posso bere perché le ghirbe sono appese sopra i parafanghi. Per cena decido di conservare in tasca una scorta di datteri, che mangerò dopo la grande orgia attorno alla pentola: almeno potrò mandarli giù con un lungo sorso d'acqua fredda.

Ripartiamo. A sessanta chilometri da Tamanrasset la pista si fa più soffice. Qua e là, sulla sabbia, si materializzano i relitti appartenuti ai peugeottari che non ce l'hanno fatta: Peugeot berline e familiari, una Mercedes, una Due cavalli (chi diavolo ha sperato di poter attraversare il Sahara con una Due cavalli? Ci sarà mai riuscito qualcuno?).

Le lamiere sono scure, intaccate da una ruggine secca creatasi spontaneamente per un processo misterioso. Vernici scrostate strato dopo strato e metalli nudi, levigati dal sole dalla sabbia dal vento come ossa di dinosauri. Scritte di rabbia, disperazione, impotenza tracciate sulle auto morte dai proprietari costretti ad abbandonarle, incapaci di strapparle alla morsa della sabbia che faceva affondare gli pneumatici, bestemmie tracciate con le bombolette spray – forse portate in viaggio per un presentimento – o incise sul metallo delle carrozzerie con una punta di metallo: "Crepa deserto di merda, Louis '88," "È andata male," "Torneremo" e altri *haiku* carichi di frustrazione.

Qualcuno, in attesa di un'altra macchina o di un camion che gli desse un passaggio, ha bruciato il proprio relitto. "È per non dare ai camionisti la possibilità di smontare un bel motore o un cofano e rivenderli a caro prezzo ad Arlit," mi avevano spiegato. Rabbia pura.

Qualcun altro era anche scomparso, come l'italiano Giancarlo D'Auria. Quando venne pubblicato l'articolo sui peugeottari suo padre mi chiamò da Brescia, per chiedermi se avevo visto suo figlio o ne avevo sentito parlare. Mancava da due anni. Sentii l'odio di quell'uomo per il deserto come se una corrente elettrica avesse attraversato la linea telefonica. Mi disse che suo figlio non vendeva macchine, che andava nel deserto perché era un appassionato di astronomia e poteva osservare meglio le stelle. Mi chiese perché, come era potuto accadere che Giancarlo fosse sparito in un Sahara che lui immaginava vuoto e desolato e che invece io avevo descritto intasato dal traffico di automezzi che, da nord, si dirigevano verso sud. Provai a spiegargli che bastava un attimo di panico, bastavano pochi passi nella direzione sbagliata per allontanarsi da quel flusso e diventare un puntolino scuro all'orizzonte e, forse, sparire. Poi riattaccai, perché gli venne da piangere e io non avevo le risposte che cercava.

Sono le sei di sera e siamo ancora fermi con una gomma bucata: la giornata che abbiamo alle spalle sembra un'eternità, adesso che il sole è basso e ci punzecchia gli occhi coi suoi raggi anche se teniamo lo sguardo rivolto verso terra.

Il deserto è penetrato in noi come acqua in una spugna secca. Abbiamo sabbia nei capelli, nel naso, nella gola, nelle tasche e nelle mutande, nel sottile umido spazio tra la palpebra e la superficie dell'occhio, forse anche nello stomaco. I vermi dei datteri ci strisciano addosso, hanno trovato nuove case calde fatte di tessuto, di carne, di peli.

A un certo punto del viaggio avevo sentito un rumore metallico provenire dal basso, e avevo scoperto che sotto ai sacchi del carico c'erano quattro bombole di gas che sbattevano l'una contro l'altra. "Non sarà pericoloso?" avevo domandato a uno dei meccanici, e lui era scoppiato in una risata. Mi aveva raccontato di quella volta che una bombola perdeva e un imbecille di passeggero aveva pensato di gettarci sopra una cicca di sigaretta accesa e tutto il camion era saltato in aria. Lui si era salvato perché era seduto accanto all'autista e aveva fatto in tempo a gettarsi fuori dalla cabina in fiamme. "Ma queste non perdono e da sole non esplodono," mi aveva tranquillizzato. Anche lui fumava, ma stava bene attento a buttare la cenere e i mozziconi lontano, sulla sabbia.

Due ore dopo però avevamo scoperto che, a causa degli scossoni, uno dei bidoni pieni di gasolio che tutti i camion trasportano per rifornirsi di carburante durante la traversata aveva iniziato a perdere. Il gasolio aveva impregnato i datteri e il tessuto dei sacchi vicini, e nonostante il vento il puzzo mi aveva fatto venire il mal di testa.

Per l'ennesima volta ci eravamo fermati per svuotare il cassone (frigoriferi compresi), gettare qualche palata di sabbia sul fondo, incastrare uno straccio sotto il tappo del bidone e ricaricare tutto a bordo. Due ore di lavoro duro, respirando i vapori del gasolio, sotto il sole bollente e la supervisione di Abubakar, che stava seduto sulla sabbia e urlava ordini a destra e a sinistra. Al termine ero fradicio di sudore e mi sentivo svenire.

Julien e Madou avevano litigato ferocemente con l'autista: volevano assicurare con cura i loro frigoriferi, mentre Abubakar si agitava come un folle e voleva partire subito. In Africa ho assistito a numerosi litigi, o almeno a episodi che sembravano tali, ma – specialmente nei paesi del Maghreb e dell'Africa centrale – non sono mai riuscito a classificarne la gravità.

Una volta, in un mercato del Mali, due uomini circondati da un crocchio di spettatori urlavano inviperiti in un dialetto locale e sembravano sul punto di scannarsi. Avevo chiesto alla guida che cosa stesse accadendo e mi era stato risposto che i due "discutevano" sul prezzo di una partita di merce, perché "in Africa un litigio non è tale finché non si passa alle mani".

Alla fine della discussione, i proprietari dei frigoriferi avevano avuto la meglio e si erano messi ad annodare e a intrecciare le loro corde intorno agli scatoloni come ragni intenti ad avvolgere la preda in un bozzolo di saliva. C'era voluta un'altra ora.

Adesso, per via della foratura, siamo fermi da quaranta minuti.

Come è possibile che il gigantesco pneumatico di un camion si buchi percorrendo una pista soffice senza l'ombra di un sasso? si domanda l'uomo della città. Poi, avvicinandosi agli uomini che, con la forza dei piedi e delle mani e con un sistema di leve di ferro, stanno estraendo lo pneumatico dal cerchione per esaminare la camera d'aria, scopre che la superficie della gomma sbiancata dal continuo attrito con la sabbia è come la gloriosa bandiera di un reggimento che ha sostenuto mille battaglie, che mille volte è stata colpita dalla sciabola e dai proiettili e altrettante è stata ricucita e rattoppata. Per questo pneumatico e questa camera d'aria ogni chilometro di pista è stato una battaglia, e chissà quante ne ha combattute: mani esperte lo hanno cucito e incollato, vi hanno applicato toppe e meticolosi punti di sutura. Dall'interno, l'aria carica di atmosfere preme sulla povera logora gomma esausta. L'uomo della città, quando la gomma della sua auto si buca, la sostituisce. L'uomo del deserto la ama, la cura e la resuscita.

L'operazione si è svolta con sorprendente velocità, e mezz'ora dopo siamo di nuovo in marcia. Di fronte a noi, all'improvviso, si materializza l'altro camion: dov'era sparito? È stato un caso che ci siamo ritrovati? Non avremmo dovuto compiere la traversata insieme? Nessuno a bordo risponde alle mie domande. I meccanici scrollano le spalle di fronte a un evento che a me sembra miracoloso. Gli autisti si salutano come se si fossero lasciati dieci minuti prima e si raccontano le reciproche noie meccaniche, ma io non riesco a credere che – in una regione del pianeta dove i radar e i navigatori satellitari non arriveranno mai – quei due fossero certi di incontrarsi ancora prima di In-Guezzam.

Alle sette, quando il sole lambisce l'orizzonte e dona al cielo il colore del sangue, ci si ferma per la preghiera del tramonto. Il cuoco è particolarmente interessato a convertirmi all'Islam: pretende che mi prostri verso la Mecca e che preghi con gli altri. Mi ha indottrinato per tutto il pomeriggio, mentre mangiavamo datteri. Mi ha insegnato, verso per verso, l'orazione ad Allah e mi ha raccontato di quando si perse nel deserto con un suo compagno perché era finita la benzina del camion e non passò nessuno per quattro giorni e quattro notti e loro bevvero l'acqua del radiatore camminando senza sapere dove andavano e al quinto giorno, *inchallah*, Dio li salvò mandandogli una Toyota della polizia, quando erano già in preda alle allucinazioni. *Allahu akbar*.

Ceniamo con pane e couscous e stavolta riesco a riempirmi lo stomaco in modo un po' più soddisfacente di quanto fosse avvenuto a pranzo. Il cuoco ha messo a cuocere, sotto le braci, la testa nera e mummificata dal sole di una capra, raccolta da qualche parte a Tamanrasset. Dice che il cervello è ottimo da mangiare: "*Le cerveau c'est trés dynamique, mon ami*" (chissà cosa intende, per "dinamico"), e me ne offre un morso. Provo a masticarne un pezzo per farlo contento, ma vorrei vomitare.

Bevo un sorso d'acqua e mi sdraio a guardare la luna e le stelle. La luce della luna piena è immensa, solenne, accecante. Le stelle brillano come laser e mi lambiscono con i loro raggi. Quel bolide silenzioso che è sfrecciato nel cielo era un satellite o una meteora? Mi sento vicino alle galassie e alle costellazioni, a un passo dal Mare della Tranquillità, e mi sembra di poter afferrare la bandiera americana piantata nella polvere della luna, di poter avere il privilegio – io per primo dopo gli astronauti che la portarono lassù – di toccare quel tessuto e di cambiarne l'ordine casuale delle pieghe, immobili dal 1969.

Intorno al fuoco gli equipaggi dei camion bevono il tè. Argomento di conversazione sono le strade dell'Africa. Qualcuno dice che le strade asfaltate dell'Algeria fanno schifo, sono impraticabili, che non sono neanche da paragonare a quelle della Libia e della Nigeria. "Il miglior asfalto del paese è qui, su questa pista."

Questi Caronte del deserto, condannati a traghettare senza sosta da nord a sud e da sud a nord merci e anime, hanno perduto la cognizione del tempo. Il loro orologio, come per gli antichi pellerossa d'America, è la luna: stanotte essi sanno che è passato un mese dall'ultima luna piena, quando stavano tornando a Tamanrasset con i camion vuoti o forse stavano portando in Niger un carico uguale a quello di oggi. Vivono nel loro mondo, dove non esiste calendario ("in che mese siamo?" mi sono sentito chiedere decine di volte), non esistono politica né giornali e dove – scopro con sorpresa per la prima volta stasera – gli uomini orinano accucciati a terra come le donne. Un mondo vuoto e giallo lungo seicento chilometri, con due sole città agli antipodi, e largo quanto è larga la pista che essi percorreranno fino alla morte.

Dodicimila anni fa, al posto di questa sabbia sulla quale, quando mi alzerò, rimarrà impresso il calco del mio corpo, c'era una sterminata prateria verde come le savane del Kenya e del Sudafrica, dove le capre e le gazzelle correvano in libertà. Il clima era umido, le acacie giganti erano bagnate da piogge regolari e sugli altipiani cresceva una vegetazione degna della più rigogliosa costa mediterranea.

Comunità di negri e caucasoidi popolavano l'intera area che oggi è conosciuta come deserto del Sahara, e vivevano di caccia, di pastorizia e di agricoltura. Ma, a partire dal 10.000 avanti Cristo, il clima cominciò a mutare: giorno dopo giorno, stagione dopo stagione, la temperatura si alzava sempre di più e il tasso di umidità scendeva impercettibilmente. In un processo lentissimo, durato circa ottomila anni, la sabbia si impadronì della prateria. La selvaggina, decimata dalla caccia e dalla siccità, cominciò a scarseggiare. Le terre coltivabili si ridussero a sparuti fazzoletti verdi raccolti intorno agli ultimi pozzi sotterranei che ancora davano acqua.

Pastori e agricoltori cominciarono a contendersi le oasi. I pastori divennero nomadi: cominciarono a vagare tra le dune con il loro bestiame in cerca di pozzi e alla fine si spostarono a nord, verso la costa, o a sud, nella valle del Niger e sulle sponde del lago Ciad. Dopo qualche tempo, gli ultimi agricoltori fecero lo stesso: i gruppi caucasoidi emigrarono verso nord e nord-est, sulla costa del Mediterraneo e nella valle del Nilo, dove nel 3000 avanti Cristo sarebbe sorta la civiltà dei Faraoni, e i gruppi negri scesero a sud, nella terra del Sudan. Il Sahara divenne un ostacolo, un muro invalicabile che si frapponeva fra l'Africa mediterranea dei fenici e dei cartaginesi e i favolosi regni dell'oro dell'Africa nera. Un solo popolo riuscì a sopravvivere nel deserto ostile e a presidiarne i confini: gli antenati dei tuareg.

Col passare del tempo gruppi di mercanti aprirono un passaggio nel Sahara occidentale: gli storici e gli archeologi sanno con certezza che già nel 500 avanti Cristo i popoli che vivevano al confine settentrionale del deserto raggiungevano le terre dell'Africa centrale a bordo di carri trainati da animali e carichi di sale. Ma le merci più preziose venivano da sud: lungo questa pista, aperta a prezzo di fatiche immani, transitarono, nei secoli, migliaia di tonnellate d'oro e d'avorio e, nell'arco di 1700 anni, più di dieci milioni di schiavi negri deportati per erigere templi dorici, ionici e corinzi, piramidi e tombe monumentali, chiese, moschee, strade, ponti, muraglie, acquedotti.

Il commercio alimentò la pirateria: nel V secolo avanti Cristo, Erodoto descrisse il popolo dei garamanti del Fezzan, che assalivano gli etiopi a bordo di carri a quattro cavalli, e i nazamoni della Cirenaica che attraversavano il Sahara rapinando le carovane oltre il massiccio dell'Hoggar e fino al fiume Niger: "Una vasta distesa di terra paludosa e al di là di questa una città, i cui abitanti erano [...] di bassa statura e tutti neri. Un grande fiume con coccodrilli scorreva da ovest a est". Nel primo secolo avanti Cristo il geografo Strabone citava il popolo dei farusi, che vivevano nel Sahara occidentale, vicino alle rive dell'oceano Atlantico, ed erano anch'essi dediti a saccheggiare le carovane. Da queste popolazioni guerriere, dai garamanti e dai farusi, discendono gli odierni tuareg, i duri uomini blu che imposero sempre le loro pesanti gabelle sul commercio attraverso il Sahara, che nel XVIII secolo arrivarono a occupare Timbuctu e che nemmeno le sanguinose campagne coloniali francesi del secolo successivo riuscirono a sottomettere.

Abbiamo dormito fino all'alba, e dopo il solito tè (nel quale ho inzuppato di nascosto alcuni datteri secchi che mi erano rimasti in tasca) siamo pronti a ripartire. I raggi del sole, di un colore rosa tenue, si fanno strada attraverso un'aria gelida e secca fino ai nostri corpi intorpiditi.

Mi affascina il fatto che, ogni volta che siamo fermi, da qualche parte sbuca sempre un bicchiere di tè bollente.

Un'ora di viaggio col vento ghiacciato che colpisce la pelle del volto bruciata dal sole di ieri, poi buchiamo una gomma. Ancora inchiodati sulla sabbia. Due dei passeggeri che viaggiano sull'altro camion cominciano a urlare: hanno fretta di arrivare ad Agadez, hanno pagato, perché mai dovrebbero stare ad aspettarci quando potrebbero proseguire. Uno dei nostri meccanici li fissa con un'espressione beata che mi ricorda quella del Buddha e dice loro che l'importante è arrivare vivi e in buona salute. Saggio Buddha nero dal ventre piatto! Per un attimo invidio il suo naso nero indifferente alla canicola. Sul mio il sole ha aperto una ferita che sanguina. Idiota, mi dico, avrei dovuto tenere lo *chèche*. Ma per certi versi questa ferita mi procura piacere: è come un attestato di partecipazione, un diploma, un anello di fidanzamento. Ogni tanto, quando le mosche si fanno troppo insistenti, la spruzzo con una goccia d'acqua, e così sia.

Il deserto ti fa diventare strano, non solo per il paesaggio, ma anche per gli incontri che fai. Stamattina abbiamo incrociato un camion accasciato su un mozzo senza ruota, con due dromedari adulti nel cassone che ci fissavano immobili come statue e ogni tanto muovevano le palpebre. Sotto al camion, nell'ombra, c'erano quattro uomini: da sei giorni aspettavano un loro compagno che aveva chiesto un passaggio alla prima macchina ed era andato fino a Tamanrasset per procurarsi una camera d'aria nuova, visto che la loro era squarciata in modo irrimediabile. Tutto quello che avevano fatto in quei sei giorni era giacere immobili sulla sabbia, bere tè, mangiare e fissare l'orizzonte. Per quel che ne sapevano, avrebbero potuto dover aspettare un'altra settimana. Eppure erano tranquilli e sorridenti come se stessero guardando uno spettacolo alla televisione. Nessuno si preoccupava del cibo, dell'acqua? Nessuno. E se fossero rimasti senza scorte? È successo altre volte: *inchallah*. A proposito, in che mese siamo? Che anno è? La guerra è vinta? I francesi sono stati scacciati da Algeri?

Il deserto ti fa diventare così strano che è meglio non pensare, è meglio fissare l'orizzonte e contare i datteri che mangi meccanicamente, uno dopo l'altro, anche se sai che stanotte avrai un attacco di diarrea.

A metà della giornata si materializza di fronte a noi una visione: un vecchio fusto di petrolio dipinto d'azzurro, nel quale è stata ricavata un'apertura. All'interno, ripiegata su se stessa come un alano in una cuccia per gatti, c'è una donna e fra le sue braccia dorme una bambina. Niente altro. Scendiamo e loro se ne stanno lì, immobili, a fissarci e a cuocere a fuoco lento nella loro capanna di ferro. Intorno c'è il nulla: non un arbusto né una palma lontana che lascino pensare che la donna, quando ha sete, possa andare a procurarsi dell'acqua da qualche parte.

Ecco che, d'un tratto, sento suonare il motivo che accompagnava il film *Baghdad Café*, una voce e delle note languide che sarebbero perfette se quella di fronte ai miei occhi fosse l'immagine di un documentario. Campo lungo sul bidone solitario, una folata di vento che solleva la sabbia (il rumore del vento si sente in sottofondo, misto alla musica) e poi la telecamera che entra e fissa gli occhi della donna. Ma questo non è il Baghdad Café, qui non c'è il juke-box e "una macchina del caffè che ha bisogno di una riparata" e non si vendono sandwich rancidi e Coca-Cola fredda. Questo è il Sahara, e che diavolo ci fanno questa donna e questa bambina qui? Aspettano qualcuno, e da quanto, visto che la capanna rotonda è affondata nella sabbia e sembra essere qui da molto tempo? Che cosa hanno mangiato stamattina e che cosa mangeranno stasera, visto che non si scorge nulla di commestibile nel raggio di chilometri?

Gli autisti e i passeggeri sono curiosi quanto me, ma non parlano con la donna. Vorrei parlarle io, ma nessuno accetta di farmi da interprete. Ripartiamo senza sapere nulla di lei. Certi giorni immagino di tornare in quel punto, e di ritrovare il bidone, la donna e la bambina sempre in silenzio, gli sguardi profondi come la Storia, enigmatici come geroglifici.

Il camion Berliet dipinto di bianco che ci viene incontro da sud ha la cabina perforata dai proiettili e i vetri sfondati. Proviene da Agadez, e sta tornando – vuoto – a Tamanrasset. L'equipaggio, autista più un meccanico, è stato assalito la notte precedente da una banda armata di mitra. "Ci hanno svegliati a calci," racconta l'autista, "e volevano soldi. Si sono presi tutto, compresa la radio, e poi hanno cominciato a sparare. Ridevano e sparavano. Ho pensato che volessero ammazzarci. Per fortuna non hanno danneggiato il motore."

Domando se sono stati i tuareg. L'autista si acciglia e mi risponde serio, prima di trincerarsi dietro a un silenzio di ferro: "No, i tuareg non sparano per divertirsi. Sparano per uccidere".

Troppo facile sparare e rapinare in questo deserto senza controlli. Troppo, per chiunque: con o senza una causa, con o senza una divisa. Si dice che in una guerra la prima vittima è la verità, ma qui la verità è stata uccisa ancor prima di nascere.

(entro in casa e c'è una musica rilassante, Donald Fagen che canta sarai la mia señorita in jeans e perle e un sassofono delicato come una farfalla che si appoggia su un fiore: ho sete, apro il frigo e prendo una bottiglietta d'acqua tonica, la verso in un bicchiere con quattro cubetti di ghiaccio che si appiccicano alla pelle dei polpastrelli e aggiungo tre o quattro dita di gin e una fetta di limone; ingoio un'ondata di fresco aspro che mi fa rabbrividire, dal bagno arriva lo schiocco dell'acqua della doccia che rimbalza su un corpo nudo e si scompone in mille gocce che si schiantano sulle piastrelle: c'è un vapore tiepido e fragrante, lei profuma di foresta, di sottobosco, di mare e di onde, la abbraccio ed è fresca come il mio bicchiere, la sua lingua è fresca, le lenzuola sono bianche e fresche e il disco è finito e c'è un silenzio magico e il gin e tonic lentamente cede calore all'aria e imperla di sudore ghiacciato le pareti del bicchiere mentre io mi smaterializzo e mi perdo da qualche parte tra Milano e Alpha Centauri...)

È stata un'allucinazione, rapida come il battito d'ali di un colibrì.

Ricordo una frase pronunciata nel film *Il tè nel deserto* di Bernardo Bertolucci: "La differenza tra un viaggiatore e un turista è che un turista fin dal primo giorno di viaggio sente nostalgia di casa". Come mi sento in questo deserto? Viaggiatore o turista? Mi piace stare qui, mi dà una sensazione di beatitudine. Ma al tempo stesso so che ci vorranno alcuni giorni prima che il mio corpo accetti la sabbia e i vermi sulla pelle, che i miei occhi accettino questo vuoto immenso, che i miei piedi accettino di camminare su una superficie mutevole, imprevedibile, un passo dura come il cemento, il successivo risucchiante come una palude. Quando tutto ciò mi sembrerà normale, quando da turista mi sarò trasformato in viaggiatore e incomincerò a provare il piacere puro di spostarmi in questo paesaggio, disprezzando anche solo l'idea di bere un gin e tonic, il deserto sarà finito: l'avrò attraversato e me lo sarò lasciato alle spalle, e di fronte avrò le foreste verdi e fitte dell'Africa centrale dove, forse, tornerò a essere turista.

Ho una voglia pazza di camminare verso sud, di evadere da questa prigione su sei ruote. Il camion è ancora bloccato: batteria scarica, credo. Ci siamo fermati per la preghiera della sera e il motore non è più ripartito. Aspettiamo il camion che ci segue per collegarci, con i cavi, alla sua batteria. D'ora in poi non potremo più permetterci il lusso di separarci. I meccanici tirano fuori i cavi e realizzano un ponte elettrico che unisce le due batterie. I due Mercedes sono fermi muso contro muso perché i cavi sono troppo corti. Seduti al posto di guida, gli autisti si scambiano segnali con gli occhi e armeggiano sulle frizioni e sugli acceleratori. Sembra che funzioni, tutti e due i camion sono partiti ma, dopo un secondo, dai cofani si leva una fiammata alta tre metri e uno spruzzo infuocato sparge scintille ad altezza d'uomo come un vulcano in miniatura.

Uno dei meccanici viene colpito e si accascia a terra urlando. Una scintilla gli è entrata dritta nell'occhio, rovente e fulminea come un proiettile. Qualcuno pensa a soccorrerlo, e tutti gli altri si danno da fare per staccare i fili e spegnere l'incendio gettando manate di sabbia sui motori. Gli uomini salgono e scendono ad un ritmo frenetico, i pugni si riempiono di sabbi e si riempiono in un secondo. L'angoscia dilaga e ferito bela di dolore come un capretto.

Estraggo dal mio zaino un disinfettante e un antidolorifico ma, se anche avessimo un elicottero per trasportarlo all'ospedale più vicino, ho paura che il suo occhio sarebbe comunque perduto. Bisogna evitare che la ferita si infetti, e sono l'unico ad avere dei medicinali.

In sottofondo sento un coro di "*merde!*". Tutte le altre imprecazioni sono in arabo, ma "*merde*" è sempre in francese. "Merda, siamo senza motori, merda, forse si è bruciata la batteria, merda, siamo bloccati qua, merda, quando lo saprà il padrone saranno guai."

Merda, penso, questo poveraccio ha probabilmente perso un occhio per qualche tonnellata di datteri, e i suoi compagni si preoccupano di quello che dirà il padrone. Dentro di me si gonfia una rabbia atavica, un'ondata calda che parte dallo stomaco e arriva al cervello. E se il "padrone" fornisse ai camion una batteria di riserva? Utopia. Questa è l'Africa. So già che è così. E perché dovrei prendermela con questo padrone, proprio con lui, quando migliaia di altri padroni, piccoli, grandi e giganteschi, hanno fondato i loro cupi imperi sulla sofferenza?

I bambini di Calcutta, stipati in lerci capannoni, arrotolano dall'alba al tramonto i *bidi* per un salario che in India non darebbe da mangiare neanche a una formica. I minatori di Sierra Pelada, in Brasile, si spezzano la schiena risalendo da pozzi a cielo aperto profondi come l'Inferno con sacchi di terreno aurifero pesanti cinquanta chili, e in tutta la loro vita non vedranno neanche un grammo d'oro. Giovani nigeriane vengono attirate in Italia con la promessa di un lavoro pulito, quindi viene loro sequestrato il passaporto e le si costringe a battere il marciapiede per guadagnarsi da vivere e ripagare il benefattore che le ha tolte dal fango del loro villaggio.

Questo piccolo padrone del Niger, proprietario di dieci camion e venerato dai suoi dipendenti come il dio del Tuono, scenderà dalla sua Toyota o dalla sua Mercedes, verrà dal meccanico ferito, gli racconterà di quanto gli dispiace che sia successa questa disgrazia, che gli è vicino, che è disposto ad aiutarlo e questo dovrebbe bastare: "Sai, non posso darti di più perché l'azienda è in crisi e questa storia dei tuareg ha messo in ginocchio il commercio," ma per il meccanico sarà comunque una somma enorme, e il padrone sarà contento di essersela cavata con quattro soldi. Il meccanico continuerà a rimirare le banconote con l'unico occhio rimastogli, tutti saranno soddisfatti e il trasporto di datteri continuerà come se nulla fosse successo.

Dopo le fiamme e la pioggia di sabbia si scopre il giusto modo di collegare i cavi e i motori ripartono. Un chilometro, forse due, e ci fermiamo per la notte, la seconda nel cuore del deserto. "Ti piace dormire per terra?" mi chiede uno dei meccanici. Loro si avvolgono semplicemente in una coperta, con addosso il caftano di lana pesante. I piedi nudi spuntano dal fagotto marrone vagamente cilindrico. Io mi infilo vestito in un sacco a pelo militare, lo sigillo tirando la chiusura lampo fino al mento e nonostante ciò mi sveglio più intirizzito e tremante di loro. "Sì," rispondo, "dormire per terra mi piace." "C'è un vantaggio," mi dice il meccanico, "non si cade dal letto." In seguito scoprirò che questo è un proverbio tuareg.

Ridacchio a denti stretti per farlo contento, e intanto penso all'occhio del suo compagno. Mi sciacquo i denti con l'acqua della ghirba e ci penso ancora. Mi corico, chiudo la lampo e continuo a pensarci. Fisso le stelle e penso all'occhio. Provo a fissarle con un occhio chiuso. Anche gli anni luce dell'universo perdono la loro profondità. Danno un'emozione piatta e povera. Nonostante la stanchezza mi ci vuole un bel po' prima di riuscire a prendere sonno.

Mi sveglia un battito ritmico e metallico. Martellate sul ferro. I meccanici hanno smontato l'albero di trasmissione del nostro camion – un palo d'acciaio lungo tre metri – per sostituire il giunto cardanico che sta per spezzarsi, ma hanno scoperto che quello di scorta è piegato, e va raddrizzato. La parte piegata del giunto è una sorta di U d'acciaio o di chissà quale altra durissima lega (ricordi?, la marca del camion è Mercedes, roba di qualità) e i due apici della lettera, spessi quattro centimetri, sono troppo vicini, come se qualcuno avesse stretto la U con una pinza nel tentativo di darle la forma di una goccia.

Come raddrizzare questo blocco di metallo solido, piccolo, dall'aspetto inattaccabile? A martellate, signore e signori. Non abbiamo una morsa, non abbiamo una fucina, non abbiamo che questo martello consunto e queste braccia magre dalla pelle sottile contro cui premono i nervi e le fibre dei muscoli. Adesso ci metteremo a martellare: il mio amico farà da morsa stringendo il giunto d'acciaio fra le mani e io colpirò quel giunto con costanza, con pazienza, con cocciutaggine. Lo colpirò inesorabile, come la goccia che, secondo dopo secondo, molecola dopo molecola, erode la roccia più dura e vi scava un orrido, una valle, il letto di un fiume sotterraneo. Lo colpirò tutta la notte, alla luce fioca di una candela, fino a che il mio braccio non si sarà intorpidito e il metallo non si sarà piegato al mio volere. Lo colpirò...

Ho trascorso una notte terribile, con l'eco dei colpi che mi ha riempito il cervello e mi ha concesso soltanto un dormiveglia snervante. Quando il cielo si è fatto rosa i meccanici hanno smesso di martellare, e, diavolo, il giunto era di nuovo al suo posto, lubrificato e funzionante.

Il Laouni è il tratto più difficile dell'intera pista. Mancano un centinaio di chilometri a In-Guezzam. È qui che cominci a credere che il deserto voglia inghiottirti, che fino a questo momento si sia fatto beffe di te e ti abbia illuso lasciandoti arrivare a un tiro di sputo dal confine soltanto per infliggerti una sconfitta più amara.

La sabbia cambia consistenza: si fa più scura, più soffice e subdola. I camionisti interpretano i suoi segni con difficoltà. Una sfumatura di colore o l'ondulazione della superficie che nel resto del Sahara indicano all'occhio esperto un tratto compatto qui nascondono un banco di sabbia mobile, soffice, dove un uomo, per effetto del suo solo peso, sprofonda fino al ginocchio. La pista si è ristretta e i solchi delle ruote sono sempre più profondi. Sono finiti i chilometri di minuscole cunette, dure come sasso, allineate l'una dopo l'altra in un domino senza fine, che facevano tremare anche lo stomaco ma permettevano di sfrecciare a sessanta chilometri l'ora senza timore di sprofondare. Montagne spettrali ci circondano. Aumentano gli scheletri di automobili. *Le Laouni, traître*! Il Laouni traditore. Le giunture ferrose dei camion urlano, gemono, chiedono pietà. Le cabine si torcono, le balestre si piegano, i cassoni si inclinano al limite del rovesciamento sotto il peso del carico. Portateci via da questo inferno, sembra vogliano dire.

Dall'alba al tramonto ci insabbieremo dodici volte. E ogni volta la procedura è la stessa. L'autista salta giù dalla cabina sbraitando, in arabo, bestemmie e imprecazioni fra le quali, ogni tanto, ficca la parola *sable*, sabbia. Noi ci prepariamo a scaricare i sacchi di datteri per alleggerire il camion. Quando ho le mani occupate dai sacchi, le mosche vengono a banchettare sul mio naso, dove la piaga è sempre più profonda. Qualcuno, intanto, si dà da fare intorno alle ruote, scavando con le mani per liberarle dalla morsa del terreno. Compaiono due rudimentali piastre da sabbia, lastre di ferro traforate in malo modo col trapano.

Venti mani si appoggiano alla parte posteriore del cassone, rigide fino alle falangi, in attesa dello sforzo, le braccia tese pronte a spingere questo meraviglioso prodotto dell'industria reso inservibile da un paio di dune troppo cedevoli. L'autista dà il via e poggia il piede sull'acceleratore. Dieci volti si contraggono in una smorfia, venti gambe si tendono, si irrigidiscono, affondano nella sabbia. Ingoiamo la sabbia che le grosse ruote, girando a vuoto, ci spruzzano in faccia. La ingoiamo con la bocca, con gli occhi e col naso. Siamo maschere di sabbia, primo stadio di una trasformazione in statue di sabbia. Il deserto vuole farci diventare come lui?

Pensiero idiota. "Non pensare, spingi, spingi questo maledetto camion o resteremo in questo stramaledetto Laouni un altro giorno e un'altra notte". "Non posso, non respiro più, la sabbia mi ha riempito i polmoni." "E chi se ne frega, smetti di respirare ma spingi." "Ma come possono dieci uomini stremati dal caldo atroce e dalla fatica riuscire a tirare fuori da questo gorgo una bestia d'acciaio così grande e pesante?" "Piantala di fare queste domande, taci, concentrati e spingi." Sembra un'eternità, ma magari è durato solo trenta secondi. Perché non ho mai pensato a cronometrare? Non lo so, ma so che, dopo trenta secondi o trenta minuti, lo sforzo ci ha sempre ripagati. Eravamo distrutti, sudati, coperti di sabbia, gli occhi chiusi rivolti al cielo, i toraci che lentamente ritrovavano il ritmo giusto della respirazione, ma il camion era libero.

A volte, percorsi pochi metri, il camion si insabbiava di nuovo, e ancora più profondamente. Ci alzavamo distrutti e osservavamo la scena senza proferire una parola. È così che si sente una madre dopo il parto? Se è così, ciascuno di noi quel giorno partorì dodici figli.

Julien, il proprietario di uno dei frigoriferi, sembra impazzito. Ha cominciato nelle prime ore della mattinata a inveire contro Abubakar e contro "questo deserto di merda", arringando i passeggeri e dicendo che non è possibile che ci vogliano tre, quattro o forse cinque giorni per percorrere quattrocento chilometri. Poi, a un certo punto della mattinata, si è placato. Si è messo a fissare il vuoto e a ripetere, ogni tanto, con tono rassegnato: "*C'est pas possible*".

Non ci sono molti diversivi nel deserto. Chi cerca di sintonizzare la radio su qualcosa che non sia un groviglio di scariche elettrostatiche, chi scruta l'orizzonte con occhi immobili, chi, come Julien, scuote il capo e sussurra a se stesso "non è possibile" e chi, come me, scrive, sfregiando con un solco di penna l'intera pagina a ogni sobbalzo troppo violento. Quando rileggerò quegli appunti sarà come dover interpretare i glifi di una civiltà sconosciuta.

Che altro fare in cima a un camion? Mi sorprendo a sperare in un guasto, in una foratura, per assistere di nuovo allo spettacolo dei meccanici-istrioni pronti a improvvisare sempre qualcosa di nuovo coi poveri mezzi a disposizione.

Il camion si ferma all'improvviso con una frenata brusca. Lo sbuffo d'aria della pompa dei freni solleva una nuvola gialla intorno a noi. Abubakar schizza giù dalla cabina e si mette a correre verso l'orizzonte, seguito da un paio dei suoi cortigiani. Oh cazzo, sono impazziti anche loro, dico al meccanico seduto al mio fianco. Lucertola, mi risponde lui. Uno dopo l'altro, tutti i passeggeri si mettono a correre verso il puntino azzurro che è la tunica di Abubakar, lontana qualche decina di metri.

Il terreno è lunare: dalla sabbia affiorano concrezioni di roccia ferrosa piatte come alcionarie. Sembrano biscotti di ferro arrugginito, rossiccio e, come biscotti, si staccano facilmente dalla roccia madre sepolta sotto la sabbia; si spezzano con le dita senza sforzo. Anche se indosso un paio di stivaletti di cuoio rigido, in un paio di occasioni rimango incastrato con un piede in uno dei mille crateri in miniatura apertisi nella crosta di roccia e rischio di slogarmi una caviglia. Gli altri, a piedi nudi o con le ciabatte infradito ricavate da vecchi pneumatici (stilisti, prendete spunto dai ciabattini africani), mi superano balzando di sasso in sasso come stambecchi.

Abubakar aveva avvistato un lucertolone color verde smeraldo, dalla pancia biancastra, con una cresta imponente da dinosauro e un aspetto poco invitante. I tre uomini gli sono piombati addosso e sono riusciti a catturarlo. Ora se lo tirano addosso, felici come bambini, facendo finta di spaventarsi prima di afferrarlo al volo per il ventre o per la coda e rilanciarlo come una palla al compagno più vicino. Sghignazzano spensierati e saltano da una roccia all'altra. In volo parabolico – sensazione mai provata prima – il lucertolone fa capriole, gira su se stesso e, gli occhi sgranati per il terrore, agita disperatamente le zampe in cerca di qualcosa di solido su cui piantarle. Quando rovina a terra perché uno dei tre ha sbagliato mira, il disgraziato rettile è troppo frastornato per scappare. I giocatori parlano di adottarlo come mascotte, di ammaestrarlo, di cucinarlo sul fuoco. Non permettono a nessun altro di partecipare al gioco, e noi ce ne stiamo intorno a loro a osservare questa assurda partita di pallavolo del Sahara mentre il sole ci cuoce il cervello.

Dopo un'ora Abubakar e i due uomini si stancano di palleggiarsi la lucertola e decidono che è tempo di abbandonarla e di tornare ai camion. Non facciamo in tempo a mettere in moto che compare dinanzi a noi una Range Rover bianca. Quando la nuvola di polvere sollevata dalla frenata si dirada, scende dalla macchina un uomo grasso, l'aspetto di un angelo della morte, avvolto in una tunica celeste decorata con un elegante bordo dorato, indice di ricchezza.

Per la prima volta dall'inizio del viaggio Abubakar mostra soggezione. Si avvicina all'omone tenendo il capo chino e i due parlano sommessamente per qualche minuto. Il nostro equipaggio si dà immediatamente da fare e prepara il tè per il nuovo venuto. Scopro che l'uomo è il proprietario dei camion su cui viaggiamo. Se mi avessero chiesto di immaginarlo non sarei andato molto lontano dalla realtà. Gli viene raccontato l'episodio del meccanico, ma lui non si avvicina per vedere di persona il dipendente con l'occhio ferito. Non si offre nemmeno di portarlo a Tamanrasset con la sua macchina veloce. Non gliene importa nulla. Comunica soltanto che i datteri verranno scaricati a In-Guezzam "per problemi di dogana" e che i camion dovranno ripartire subito per Tam. È una brutta notizia: alla frontiera dovrò trovarmi un altro passaggio per il Niger. L'incontro dura un quarto d'ora, poi la Range Rover riparte verso nord.

"Problemi di dogana." Che succede alla frontiera, se non lasciano passare nemmeno un carico di datteri? Da un lato sono ansioso di arrivare a In-Guezzam, di scoprire se mi verrà concesso di entrare in Niger o se verrò respinto, dall'altro vorrei (al contrario di ieri) che questa traversata del deserto non finisse mai, per non dovermi sentir dire da un doganiere in uniforme "se ne torni da dove è venuto".

Dovrò abituarmi alla parola "problema". L'ho già sentita – e continuerò a sentirla – pronunciare da mille persone in mille lingue, dialetti, sfumature diverse. Problema burocratico (questo, spesso, risolvibile con una banconota di giusto taglio), problema meccanico, problema politico, problema sociale. Parola magica, camaleontica, che in Africa serve a indicare tanto la rottura di una cinghia di trasmissione quanto una sparatoria con morti e feriti tra polizia e dimostranti! Parola beffarda, che tranquillizza il viaggiatore preoccupato di dover rimanere fermo quattro giorni e che allarma chi, fino a quel momento, era convinto che tutto sarebbe andato liscio!

Questo viaggio è come una caccia al tesoro, e il tesoro si trova a Città del Capo: risolvete il prossimo problema e vi avvicinerete di dieci o di mille chilometri.

Il mio prossimo problema è rappresentato da una casupola di lamiera, con una sbarra bianca e rossa, circondata da nove milioni di chilometri quadrati di deserto.

5.

In-Guezzam è un cimitero. Il vento soffia tra le tombe, basse costruzioni di sabbia con finestre alte e strette che lasciano passare poca luce e poco caldo. Alle nove di sera, quando i nostri camion fanno ingresso in paese, non c'è in giro anima viva. Gli autisti parcheggiano all'interno di un cortile delimitato da un muro color ocra alto sei metri. È bastato un colpo di clacson, e il cancello di legno (il vento lo ha scarnificato e ha messo in rilievo le venature) si è aperto subito, spalancato da un ometto seminudo. Sembrava che ci stesse aspettando esattamente a quest'ora.

Tutti hanno voglia di cenare in un ristorante. Veniamo informati che il commissariato locale, dopo i tumulti causati ad Algeri dagli integralisti del Fis, ha ricevuto l'ordine di istituire un coprifuoco e che non si può circolare per le strade dopo il tramonto. Gli autisti e i meccanici decidono di infischiarsene e si avviano sul marciapiede fuori dal cancello in una lunga e silenziosa fila indiana. Decido anch'io di ignorare il coprifuoco e di seguirli.

Nel cielo c'è una tenue luce rosata, residuo del tramonto che raffredda l'aria polverosa, ma intorno a noi è già buio. Dalla terra, dalle case emana un silenzio spettrale. Silenzio e buio. I camionisti sanno dove andare, ma i primi due ristoranti davanti ai quali siamo passati erano chiusi. Lontano, in fondo alla via che stiamo percorrendo, vediamo una chiazza di luce stinta. Terzo e ultimo tentativo, dice un meccanico.

Il ristorante, una stanzetta scura e unta con cinque tavolini di fòrmica e le sedie di plastica intrecciata, sta per chiudere ma in cucina il cuoco riesuma una pentola di zuppa al pomodoro piccante. Ci sediamo e la mangiamo avidamente, intingendovi pezzi di baguette che hanno la consistenza della gommapiuma e bevendo acqua da un recipiente di terracotta. Nessuno di noi fiata. Nel locale non ci sono altri avventori, e il cuoco rimane in piedi in un angolo, a fissarci. Una lampadina nuda illumina il suo volto di sbieco, proiettando sul muro biancastro l'ombra lunga del naso e dell'arcata sopracciliare. Titolo: *Ristorante arabo, ora di chiusura*, olio su tela, cornice da scegliere. La scena sembra dipinta da Edward Hopper, ma in questo caso il soggetto respira e manda odore di grasso fritto.

Alle dieci i piatti sono vuoti e la serata è terminata. Hopper (che fa, maestro, è impazzito?) prende un bidone di pittura nera, lo getta sulla tela e il ristorante viene inghiottito dal buio di In-Guezzam.

Saluto i miei compagni di viaggio all'alba e salgo su una Toyota cigolante che mi porta al posto di frontiera algerino, dieci chilometri a sud della città. L'autista mi mette subito di buon umore: "Lei crede di poter andare in Niger? Non vede che mortorio? La pista è morta, l'hanno ammazzata i tuareg. Nessuno straniero può passare. *Fini, fini*". Finito.

Nella costruzione di cemento, dove risuonano soltanto il ronzio delle mosche e il rumore lontano del vento, il doganiere algerino in divisa grigioverde e ciabatte di gomma mi squadra per un momento e mi timbra il passaporto senza una parola. Mi aspettavo domande: dove va, non sa che la pista è chiusa, ha un permesso speciale per entrare in Niger? Invece trovo solo uno sguardo fisso, inespressivo. Lo interpreto come un buon segno.

Alcuni camionisti nigerini sono sdraiati sul pavimento, di fronte al bancone smisuratamente lungo dove si espletano le pratiche burocratiche. Aspettano, come in tutte le ambasciate, i consolati e i posti di frontiera del mondo, con le loro carte in mano e gli sguardi rassegnati. Chiedo se qualcuno di loro va verso Arlit. Un uomo in tunica grigia alza lo sguardo e dice "io". Poi tende la mano: "Sono cinquemila cfa". Pago, e lui, tutto soddisfatto, mi promette che saremo in città prima del tramonto. Sono soddisfatto anch'io. Non immagino che, al tramonto, sarò ancora a pochi chilometri da qui, seduto sul mio zaino in mezzo al deserto, a pregare che i fari di una certa Toyota compaiano in fretta all'orizzonte.

All'epoca dei peugeottari il posto di confine di Assamakka, che dista venti chilometri da quello algerino e consta di tre container di metallo poggiati malamente su assi di legno per non sprofondare, ricordava una di quelle allegre fiere di paese dove si mangia e si beve, si ride, si compra e si vende. I gendarmi nigerini passeggiavano lentamente su e giù per le lunghe file di automobili in attesa di passare la frontiera e buttavano lo sguardo negli abitacoli. Proponevano di cambiare i franchi francesi, chiedevano ai giovani europei se la radiolina era in vendita, quanto costava quella maglietta ricordo di un concerto rock, se non avrebbero potuto ricevere in dono una pellicola fotografica (senza calcolare che nessun laboratorio del paese avrebbe saputo svilupparla).

Le procedure per varcare il confine erano lentissime: una coda di una dozzina di macchine significava tutta la giornata e magari anche la notte da trascorrere lì, visto che la frontiera chiude alle sei di sera. Dopo qualche ora poliziotti e peugeottari facevano amicizia, si scambiavano doni (i poliziotti regalavano berretti e distintivi) e bevevano il tè insieme.

Tutta quella baraonda, le urla e le musiche provenienti dalle autoradio di cento cruscotti diversi, non mi avevano però distratto da un pensiero: ricordo che mi sedetti di fronte alla sbarra di ferro che impediva di proseguire lungo la pista e che, dopo un po' che la fissavo, cominciai a ridere. Intorno alla sbarra, oltre ai tre container e a un paio di segnali cerchiati di rosso con la scritta "Alt-Dogana", non c'era assolutamente nulla: nessuna recinzione o paletto o qualsiasi altro oggetto che indicasse la prosecuzione ideale, verso ovest e verso est, di quella sbarra e che tracciasse così la linea di confine disegnata su tutti gli atlanti. C'era solo il vuoto senza fine, riempito da miliardi di metri cubi di sabbia sempre uguale. Quello stupido palo bianco e rosso, esile e contorto, presidiava un confine pari a cinquecentomila volte la sua lunghezza.

Avevo immaginato di chinarmi proprio sotto la sbarra, raccogliere un granellino di sabbia, andare da un gendarme e chiedergli se per caso sapesse dirmi se quel granellino era proprietà dell'Algeria o del Niger. Avevo cercato di immaginare che cosa sarebbe successo se, un giorno, tutti gli autisti che passavano di lì si fossero messi d'accordo per fare, in corrispondenza della sbarra, una piccola deviazione (sarebbero bastati tre metri) e oltrepassare il confine indisturbati, senza fermarsi. La polizia li avrebbe inseguiti sparandogli alle gomme? L'assurdità della presenza di quella sbarra era resa in parte sopportabile dal grande circo dei peugeottari, con la sua musica e la sua atmosfera di festa.

Oggi, però, non c'è nessuna festa in programma ad Assamakka. Sono sceso dal camion un'ora fa e adesso sono solo, col mio zaino in mano e il vento che mi strappa i capelli, solo col deserto intorno, di fronte la stessa sbarra della quale avevo riso e che oggi mi sembra tanto più solenne e marziale e mi schiaccia il cuore col peso immenso della sua autorità.

Il camion ha proseguito per Arlit senza di me: l'autista, dopo una lunga contrattazione, mi ha restituito soltanto quattromila franchi. La polizia nigerina ha rifiutato di farmi entrare nel paese. In uno dei container, tre agenti dalla divisa stirata di fresco mi hanno interrogato a lungo: mi hanno chiesto che diavolo volevo andare a fare ad Arlit, se non sapevo niente dei "tuareg impazziti", se ero per caso pazzo anch'io, se ero una spia, un mercenario, un agente dei tuareg. "Un giornalista? Non vogliamo giornalisti in questo deserto," mi ha urlato il capo, un tenente calvo dal volto nero e lucido e con gli occhi sbarrati. Il suo naso era a pochi centimetri dal mio e il suo alito puzzava di birrà. Ha preso la lettera di credenziali del giornale e l'ha appallottolata tra le mani. "Questa è merda. Fuori, ha capito? Fuori!" Erano determinati e incattiviti. Quando le mie risposte non li soddisfacevano uno di loro mi prendeva per il bavero e mi strattonava.

Durante l'interrogatorio, un quarto agente ha rovesciato per terra il contenuto del mio zaino. Sospettoso, ha ispezionato ogni oggetto (compreso l'interno delle calze di spugna) e aperto uno per uno i contenitori delle pellicole fotografiche. Perché così tante, mi ha chiesto, che cosa deve fotografare? Che cosa cerca in Niger? Io, ingenuo, ho tirato fuori dalla tasca le banconote e ho provato a corromperli. Un punto per i funzionari della dogana di Assamakka: sono incorruttibili.

Mi hanno costretto, urlando, a rimettere tutto nello zaino e mi hanno affidato a uno dei tassisti che fanno la spola tra le due frontiere. L'uomo ha ricevuto l'ordine di riportarmi a In-Guezzam e a me è stato ingiunto di sborsare centocinquanta franchi francesi per il passaggio e di non presentarmi mai più ad Assamakka.

Di fronte a me si stende, ancora una volta, il Sahara algerino. Odio il colore di quella sabbia, ora che mi sembra così diverso da quello della sabbia nigerina.

Il tassista mi fissa e ha tutta l'aria di aver capito perfettamente la situazione. Ha capito che darei qualsiasi cosa per proseguire questa maledetta traversata. "Millecinquecento franchi e la porto fino ad Arlit," mi dice. Credo di aver capito male, gli chiedo di ripetere. "Se mi dà millecinquecento franchi, io conosco il modo di farla arrivare ad Arlit senza pratiche burocratiche." Si volta indietro e fa un gesto ampio con il braccio, disegnando un cerchio nell'aria. "Possiamo passare la frontiera dove vogliamo, lontano da Assamakka. Posso fare un giro largo, una trentina di chilometri a est, e poi ritornare sulla pista quando saremo entrati in Niger. Naturalmente se è disposto a pagare. Io rischio grosso, possono arrestarmi." Tiro fuori i soldi di tasca. Lui mi dice di metterli via e continua a guidare verso In-Guezzam. Gli domando come mai non intenda deviare verso sud, ma lui sembra diventato muto. Quando arriviamo in vista dell'edificio di cemento con la bandiera algerina, l'autista rallenta, gira a destra e prosegue verso est. Dopo un paio di chilometri, la Toyota si ferma. "Scenda e mi aspetti qui. Tornerò fra qualche ora, col buio. Adesso devo rientrare ad Assamakka, altrimenti i poliziotti capiranno."

Appena apro lo sportello la polvere mi aggredisce. Il vento ha scatenato una tempesta di sabbia urlante e mi sputa granelli pungenti sul viso. Mi siedo sullo zaino e, mentre fisso le luci rosse della Toyota che diventano sempre più piccole e fioche, comincio a pensare. Dio, quanto ti fa pensare il deserto! Analizzo la mia situazione e mi viene da ridere: sono in terra di nessuno, in questo limbo sabbioso che non è più territorio dell'Algeria e non è ancora territorio del Niger, entrambe le frontiere chiuderanno tra poche ore e io sto aspettando un pazzo che, per quanto ne so, potrebbe anche essersi inventato una storia per il gusto di farmi passare la notte qui.

Mi viene in mente che i viaggiatori provenienti da Assamakka, prima di lasciare Arlit, devono farsi timbrare il passaporto al locale commissariato. Sempre ammesso che la Toyota compaia e che riusciamo ad arrivare in Niger, che cosa diranno i poliziotti quando sul mio passaporto non troveranno il timbro d'ingresso di Assamakka? Al diavolo, penso, ho deciso di giocare sporco e una scusa la troverò. E se proprio vorranno buttarmi fuori dal paese, chiederò loro di farmi scegliere la strada che mi conviene, quella che porta in Nigeria.

Il sole è ancora alto, tiro fuori il quaderno degli appunti per scrivere e passare il tempo. La minuscola sfera sulla punta della penna, sferzata dal vento, fa fatica a rilasciare l'inchiostro. Nonostante la bufera, le mosche riescono lo stesso a planare sulla piaga del mio naso. Mi avvolgo intorno al capo lo *chèche* che ho ricevuto in dono dall'uomo del frigorifero e dopo un po' mi addormento con la testa appoggiata sulla sabbia tiepida.

Quando mi sveglio è buio e freddo, e il vento soffia più forte che mai. Ho sete come se avessi attraversato il Sahara strisciando, e svuoto la poca acqua rimasta nella borraccia. Guardo l'orologio: le nove. Il mio primo pensiero va al tassista. Si è pentito della promessa oppure è venuto a cercarmi ma non ha ritrovato il punto esatto e ha creduto che fossi tornato in Algeria? L'aria è pervasa dalla sabbia e la visibilità è ridotta a pochi metri. Ho perduto l'orientamento e non so più da che parte dovrebbe arrivare la Toyota. Fisso gli occhi sull'orizzonte invisibile e comincio a girare su me stesso, come un sommozzatore che cerchi il suo compagno perduto durante un'immersione in un lago torbido. Niente. Non ho la minima idea di quale direzione prendere per raggiungere il posto di frontiera algerino, e mi preparo a trascorrere la notte all'addiaccio, ignorando i morsi della fame e sperando di non svegliarmi coperto da una duna alta tre metri. Prima di dormire decido di dire le preghiere: un florilegio di imprecazioni contro lo stato del Niger, contro i suoi funzionari doganali e contro il buon uomo a cui devo questa nottata all'aperto.

Un borbottio. Un borbottio sordo e ritmico coperto dal rumore del vento. E luce. Un debole alone di luce giallastra nel cui cono i granelli di sabbia roteano impazziti. La Toyota è arrivata alle mie spalle, il rumore del motore mescolato al boato della tempesta. I fari sono spenti: l'autista si è orientato con le sole luci di posizione, tremule come fiammelle cimiteriali, e rinuncio a capire come abbia fatto a trovarmi. "Salga, *patron,*" urla l'uomo alla guida. Chiedo al tassista perché ha tardato tanto. Lui indica due taniche grondanti poggiate sul sedile posteriore. "Non è stato facile trovare il gasolio." Gli faccio osservare che fino ad Arlit ci sono solo 290 chilometri. "Un pieno dovrebbe bastare per il doppio, a cosa ci servono due taniche di riserva?" Mi dice che non si è mai perso nel deserto, ma che c'è sempre una prima volta.

Cerco di socializzare e gli domando come si chiama, ma lui mi risponde che è meglio che non lo sappia, ed è meglio che, una volta arrivati ad Arlit, io mi scordi anche la sua faccia e il colore della sua macchina. Poi, prima di ingranare la marcia e di mettere in movimento la Toyota, si volta verso di me e mi fissa. Nel buio riesco a distinguere la sua espressione seria. “Lei si rende conto di quello che stiamo facendo, non è vero?”

Credo che si riferisca al fatto che sto per entrare illegalmente nel paese. “Non mi pare poi così grave,” dico. Lui risponde con una frase che mi fa gelare il sangue: “Non ha capito. Lei non sa chi c’è in quel deserto, e quanta gente è sparita sepolta nella sabbia, di giorno e di notte. Se stanotte, lontano dalla pista, incontriamo una pattuglia dell’esercito nigerino, o un gruppo di tuareg, o non so chi diavolo, ad Arlit potremmo non arrivarci mai”.

Partiamo diretti verso est, con il lezzo di gasolio che mi stringe la gola e l’angoscia che mi stringe lo stomaco. Ho messo nella mano dell’uomo tre banconote da cinquecento franchi, una somma favolosa, e lui le ha infilate in una tasca invisibile all’interno della tunica. La jeep procede lentamente, senza superare i quaranta chilometri orari. L’autista guida aggrappato al grande volante da camion, col naso contro il parabrezza e gli occhi socchiusi per vedere meglio.

Vedere cosa? Il bagliore morente delle luci di posizione illumina appena mezzo metro di pista, e solo adesso capisco perché non viaggiamo coi fari accesi. Nessuno deve vederci. Benedico la tempesta, perché nella notte limpida del Sahara la fiamma di un accendino si scorge a chilometri di distanza. È in queste condizioni che dovremmo attraversare quasi trecento chilometri di deserto? Di tanto in tanto l’uomo muove impercettibilmente il volante in senso orario. Stiamo disegnando un arco molto ampio, al centro del quale si trova Assamakka. Il sonno mi è passato di colpo, e continuo a guardare fuori dal finestrino, nel buio opaco, credendo di intravedere ora una jeep verde militare, ora una chiostra di denti ghignanti, ora la bocca d’acciaio di un kalashnikov.

L’autista, saggiamente, mi ha ricordato che sono uscito dal territorio algerino ma, secondo i registri di Assamakka, non sono mai entrato in Niger. Grazie, innominato uomo della Toyota. Per la prima volta da quando ho lasciato Algeri provo paura. Ho paura di sparire in questo deserto senza lasciarmi alle spalle uno straccio di documento che dimostri che mi trovavo qui.

Prima di mezzanotte l’autista annuncia trionfante: “Ecco, siamo in Niger”. Ora completeremo verso ovest l’arco di centottanta gradi e ci ricongiungeremo con la pista, qualche decina di chilometri a sud della frontiera dove il tenente calvo e i suoi uomini stanno dormendo. Penso a loro, e nonostante l'angoscia mi assale un'ondata di strana euforia.

L'alba sorge su Arlit investendo le case con la sua luce violetta, e io l'ammiro sapendo che la ricorderò come una delle più belle della mia vita. Per tutta la notte ho fissato il vuoto grigiastro oltre il parabrezza e ho scacciato il sonno pizzicandomi le gambe e le braccia. La pista, molto meno insidiosa di quella di Tamanrasset, non ci ha dato grandi problemi: ci siamo fermati una sola volta per sostituire una gomma bucata. Adesso posso rilassarmi, distendere i muscoli e appoggiare la schiena sul sedile per godermi lo spettacolo del sole.

Arlit è figlia dell'uranio. La città sorse dal nulla nel 1971, sopra un immenso giacimento scoperto sei anni prima dai geologi francesi della Somair. L'uranio arricchì improvvisamente il paese, che fino a quel momento era stato fra i più poveri dell'Africa: nel 1980 il Niger doveva alle esportazioni d'uranio il 90% degli introiti in valuta estera. Nel centro della capitale Niamey cominciarono a sorgere alberghi di lusso e palazzi di vetrocemento destinati ai ministeri. Ma i soldi se ne andarono rapidamente, così come erano venuti: nei primi anni ottanta il prezzo dell'uranio sul mercato internazionale crollò (in cinque anni le esportazioni scesero da duecento a venti milioni di dollari), trascinando nuovamente il paese nella povertà. Oggi i proventi derivati dall'esportazione del minerale, nonostante rappresentino il 75% del bilancio dello stato, non bastano nemmeno a pagare i debiti.

Arlit, il capolinea della *Route de l'uranium* (asfaltata nei tempi d'oro) che porta a Niamey, è una città sfrenata, allegra, ubriacona, una città-bazar, una città-postribolo, dove la gente ride e beve birra ai tavolini all'aperto e tutti vogliono comprare qualcosa dal nuovo venuto per contrabbandarlo e rivenderlo al triplo in Mali, in Nigeria o in Benin. È una città ricca e costosa: una birra si paga due dollari, quattro se bevuta in un localaccio dove uno stereo spara musica a tutto volume. Nonostante il Ramadan bevo tre birre di fila per sei dollari, e mi convinco che sono i soldi meglio spesi da quando sono partito.

Gli "uffici d'intermediazione di auto usate," una teoria di cortili lungo la strada principale, sono in piena attività, e mi domando da dove arrivino le macchine ora che la frontiera con l'Algeria è chiusa. "Ad Arlit le macchine arrivano sempre, *pas des problèmes,*" mi risponde un mediatore. Arrivano qui dagli angoli sperduti del Niger (come se questo non fosse un angolo sperduto), e qualcuna anche dall'Algeria.

Il commercio non si ferma, e le automobili sono la merce di scambio più diffusa. Le bancarelle del mercato traboccano di parafanghi, pistoni, fanali, lampadine, fusibili, testate di motori, cinghie di trasmissione, pastiglie di freni, pneumatici, semiassi, cofani e portiere. Piramidi di paraurti cromati, lucidati con pazienza, splendono al sole. Un uomo vende solo vecchi stemmi Peugeot, grossi scudi di plastica nera che racchiudono il pretenzioso bassorilievo dorato con il leone rampante. Per un attimo ho la tentazione di comprarne uno. I mercanti sono sorpresi di vedere uno straniero e mi sorridono a trentadue denti dietro alle montagne di pezzi di ricambio. No, il commercio non si ferma ad Arlit.

Quando l'avevo vista per la prima volta, la città mi aveva colpito per le sue strade: la pista si era trasformata, d'un tratto, in un'autostrada di sabbia perfettamente levigata, con due corsie per senso di marcia ordinatamente divise da una fila di bidoni dipinti di rosso. C'erano segnali stradali, divieti d'accesso, sensi unici, divieti di transito e di sosta. C'erano e ci sono ancora. Tutto il resto è andato a puttane, ma il codice della strada ad Arlit bisogna rispettarlo.

6.

Ci penso di colpo, mentre visito il mercato e mi aggiro pigramente tra le bancarelle assaporando i ricordi: anche se i cittadini italiani non hanno bisogno del visto, io sono entrato in Niger da clandestino, ed è meglio che lasci il paese il più rapidamente possibile. In città i turisti europei, sempre che ce ne siano, devono essere molto pochi, e non vorrei che la polizia si accorgesse di me. In quanto straniero, dovrei essermi già presentato al commissariato, dove un funzionario controlla il timbro di Assamakka e ne appone uno nuovo che attesta che "lo Stato del Niger Riconosce e Accetta Ufficialmente la Presenza della Signoria Vostra sul Proprio Territorio". Per me, che non ho nessun timbro di Assamakka, non è il caso di andare al commissariato.

Così vado alla *gare routière*, un altro angolo d'inferno odoroso di sudore, piumaggio di galline, spezie, carne arrostita, rutti neri di vecchie marmitte, granaglie che sembrano fermentare sotto il sole infuocato. Pago tremila cfa e salgo su una di quelle Toyota stracolme di passeggeri, merci e animali che qui chiamano *taxi de brousse*, taxi della boscaglia. La macchina è diretta ad Agadez, trecento chilometri a sud. Da lì potrò proseguire agevolmente per Zinder, e poi passare la frontiera a Magaria, entrando in Nigeria sulla strada di Kano.

Ho molta voglia di vedere Agadez, l'antica capitale del commercio dell'oro, con i suoi sontuosi palazzi di fango in stile sudanese. Ce l'avevo anche due anni fa, quando dissi addio al peugeottaro Habib esattamente qui, dove mi trovo ora. Lui ci stava andando e, come me oggi, aspettava di partire seduto composto nella Toyota. Io, che avrei dato non so cosa per seguirlo, dovevo invece tornare in fretta a Milano, dove aspettavano il mio articolo e le fotografie. Quando strinsi la mano di Habib, capii la differenza tra un uomo libero e uno che crede di esserlo.

Sono le undici e l'autista mi promette che partiremo entro mezzogiorno. So già che non sarà così: tutti i padroncini giurano solennemente che il loro taxi partirà prima degli altri perché si riempirà prima degli altri, stiamo solo aspettando un "grosso gruppo di persone che arriverà a momenti". Il grosso gruppo, naturalmente, non esiste, e nella storia del trasporto pubblico nigerino (ma la regola è applicabile a buona parte degli altri paesi africani) un *taxi de brousse* non ha mai lasciato la *gare routière* con un buco libero dove poter infilare un'ultima gallina. Ma io non ho fretta: mi interessa solo nascondermi, e mi sistemo sul sedile posteriore, incastrato tra due pastori che si portano addosso l'odore pungente del bestiame.

Nell'abitacolo fa un caldo spaventoso, e dopo pochi minuti sto grondando sudore. Nonostante tutto mi godo lo spettacolo della *gare routière* attraverso il finestrino appannato, e scopro che la mia condizione di clandestino sta cominciando a piacermi. Cambio idea qualche ora dopo (mezzogiorno è passato da tempo e il taxi non si è ancora mosso), quando le facce bieche di due gendarmi spuntano oltre il finestrino. Inutile far finta di dormire o abbassare la testa: lo zaino rosso che ho dovuto fissare con le corde sul tetto del taxi e la pelle bianca che mi ricopre sono come due fanali nella notte del deserto. "*Monsieur*?" mi dice uno dei due, "deve venire con noi." La voce ha fatto il giro di Arlit: qualcuno ha saputo da dove sono arrivato e come, e ha sparso per la città la notizia, finché questa non è arrivata alle orecchie della polizia.

Seguo a piedi i due uomini in divisa fino al commissariato. Per un attimo penso di scappare, poi mi rendo conto che sarebbe un'idiozia. Tornare ad Algeri o proseguire verso sud: in ogni caso il mio destino è nelle mani della polizia nigerina.

Il commissariato è un edificio in cemento con le grate alle finestre, grigio e triste come tutti i posti di polizia. Gli uffici sono arredati con vecchie scrivanie di compensato scuro lucidato dall'uso, pile di carte bollate e grappoli di timbri. In Africa amano i timbri e le carte bollate. Un ufficiale mi chiede di mostrargli il passaporto. Se ne sta seduto a gambe larghe dietro la scrivania, sotto al ritratto del primo ministro Ali Seybou, satrapo e successore del generale Seyni Kountché che governò il paese dal 1974 al 1987, un uomo che prometteva democrazia ma si presentava alle elezioni come unico candidato di un partito unico: il Movimento nazionale della società di sviluppo. "Ecco," penso, "è fatta."

L'uomo, che ha i gradi di capitano, studia i visti di ogni pagina come un filatelico che debba stabilire l'originalità di un francobollo. Sfrega la carta tra le dita, esamina le pagine in controluce, le porta davanti al naso per scrutarle da vicino. Dopo un quarto d'ora mi domanda come mi chiamo e qual è la mia nazionalità. Vorrei dirgli di leggerselo sul mio passaporto, che sta palpando come farebbe con una puttana, e invece rispondo col tono più educato che la tensione mi consente di produrre. So che grosse gocce di sudore stanno rotolando giù per le mie guance, e so anche che quell'uomo si apettava di vedermi reagire così e gode del fatto che io mi comporti come previsto.

"Lei viene da Assamakka?" Inutile negare: il visto d'uscita dall'Algeria risale a ieri mattina. "Perché qui non c'è il timbro di Assamakka? Come è arrivato ad Arlit? Chi l'ha portata qui?" (*"Si scordi la mia faccia e il colore della mia macchina."*) "Forse il funzionario di Assamakka ha scordato di timbrarmi il passaporto," azzardo. L'ufficiale si alza in piedi e un lampo di furia gli illumina gli occhi, mi dice di non prenderlo per il culo perché di storie così ne ha già sentite troppe ed è stufo di ascoltare gente che racconta balle e che quando una frontiera è chiusa è chiusa e se non si ha un passaporto diplomatico o un lasciapassare dell'Onu si resta dall'altra parte, giornalista o non giornalista. "Avete rotto tutti le palle!" tuona. "Almeno permettetemi di proseguire verso la Nigeria," dico io. Mi risponde che sono pazzo, e che la sera stessa lascerò la città a bordo del primo camion diretto in Algeria.

I poliziotti mi hanno scortato fino alla dogana – sono un vero deportato – e hanno atteso che salissi sul cassone scoperto di un Berliet. Niente posti in cabina: sono riservati ai meccanici. Il camion, arrivato qui con un carico di datteri, torna a Tamanrasset semivuoto: oltre a me, a bordo ci sono due cammelli adulti e cinque persone. Tra passeggeri a due o quattro zampe, l'autista non fa distinzione. Ci tratta tutti come animali. "Passeggero!" vengo apostrofato, "tira fuori settemila cfa." Ne ho solo duemilacinquecento, e riesco a convincere l'autista ad accettare ottocento dinari algerini come conguaglio. Lui mi squadra, fa scorrere lo sguardo dai capelli ai piedi, poi mi dice piano, con un suono che sembra quello di uno sputo: "Sei un poveraccio".

Siamo tutti poveracci a bordo di questo camion, con i cammelli insofferenti che, slegati, si agitano e scivolano con gli zoccoli sul pavimento di metallo lucido e defecano sui nostri bagagli e sui nostri piedi. "Passeggeri, si parte!" sbraita l'autista alle sette di sera. Anche lui, come Abubakar, sembra avere una fretta tremenda.

Si è levata un'altra tempesta di sabbia; ancora su di noi e dentro di noi è calata questa impenetrabile nebbia di granelli turbinanti. Il camion, molto più leggero che all'andata, viaggia veloce, e a ogni buca il colpo si ripercuote violento sui nostri talloni e sulle colonne vertebrali. Lo scossone ti solleva cinque centimetri buoni da terra, e ti fa ripiombare sul pavimento duro prima che le gambe, irrigidite per consentirti di stare in piedi, siano pronte ad ammortizzare l'urto. Dopo un po' capiamo che è impossibile viaggiare in piedi e, uno dopo l'altro, ci sediamo sul metallo caldo. Ma chi sta seduto rischia di rimanere schiacciato: i cammelli, abituati a sentire sotto gli zoccoli la consistenza soffice della sabbia, sembrano impazziti. Incapaci di mantenere l'equilibrio, schizzano da un lato all'altro del cassone come palline incontrollabili di un flipper. La cheratina dei loro zoccoli scivola stridendo sull'acciaio, le loro pance grevi si schiantano contro i bordi e producono tonfi sordi. Provo pietà per questi animali terrorizzati: nei loro occhi posso leggere (o è suggestione dovuta alla stanchezza?) un'espressione di sgomento, un grido d'aiuto espresso dalle pupille mute.

L'autista ha annunciato che ha intenzione di viaggiare per tutta la notte, senza fermarsi, e per tutta la notte dovremo stare in piedi, nel vento gelido, aggrappati ai bordi con le unghie infisse nel legno, pronti in ogni momento a schivare un cammello. In queste condizioni si diventa presto amici, compagni: *camarades*.

"*Camarade*, tu di dove sei?" mi chiede un nero magro, il volto coi tratti rigonfi del centro Africa. Lui è del Burkina Faso, "impiegato di uffici amministrativi," recita il suo passaporto, "nato a Bobo-Dioulasso". Sotto la voce "data di nascita" è scritto a mano, in una calligrafia ordinata ed eccessivamente inclinata in avanti, "verso il 1966". Il suo nome è Leopold e alla frontiera algerina, quando mi chiederà timidamente di compilargli il modulo d'immigrazione, scoprirò che non sa né leggere né scrivere. Ricordo che, per un attimo desiderai chiedergli come potesse fare l'"impiegato di uffici amministrativi" se era analfabeta, ma me ne pentii subito e mentalmente mi diedi uno schiaffo.

Quando Leopold sa che sono italiano il suo volto butterato color petrolio si illumina di gioia: "Sai, sto andando anch'io in Italia! Vado a Roma, in vacanza. Guarda: duecentomila cfa e il visto della tua ambasciata". Estrae un rotolo di franchi dal marsupio di pelle nera. Le banconote, ricoperte di una patina bruna, sono strette da un elastico. Il cfa, la valuta della Communauté financielle africaine, è utilizzato in tutte le ex colonie francesi dell'Africa centrale (Niger, Mali, Senegal, Togo, Benin, Burkina Faso e Costa d'Avorio) escluse la Guinea e la Mauritania, ed è legato al franco francese da un rapporto fisso di cinquanta a uno. Questa prestidigitazione economica operata dalla Francia ha impedito che si diffondesse il mercato nero, ma ha anche gonfiato artificiosamente il costo della vita e ha reso praticamente impossibile esportare beni di consumo. Al di fuori dei paesi che lo utilizzano e della Francia, il cfa vale come carta straccia, e non c'è banca che accetti di cambiarlo.

Duecentomila cfa sono più o meno ottocento dollari: una somma con la quale Leopold, una volta arrivato ad Algeri, potrà a malapena comprare un biglietto aereo andata e ritorno per Roma, dove arriverà senza una lira in tasca. "Con quali soldi passerai le tue vacanze?" gli domando. Lui strizza un occhio: "Ho degli amici a Roma, mi possono ospitare e mi aiuteranno". "Tornerai mai in Burkina Faso?" "*Camarade*, nel tuo paese si sta meglio che in Burkina Faso. Si sta molto meglio. Questi sono i risparmi di tutta la vita. Devo trovare un lavoro, i miei amici mi hanno scritto da Roma e mi hanno detto che c'è una possibilità." "Leopold, hai mai visto questi tuoi amici?" "No, ma sono del mio paese, sono miei fratelli. Mi fido di loro."

Il camion accelera, accelera verso nord, verso l'illusione, verso la speranza, verso le vetrine che espongono il pret-à-porter, i baretti coi tavolini all'aperto e le discoteche rimbombanti, e il passeggero vede sparire il suo mondo nero di disperazione nella nuvola di polvere che le ruote gli sollevano alle spalle.

Il camion accelera, e l'aria della notte è sempre più fredda: è gelata e pungente e piena di pietruzze affilate di silice, che ci colpiscono la faccia e gli occhi. Gli "amici" di Leopold sono i piccoli mafiosi neri che gestiscono il traffico dei lavavetri, dei venditori di sigarette e di false borsette Cartier. Chi altri potrebbero essere? Chissà come l'hanno illuso e chissà come l'incateneranno.

Vorrei dirti la verità, Leopold, raccontarti quello che ti aspetta nella Città Eterna: probabilmente una eterna vita di umiliazioni e di "no, non mi interessa" o di "vaffanculo, negro," di lame di coltelli, di pestaggi e di controlli di polizia. Con Hmidou, l'uomo del Mali che aveva studiato dalle suore e parlava il latino, avevo trovato il coraggio di farlo. Con te, Leopold, no: non me la sento di spezzare la tua illusione, anche se non durerà che un'altra settimana.

È opinione di molti che quelli come te fossero più felici e più fieri nella merda del loro paese di quanto lo siano nel fango del nostro. Ma chi sono costoro? Sanno che cosa significa essere nati e cresciuti in un paese che la *Guida del terzo mondo* classifica tra i cinque più poveri del pianeta, dove il prodotto interno lordo pro capite è di centocinquanta dollari l'anno, dove l'aspettativa media di vita è di quarantasette anni, dove c'è un medico ogni trentaquattromila abitanti e dove l'economia disastrata è gestita da un manipolo di militari saliti al potere dopo averne trucidati altri? No che non lo sanno. E se chi desidera provare a lasciare la merda per il fango trova le frontiere aperte, perché non dovrebbe entrare?

Forse, Leopold, nonostante i "no, non m'interessa," il razzismo e i controlli di polizia, nella Città Eterna ti sembrerà di essere felice comunque. "È bella Roma, *camarade*?" "Bellissima. È piena di verde, di piazze enormi e di monumenti." "E la gente? Com'è la gente?" "Gentile, *camarade*. Sono gentili con tutti." "È regolare questo visto? Che te ne pare? Me l'ha rilasciato l'ambasciata, sai. Mi lasceranno entrare con questo?" "Certo che ti faranno entrare, c'è il timbro e tutto quanto." Scopo della visita: turismo.

All'alba il camion si ferma sbuffando. "Passeggeri, volete del tè?" grida l'autista. Il vento si è placato, ma l'aria è fredda come ghiaccio. Due dei miei compagni di viaggio, rimasti per tutto il tempo rannicchiati in un angolo del cassone, chiedono se si può accendere un falò. "Qua intorno è pieno di legna," ha risposto qualcuno dalla penombra. I due tremano e battono le labbra: sembrano sul punto di morire congelati. Indossano entrambi pantaloni di cotone leggero e una maglietta di cotone a maniche corte. Uno di loro ha anche una giacca, ma è troppo stretta e quando cerca di tirare in avanti le maniche per coprire gli avambracci i lembi si sollevano scoprendo la schiena. Ha rivoltato quella giacca tutta la notte, usandola ora come coperta, ora come turbante per ripararsi il volto, ora come mantella; ma il tessuto sottile non gli è servito a difendersi dal vento.

Davanti al fuoco, con le mani insensibili immerse nella fiamma, l'uomo continua a tremare e mormora: "*Ça finira, ça finira, ça finira, ça finira*". Il suo amico sta di fianco a lui, accucciato, in silenzio. Tre bicchieri di tè bollente non sono sufficienti a riscaldare i due uomini. Vengono da Dakar, in Senegal, si chiamano Oumar e Meriem e sono nati, rispettivamente, "verso il 1965" e "n.c." (non conosciuto); la loro destinazione è Roma. C'è una differenza tra loro e Leopold: non hanno un visto sul passaporto e non hanno un franco in tasca. "Abbiamo speso quasi tutto quello che avevamo per arrivare fino ad Assamakka," racconta Oumar mentre si rovescia pateticamente la fodera delle tasche. "Alla frontiera il camionista," col capo fa un cenno pieno di disprezzo verso il nostro autista, "ci ha chiesto troppo per portarci ad Algeri. Così siamo andati al mercato e abbiamo venduto i vestiti pesanti e una radio portatile per pagarci il passaggio. Ad Algeri saremo di nuovo senza un soldo, lo sappiamo, ma siamo sicuri di poter trovare un lavoro. Ci hanno detto che ci sono buone possibilità di ottenere un visto per l'Italia. Tu ne sai qualcosa? Entrare nel tuo paese è facile, vero? Lavoreremo abbastanza per pagarci la nave o l'aereo, e poi via! Io voglio lavorare, guadagnare. Sono già stanco di prendere gli ordini da questo camionista. *Ça finira, ça finira.*"

Oumar, nato verso il 1965, analfabeta: a Dakar è stato uomo di fatica, carpentiere. E ad Algeri? Nella capitale di un paese dove la disoccupazione è una professione (le ultime statistiche dicono 35%) e gli *hittiste*, i giovani senza lavoro devoti ad Allah e alla *sharia*, trascorrono le loro giornate seduti sugli scalini delle moschee a lisciarsi la barba maomettana e a "fare la guardia al muro" attendendo la vendetta divina annunciata dagli imam, che lavoro potrà trovare un giovane venuto dal Senegal forte soltanto della propria muscolatura? Mi stupisce la fiducia in sé stesso, il suo ottimismo incrollabile. Forse sono qualità che si sviluppano naturalmente, dopo anni trascorsi nel tentativo di sopravvivere giorno dopo giorno. Il sole sorge, ma i primi raggi di luce sono gelidi. Meriem, senza distogliere gli occhi dalla fiamma, rompe il silenzio: "Io lascio tre bambini, a Dakar. Non so quando rivedrò la mia famiglia. Forse passeranno anni. Ma voglio mandare loro dei soldi, voglio che possano vestirsi bene e mangiare bene". Dall'aspetto potrebbe avere trent'anni, e anche lui possiede una sola referenza: le proprie braccia.

Gli altri due passeggeri hanno imparato a uccidere da bambini e vanno verso nord per dimenticare una vita di orrori. Vengono dal Ciad, e il loro capolinea sarà Algeri. Per il momento. Poi, forse, la Francia.

Li chiamerò Ahmed e Ali. Non sono i loro veri nomi ma, mentre il primo lo scelgo a caso, il secondo ha un significato ben preciso. Il volto dell'uomo che chiamo Ali mi ricorda una fotografia scattata nell'aprile del 1987 a Kalait: un soldatino di otto anni, Ali, aspira una profonda boccata di fumo da una sigaretta. Ali milita nell'esercito regolare del Ciad: indossa un elmetto di fabbricazione libica e stringe un fucile mitragliatore AK-47. La pelle è liscia, come ci si aspetterebbe in un bambino di otto anni, ma i tratti del volto sono duri, spigolosi e tristi. Lo sguardo è rivolto lontano e, nonostante gli occhi siano in ombra, vi si legge un'espressione sprezzante. Ali sa già tutto, ha già visto tutto. Questo è ciò che ti colpisce, guardando quella foto. Ali ha visto la morte, la tortura, la perfidia e il dolore, e la sua anima ha assorbito tutte queste cose come il fegato di un bevitore assorbe l'alcol. Il fegato e l'anima possono assorbire molto più di quanto si possa immaginare: lavorano in silenzio, dentro il tuo corpo, e con sadismo ti comunicano che non ce la fanno più soltanto all'ultimo momento, quando è troppo tardi per tornare indietro. Quando sei diventato un alcolizzato o un pazzo.

Ali, con quei suoi occhi freddi, vede un uomo morire per una pallottola in fronte ed è come se stesse sfogliando un albo a fumetti. Non sente emozioni, e non sa che nella sua anima, giorno per giorno, strati di orrore si depositano l'uno sull'altro, si incistano, si incancreniscono.

Quella foto mi colpì perché per me era il simbolo dell'Africa: un paese devastato, martoriato dalle guerre condotte in nome del denaro o degli dèi, e quando si tratta di dèi, dietro alle icone si cela ancora il denaro. Ali, nel 1987, avrebbe dovuto trascorrere i pomeriggi leggendo albi a fumetti, non difendendo postazioni a colpi di mitra. Qualche generale dell'esercito del Ciad aveva invece deciso che non doveva essere così, e dietro di lui qualche altro generale dell'esercito francese aveva già deciso la stessa cosa. È l'eterna storia dei paesi africani, incapaci di governarsi ma anche di farsi le guerre da soli, senza l'intervento strisciante di un paese straniero interessato al sottosuolo, alle foreste o a chi occupa le locali poltrone del potere. Quando gli elefanti combattono, sono i fili d'erba a soffrire, dice un proverbio diffuso nell'Africa centrale.

In Ciad gli elefanti cominciarono a combattere nel VII secolo: da una parte le tribù del nord, nomadi e musulmane, dall'altra i contadini del sud, i sara, spesso ridotti in schiavitù dagli avversari. Decenni di pace si alternavano a decenni di lotte. Alla fine del XVIII secolo calarono in Ciad i missionari europei che, col pio proposito di convertire i sara animisti al cristianesimo, li trasformarono in guerrieri antimusulmani aizzandoli contro i popoli che li avevano oppressi per secoli in una crociata all'ultimo sangue alla quale, intorno al 1920, si unirono anche i reparti della Legione straniera di Francia. Sconfitti i musulmani, i francesi introdussero in Ciad la coltura del cotone, trasformando il paese in una gigantesca piantagione. I sara divennero i servi della gleba di Parigi, e il cotone portò la fame: i campi che fino al giorno prima avevano assicurato il cibo ora producevano solo batuffoli bianchi.

Nel 1960 arrivò l'indipendenza, e con essa la guerra civile. Il presidente François Tombalbaye, nonostante l'appoggio dell'esercito francese che non abbandonò mai il Ciad, non riuscì a impedire che la violenza esplodesse nel paese: i musulmani del nord insorsero contro il governo-fantoccio, chiedendo la piena indipendenza e il riconoscimento di eguali diritti per tutti i gruppi etnici, e nel 1966 fondarono il Frolinat, Fronte di liberazione nazionale del Ciad, che ottenne l'appoggio della Libia di Gheddafi.

Il governo di Parigi, negli anni che seguirono, infiltrò nel Frolinat agenti dei servizi segreti, con lo scopo di creare instabilità all'interno del Fronte. La missione, però, riuscì solo in parte: nel 1972, anche se il Frolinat era spaccato in una decina di gruppuscoli incapaci di condurre una politica unitaria, i guerriglieri erano comunque riusciti a impadronirsi di due terzi del territorio e a mettere sotto assedio la capitale N'Djamena, difesa dai paracadutisti francesi. L'Eliseo si trovava a un bivio: si trattava di scegliere tra l'abbandono della propria ex colonia, con la conseguente perdita di un avamposto strategico a ridosso del Sahara meridionale e dei colossali redditi derivanti dal cotone, dall'uranio e dal petrolio (questi ultimi scoperti appena due anni prima), e il rischio di rimanere invischiati per decenni nel pantano sanguinoso di una guerra civile. Parigi, registratore di cassa alla mano, scelse l'opzione numero due. Per rafforzare il governo organizzò, nell'ombra, un colpo di stato durante il quale il presidente Tombalbaye venne ucciso e il generale di ferro Felix Malloum prese il potere. Egli avrebbe dovuto ricacciare nelle steppe del Tibesti gli assedianti del Frolinat, ma non vi riuscì. A quel punto, la Francia offrì il proprio appoggio a Hissene Habré, l'unico fra i capi del Frolinat che osteggiava Gheddafi.

Da quel momento, il gorgo della guerra civile divenne sempre più vorticoso, e le truppe francesi si trovavano proprio nel mezzo. La giostra del sangue rallentò, solo per pochi mesi, alla fine del 1979, quando i capi degli undici movimenti politici principali del paese si riunirono nel Pgnu, governo provvisorio di unità nazionale, con Habré come ministro della Difesa. L'idillio durò fino alla primavera dell'anno successivo, quando Habré ruppe l'alleanza e ricominciò la guerra con l'intento di impadronirsi di tutto il Ciad meridionale. Ali, un marmocchio nero urlante tra le braccia della madre, aveva qualche mese e già sapeva riconoscere il crepitio di un mitra. A maggio la Libia inviò duemila soldati in appoggio alle fazioni rivali di Habré. Quell'anno centomila profughi, centomila fili d'erba schiacciati, lasciarono il Ciad scappando sotto le bombe. Una scena alla quale le immagini della televisione ci hanno abituati e resi insensibili. "Era il Ciad o il Ruanda, tesoro, che film c'è dopo?" Nel 1980 Ahmed e Ali, i miei compagni di viaggio, militavano nell'esercito di Habré. Entrambi dovevano ancora compiere diciotto anni. L'altro Ali, il soldatino della fotografia, entrava nel suo secondo anno di vita. Sei anni dopo avrebbe cominciato a combattere.

Ahmed e Ali sono restii a raccontarmi la loro esperienza di combattenti. Mi dice Ahmed: "Bombardavamo N'Djamena senza tregua, giorno e notte. Cannoni e mortai, usavamo tutto quello che capitava. E distruggevamo la nostra città. Ma che vuoi, amico, *c'est la vie*. Dovevamo riprenderci la nostra città, intera o a pezzi dovevamo riprendercela. Le nostre famiglie sono scappate, né io né lui," indica Ali, "abbiamo mai più saputo niente di loro. Ci consolavamo pensando che tutti quelli che conoscevamo erano scappati dalla città che stavamo bombardando. Poi, a ottobre, arrivarono i libici, alleati di Oueddei presidente del Frolinat, coi carri armati. Abbiamo dovuto ritirarci, e siamo scappati in Sudan".

Habré tornò dall'esilio due anni dopo, armato dalla Francia, dagli Stati Uniti, dall'Egitto e dal Sudan, per riprendersi il paese. Con lui tornarono anche i soldati semplici Ahmed e Ali, che non avevano altro al mondo oltre alla loro divisa e al loro fucile. Nel Ciad riprese a scorrere il sangue. La nazione, stravolta dalla guerra, si spezzò in due lungo la linea del quindicesimo parallelo: il sud governato dal criminale Habré e dalla sua corte di sicari affiancati dall'esercito francese, e il nord dominato da Oueddei, che nel frattempo aveva ripudiato l'appoggio militare libico. Il 1983 fu l'anno nero della siccità e della repressione: i contadini del sud, ridotti alla fame, insorsero contro il governo e Habré rispose con le pallottole. Venticinquemila civili terrorizzati dovettero abbandonare il paese e cercare asilo nella Repubblica Centrafricana.

Nel frattempo i francesi, determinati a riprendere il controllo delle regioni settentrionali, misero a disposizione di Habré una guarnigione di tremila uomini e lo ipnotizzarono col miraggio di un Ciad tutto suo. Nel 1987, l'anno in cui Ali andò alla guerra al soldo di Parigi (*saprai mai, Ali, quanto sono belli di notte gli Champs Élysées con tutte le vetrine illuminate?*), l'armata sudista arrivò a conquistare Faya Largeau e Fada, avamposti di Oueddei, e la propaganda diffuse la notizia che le truppe erano giunte al confine con la Libia. La Francia aveva il suo cotone. Ahmed e Ali non avevano più un paese.

"Qualche mese fa abbiamo lasciato l'esercito," dice Ahmed. "Che cosa significa?" chiedo, "avete disertato?". Ahmed ci pensa un attimo, con l'attenzione di uno scolaro intento a risolvere un problema, poi risponde: "No, abbiamo lasciato l'esercito e basta. Io sono stanco della guerra e della divisa, prima te ne parlavo e mi veniva da vomitare. Voglio un lavoro vero, dove non si debba sparare".

Non so come definire Ahmed e Ali: non sono profughi, perché loro stessi hanno contribuito a creare l'orrore che li ha spinti ad abbandonare la patria; eppure una patria non ce l'hanno più. Non sono emigranti, perché l'emigrante ha bisogno di una patria da lasciare e di una terra nuova nella quale stabilirsi: non hanno lasciato una patria, ma un campo di battaglia; e non è detto che l'Algeria, o la Francia, tollereranno la loro presenza. Sono ex militari, su questo non c'è dubbio, forse disertori: ma per quale causa hanno combattuto? Per riprendersi un paese dal quale scappare subito dopo perché nulla più li tratteneva lì? Per difendere il cotone della Francia, dalla quale probabilmente si vedranno rifiutare il visto d'ingresso? O per il puro gusto di uccidere, di cui, dicono, non si può più fare a meno quando si è superato il muro della prima volta? Se è così, però, perché non sono rimasti a combattere?

A volte accade che, osservando uno sconosciuto, un particolare insignificante ti dia l'idea della sua profonda infelicità. Ahmed indossa una maglietta stampata a colori vivaci con il ritratto di un calciatore impegnato in una rovesciata acrobatica e la scritta "Roger Milla, Camerun". Incontrerò questa maglietta da qui al Sudafrica, in mille versioni diverse. Roger Milla, il calciatore di punta del Camerun che due anni prima, ai mondiali di calcio in Italia, ha umiliato con le sue bordate la squadra della Colombia e per un attimo ha fatto sperare a milioni di neri che la coppa del mondo potesse approdare in Africa, è l'idolo degli africani. Ma l'immagine gioiosa del calciatore stona sul petto di quest'uomo che ha subìto e ha commesso tanti orrori come una banda del carnevale di Rio de Janeiro stonerebbe in un corteo funebre. La maglietta è un segnale della tristezza di Ahmed: forse perché, dopo i suoi racconti, non riesco a immaginarlo con indosso nient'altro che una mimetica, o forse perché penso che non ha mai conosciuto, nella sua vita, un pomeriggio di quiete per godersi una partita di calcio, e magari non sa nemmeno chi sia Roger Milla. Chiedo ad Ahmed se tornerà mai a N'Djamena. "Mai, *mon ami*. Per me è come se quella città non fosse mai esistita."

È il tramonto quando, dopo esserci insabbiati per parecchie volte, aver smontato mezzo motore e aver forato due pneumatici, arriviamo a In-Guezzam. Al posto di frontiera di Assamakka i gendarmi nigerini, gli stessi che mi avevano respinto due giorni prima, mi hanno squadrato come se fossi il diavolo in persona. Dal commissariato di Arlit dovevano aver ricevuto in qualche modo la notizia del mio ingresso nel paese, perché si sono limitati a esaminare con la solita cura il mio passaporto e non mi hanno fatto domande, ma era chiaro che non potevano credere ai loro occhi. "E così il bianco ha passato il deserto," ha commentato acido il tenente calvo mentre ispezionava il contenuto del mio zaino, rovesciato, come la prima volta, sul pavimento. Sono certo che ricordasse a memoria ogni oggetto, ogni paio di calze. "Buon proseguimento in Algeria," ha aggiunto, e io, che cercavo di ricomporre il mio bagaglio più in fretta che potevo, ho risposto con un grugnito.

Alla dogana algerina il poliziotto in ciabatte mi ha timbrato il passaporto con un gesto stanco, che ha lasciato sul foglio soltanto un'ombra d'inchiostro nero, un esagono che porta la data e la scritta Ain-Guozem Poste (la traslitterazione deve provenire dalla pronuncia in qualche oscuro dialetto) in francese e in arabo. Metà dell'esagono si perde oltre il bordo della pagina e, insieme al tratto diafano del timbro, contribuisce a rafforzare in me l'impressione di non essere mai stato ad Arlit. Dovrò andare a cercare quel timbro più di una volta, per convincermi del contrario.

A In-Guezzam, l'autista parcheggia in un cortile molto simile a quello dove avevamo passato la notte all'andata. Il suo proposito era di proseguire direttamente per Tamanrasset, attraversando il deserto nella notte, ma siamo rimasti senza gasolio e il distributore locale ha terminato le scorte. "Dobbiamo aspettare che arrivi il carburante," dice l'autista, "per stanotte dormiamo qui. Forse domattina potremo fare il pieno, forse domani pomeriggio..." "Forse domani, forse dopodomani," ecco un'altra espressione che mi accompagna dalla partenza. *Peut être*. Scordati di arrivare a destinazione in quaranta giorni, mi dico. *Peut être*. La mia mente non riesce ad abbandonare il concetto del "ritardo". *Peut être*. Qui, nel paese del *peut être*, il concetto di "ritardo" è inesistente, astratto come una divinità. Ho un orologio al polso, e decido che da oggi in poi lo porterò rivolto verso il basso. Troverò il coraggio di toglierlo e nasconderlo in fondo allo zaino? *Peut être*.

Il mattino dopo nel cortile compare un bidone colmo di gasolio, e alle dieci il camion è pronto ad affrontare il deserto. Al carico sono state aggiunte sei pecore, ancora più inquiete dei cammelli. Si preannuncia una traversata dura e veloce: "Alle tre del mattino voglio essere a Tamanrasset," ci ha detto l'autista. Bene. Ho deciso che fino ad Algeri mi concederò il lusso di un aereo e poi, sempre in aereo, proseguirò per Niamey. Mangerò ancora un po' della tua polvere, fratello Sahara, il tuo sole mi brucerà e le mosche verranno a deporre altre uova sulla piaga del mio naso, ma finirò per ammirare le tue dune da dieci chilometri di altezza.

Il camion sembra volare sulla pista, producendo un fragore di ferraglia apocalittico. Penso "adesso si spezza" almeno cento volte. A mezzogiorno, dopo il pranzo (pasta, pomodori, cipolle e patate, mescolare il tutto in una pentola con acqua e lasciar cuocere a fuoco lento per mezz'ora), i miei compagni di viaggio si sono sdraiati su una duna e mi hanno chiesto di fare una foto di gruppo. Volevano che ci fossi anch'io. Ho sistemato la macchina fotografica in equilibrio sul cofano del camion, ho azionato l'autoscatto e sono andato a sedermi sulla sabbia di fianco a loro. Al momento della foto, tutti mi stavano chiedendo che cosa fosse un "autoscatto", come funzionasse e se davvero la fotografia sarebbe riuscita bene.

Lo sfondo è uniforme, il color ocra della sabbia. Io, con la faccia cotta dal sole e il naso sanguinante, fisso l'obiettivo. Le mie labbra sono serrate, la mia bocca è una fessura secca. Leopold, Oumar, Meriem e Ahmed sono girati verso di me e agitano le braccia per chiedermi spiegazioni sull'autoscatto. Ali, silenzioso come sempre, scruta l'orizzonte e sembra che la pellicola non sia riuscita a cogliere il suo sguardo. Tutti e cinque indossano la divisa del viaggiatore del Sahara, che è più o meno la stessa che indossano gli impiegati o i camerieri o i funzionari della dogana troppo pigri per mettersi l'uniforme: T-shirt, pantaloni di cotone leggero grigi, marroni o color petrolio che cadono mollemente sulle gambe magre e ciabatte infradito. Hanno voluto a tutti costi che lasciassi loro il mio indirizzo. "Quando ce l'avremo anche noi ti scriveremo, così potrai mandarci la foto." Per un attimo, con malignità, ho pensato che mi avrebbero bombardato di lettere chiedendomi di aiutarli a procurarsi un visto d'ingresso o un permesso di soggiorno per l'Italia, di garantire per loro presso qualche ambasciata italiana del Nordafrica o di mandare loro dei soldi. Poi ho avuto ribrezzo di me stesso, e ho cominciato a scrivere l'indirizzo su striscioline di carta strappate dal mio taccuino. Ho ricevuto una sola lettera: era di Oumar il senegalese e sulla busta portava il timbro di Algeri. Qualcuno l'aveva scritta per lui in una grafia zoppicante. "Non ho ancora trovato lavoro," mi diceva Oumar, "ma spero che la prossima settimana, forse il mese prossimo..." Gli ho spedito la foto all'indirizzo segnato in fondo alla lettera, una casella postale, e non ho più avuto risposta.

Anche l'autista è venuto da me e, timidamente, mi ha chiesto di fargli una fotografia. "Non posso vederla subito?" è stata la domanda di tutti. Mi sarebbe piaciuto regalare qualche foto istantanea, ma la Polaroid è sparita ad Algeri. Faccio un ritratto all'autista, appoggiato con aria marziale a un parafango del Berliet, e lui si scioglie in un sorriso. In cambio, mi offre di viaggiare nella cabina. Penso con bramosia al sedile di finta pelle, imbottito e morbido, chiuso nel *sancta sanctorum* dell'abitacolo. Finora ho potuto soltanto fissarlo e desiderarlo. Quasi mi dispiace accettare, ho la sensazione di abbandonare gli uomini del cassone con i quali ho appena fraternizzato. Ma la mia schiena mi scongiura di farlo.

Mi siedo di fianco all'autista, strizzato fra tre uomini. L'equipaggio è diventato improvvisamente gentile. Uno dei meccanici mi offre una sigaretta, un altro alcuni datteri da un sacchetto di carta che, a giudicare da quanto è spiegazzato, deve tenere in tasca da un secolo. "Mangiare e fumare di pomeriggio anche il quindicesimo giorno di Ramadan, ecco il vantaggio del deserto," dice. Il quindicesimo è il giorno più sacro della festa più sacra del calendario musulmano. La cabina puzza di tabacco, di olio, di vecchio cuoio e di sudore. Ogni tanto mi sorprendo ad annusarmi pudicamente le ascelle: è da quando ho lasciato Algeri che non faccio una doccia, e ho scoperto che la sabbia calda pulisce le mani unte dal cibo molto meglio del sapone. "Che t'importa di puzzare," mi dico, "non sei a un ricevimento!" Ho la sensazione che questi uomini, dei quali sto tentando di guadagnare la fiducia, possano diventare ancora più diffidenti se sentono un odore estraneo. Come una muta di lupi che annusano attentamente l'intruso malaticcio e poi lo scacciano.

Nonostante i finestrini aperti l'aria, riscaldata dal motore che urla a pieni giri sotto i nostri piedi, è greve e rovente. Il camion, visto e ascoltato dall'interno, è un leviatano delle sabbie che respira, sbuffa, gracchia, rutta e si stira facendo scricchiolare le sue ossa di ferro. Nel microcosmo di questo camion, a differenza di quello di Abubakar, l'autista non è il sovrano: chauffeur, apprendista chauffeur (una professione che ho visto indicata su molti passaporti) e meccanico sono alla pari. L'autista partecipa alle riparazioni, si dà da fare per smontare le gomme, aiuta a cucinare.

Mi dà un senso di esaltazione vedere attraverso il parabrezza la pista gialla che mi viene incontro e scorre veloce sotto i piedi. È diverso da quando sei nel cassone e la vedi passare, sfuggente, di lato, o la osservi allontanarsi segnata dall'ennesimo solco. Per un attimo mi sento felice come un bambino al quale abbiano permesso di guidare un treno o di entrare nella cabina di pilotaggio di un aereo di linea.

"Sono mesi che non vediamo passare uno straniero. Solo una jeep di Médecins sans Frontières, la settimana scorsa. Tu come sei riuscito ad arrivare ad Arlit?" mi chiede un meccanico. Racconto la storia brevemente, e i tre emettono un sottile fischio di stupore. "Hai avuto fortuna, sai? Qualcuno avrebbe dovuto dirtelo, che i poliziotti di Arlit in questo periodo sono come mastini. Sanno che ogni tanto qualcuno tenta di passare, e sentono l'odore di straniero anche se se ne restano seduti alla scrivania del commissariato."

L'odore, rieccolo. Sapevo che avrei dovuto fare una doccia. Pensiero sconclusionato.

"Perché ho avuto fortuna?" domando. "Molti di quelli come te li hanno chiusi in galera. Solo per qualche notte, ma è sempre galera." "Almeno ci sarà un letto," scherzo. Loro non apprezzano. Facce serie. Un grugnito. "La sabbia è meglio, amico mio. Non ci sono sbarre, intorno." Improvvisamente mi chiedo come mi avrebbero trattato, da detenuto, nel carcere di Arlit. I tre mi bersagliano di domande. "Dove stai andando? Non puoi fare a meno di attraversare il deserto?" Rispondo che vado verso il Capo. Mi piace questa frase, ho deciso che sarà la colonna sonora del mio viaggio. "Il Capo, dove?" "In Sudafrica," rispondo. "Dov'è il Sudafrica, a sud di questo deserto?" Faccio cenno di sì. "Allora stai tranquillo," dice il meccanico. "Hai fatto la parte più difficile. A sud di questo deserto si va come il vento: vum!" Mentre dice "vum" schiocca le dita producendo un rumore simile a un colpo di frusta. Poi prorompe in una risata e i suoi denti enormi e anneriti, che non hanno mai visto uno spazzolino, sembrano invadere la cabina: andrò come il vento.

Peccato che, in questo istante, siamo diretti a nord e fra pochi giorni mi ritroverò al punto di partenza. Finora non ho tenuto il conto dei giorni: quando non hai altri appuntamenti tranne che quello col prossimo tramonto, ci vuole poco perché la suddivisione dei mesi in settimane, delle settimane in giorni e dei giorni in ore perda ogni significato.

"In Africa non si prende un mezzo pubblico, si approfitta della prima occasione," ho annotato a un certo punto sul mio quaderno. È la risposta che ti senti dare ovunque, se chiedi quando parte il prossimo taxi o il prossimo autobus: "Siediti qui, e approfitta della prima occasione". Questa assenza di orari da rispettare comincia a piacermi. Presto, però, dovrò calarmi – e mi sembra un'impresa titanica – nella cruda realtà del trasporto aereo, fatta di giorni, di ore e minuti, di posti limitati e di liste d'attesa. E mi viene in mente che oggi è sabato, che da Algeri a Niamey c'è un solo volo la settimana, che questo volo parte di lunedì, e che l'agenzia passeggeri dell'Air Algérie a Tamanrasset era un girone dell'Inferno, dove i dannati si scannavano per ottenere un posto sul volo per Algeri. Ricordo la rissa tra l'impiegato e il passeggero, il furore che si sprigionava dalla folla e la promessa non mantenuta dell'Air Algérie di istituire voli straordinari per la capitale. Se domani – domenica – non riuscirò a salire sul volo 6489 delle tre del pomeriggio per Algeri avrò perso anche l'aereo che ogni lunedì sera alle sette decolla diretto a Niamey, e visto che non ci sono altri modi di arrivare in Niger dall'Algeria, se non facendo un impossibile giro attraverso il Marocco, la Mauritania e il Mali (paesi per i quali non ho un visto d'ingresso), sarò costretto a perdere una settimana vagando per la casbah. (*Media. E la media?*)

Al tramonto ci fermiamo per la cena, e mi ingozzo della solita pasta sperando di scacciare questi pensieri. Prima di mettersi in ginocchio per la preghiera della sera, uno dei camionisti mi dice che sarebbe ora che cominciassi a pregare anch'io, visto che da due giorni mangio con loro che sono musulmani. Dopo cena, lo stesso uomo viene a chiedermi sottovoce, con tono cospiratore, se per caso conservo del whisky da qualche parte.

Mangiare con avidità non è servito a farmi smettere di pensare ma, in compenso, ho scoperto di aver cambiato atteggiamento nei confronti del cibo. Mi è sempre piaciuto mangiare e assaporare con attenzione quello che stavo mangiando, mentre ho sempre bevuto l'acqua con la naturalezza e l'indifferenza di chi sa che può averne a volontà aprendo il rubinetto o facendo una provvista al supermercato. Da stasera, acqua e cibo si sono scambiati le parti: il mio stomaco desidera solo essere riempito in fretta, mentre ho imparato ad assaporare l'acqua; la faccio ballare in bocca come un sommelier, pregusto il momento in cui scenderà lungo l'esofago e ne rinfrescherà le pareti, presto attenzione a ogni sfumatura (aroma di pozzo, di fango, sapore salato o dolciastro, retrogusto di ghirba di capra o vago sentore di gomma) e bevo centellinando il liquido torbido sorso a sorso, lentamente. L'acqua ha finito per vincere: è diventata più preziosa del cibo.

Sono contento che Leopold e gli altri rimasti nel cassone non mi serbino rancore per aver accettato l'invito in cabina. Quando ci siamo riuniti in cerchio attorno al fuoco mi hanno salutato con pacche amichevoli sulle spalle e grandi sorrisi. "Allora, come si sta lassù?" mi hanno domandato. "Là dietro è insopportabile, i cammelli e le capre cagano in continuazione. Anche sul tuo zaino!" Ridono di gusto, e anch'io rido, perché il fatto che il mio bagaglio non sia stato risparmiato serve a farmi sentire meno in colpa. Leopold tiene una piccola conferenza sui vantaggi offerti dallo strato di sabbia che, nel cassone, ricopre ogni cosa (scoprirò in seguito che alcuni granelli sono riusciti a penetrare nelle scatolette dei rullini fotografici, attraverso i coperchi a tenuta stagna): secondo lui, impedisce che gli escrementi dei cammelli aderiscano al tessuto delle sacche, e rende più facile la pulizia. All'improvviso la ghignata generale viene interrotta dall'urlo gutturale dell'autista: "*Yallah*!" *Yallah* significa via, andiamo.

Dopo molti giorni di viaggio nel deserto, mi sorprende ancora il modo in cui i camionisti decretano che il pranzo o la cena sono finiti. Se ne stanno sdraiati sulla sabbia, immobili e indolenti, a ruttare e parlottare mentre si puliscono i denti con una scheggia di legno, e sembra che abbiano intenzione di restare dove sono per ore. Poi, d'un tratto, decidono che è ora di partire. "*Yallah*!" grida qualcuno, di solito l'autista, e in un lampo le pentole spariscono, la teiera e i bicchierini vengono riposti nell'abitacolo, si tira una manciata di sabbia sulle braci ardenti e si è pronti a ripartire. Nessuno si preoccupa di verificare che i passeggeri siano tutti a bordo: quando l'equipaggio è al suo posto, l'autista mette in moto, ingrana la prima e sgomma come se lo stesse inseguendo il fantasma di Maometto. "Quando senti gridare *yallah*, non importa quello che stai facendo: soprattutto se è notte schizza sul cassone. Quando si accende il motore non farti sorprendere ancora a terra, altrimenti rischi di rimanere a piedi in mezzo al deserto," mi aveva detto qualcuno a Tamanrasset. *Yallah*!

Balzo in cabina, e pochi minuti dopo siamo lanciati a ottanta chilometri all'ora sulla pista debolmente illuminata dall'unico faro funzionante. Tremo al pensiero che all'imrovviso di fronte a noi possa materializzarsi uno dei tanti relitti di Peugeot abbandonati negli anni lungo la pista. Se ci sbattessimo contro a questa velocità, sarebbe un disastro: ci rovesceremmo e ci ritroveremmo imprigionati in una gabbia di ferraglia, olio, gasolio, pistoni, cammelli e capre. Prima di mezzanotte l'autista decide di fermarsi a dormire e accosta di fianco a un cippo miliare: strizzo gli occhi che mi bruciano, impaziente di leggere la scritta. Tam 60. I passeggeri nel cassone sono congelati, e vanno immediatamente alla ricerca di sterpi per accendere un fuoco. All'una ci mettiamo a dormire intorno al camion. Leopold e gli altri si infilano tra le ruote anteriori, nella speranza di ricevere un po' di tepore dal motore ancora caldo. Alle cinque, quando è ancora buio, ci sveglia il rumore dello stesso motore, insieme al solito grido: "*Yallah*!". Stamattina l'autista deve essere di pessimo umore, perché aggiunge: "Passeggeri, avete due minuti per salire a bordo! Forza, forza!". Intirizzito, mi avvio verso il mio posto in cabina, ma scopro di non averne più diritto: "Oggi viaggi dietro," mi dice una voce dall'interno. Non ho mai capito perché il mio privilegio sia durato solo un giorno. Forse i camionisti non volevano entrare in città con un europeo trionfalmente seduto di fianco a loro. Chiedo a Leopold che cosa ne pensa. "Lasciali stare," mi risponde. "Oltre che figli di puttana sono anche pazzi. È il deserto che li ha fatti diventare così."

Arriviamo alle porte della città alle sette. L'autista si ferma di fronte all'edificio della dogana, a qualche chilometro dal centro, dove un agente della polizia algerina controlla i nostri passaporti e i documenti del camion. Il passaporto viene restituito a tutti tranne che a Oumar e Meriem, che domandano perché con aria smarrita. "C'è un'irregolarità nel visto, non potete entrare in Algeria," risponde il poliziotto come se stesse parlando a due cani randagi. E aggiunge, indicando il pavimento in un angolo della stanzona spoglia: "Sedetevi lì e tacete". Nella sua sporca divisa color ocra, il poliziotto è tronfio e sprezzante. I due si guardano intorno, cercano conforto nei nostri occhi, dicono che a In-Guezzam li hanno lasciati passare e non capiscono perché qualcuno li debba bloccare adesso. L'autista del camion ritira i documenti e ci dice di seguirlo. Oumar e Meriem lo pregano di aspettare, hanno pagato per arrivare fino a Tamanrasset, non può lasciarli lì da soli. "Potete arrivarci anche a piedi," sibila l'autista. "Non preoccupatevi, non ci potrete proprio andare," ghigna il poliziotto, e con un ultimo colpo di maglio infrange il sogno di ricchezza dei due senegalesi. Ero come ipnotizzato, e per farmi uscire l'autista ha dovuto scuotermi.

Sono solo, seduto davanti all'ufficio dell'Air Algérie un'ora prima dell'apertura, e sono ottimista: penso che, se non c'è ancora nessuno in fila, forse la situazione, rispetto a una settimana fa, è migliorata. Ma alle nove, quando l'impiegato in uniforme bianca e blu apre la grata di ferro che sbarra la porta, sono circondato da un centinaio di persone. Come primo della fila ho diritto a scrivere il mio nome in cima alla lista d'attesa, quando qualcuno estrae un pezzo di carta e una penna e sbraita: "*Liste d'attente!*". L'impiegato che si prepara a togliere la catena alla porta dell'ufficio ci fissa attraverso il vetro con la stessa espressione del guardiano di uno zoo a cui è stato ordinato di aprire la gabbia dei leoni. La porta è come lo sbarramento di una diga: quando viene spalancata, un'ondata urlante di corpi, gambe, braccia, mani, teste, barbe e turbanti si riversa nell'ufficio riempiendone immediatamente ogni angolo vuoto. Vengo scaraventato con violenza contro il bancone, ma nonostante la lista d'attesa riesco a parlare con uno dei due impiegati soltanto dopo un'ora.

"Mi dispiace," dice l'uomo, "i voli per Algeri sono pieni fino alla fine di marzo. Se vuole può mettersi in lista d'attesa, ma davanti a lei ci saranno almeno duecento persone." Tento il tutto per tutto. Prendo uno sgabello, ci salgo sopra e grido: "Cinquecento dinari a chi mi cede il suo posto sul volo di oggi pomeriggio. Devo essere ad Algeri oggi pomeriggio". Mi guardano come se fossi pazzo. "Mille dinari!" Mi sento come uno stupido battitore d'asta al quale nessuno vuole comprare nulla. Negli occhi stupiti la curiosità svanisce e i volti si girano di nuovo verso il bancone. Qualcuno scrolla il capo in segno di disapprovazione. Cazzo, pensa la parte del mio cervello ancora influenzata dal Dna del colonizzatore, questi qua rifiutano mille dinari!

Scendo dallo sgabello e mi sento chiamare: "*Monsieur*?". È un giovane sui trent'anni, vestito all'occidentale, con un paio di jeans, una polo bianca finta Lacoste e in mano un biglietto per Algeri. "Perché ha tanta fretta di volare?" Mi accingo a spiegarglielo, ma lui mi blocca. "No, non me lo dica. Capisco che dev'essere una questione urgente. Lei è sporco. Qua dietro c'è una doccia pubblica, l'accompagno."

La doccia sembra un obitorio: ha le pareti e il pavimento ricoperti di piastrelle che un tempo erano gialle e che lo sporco e l'umidità hanno reso grigiastre, il colore della pelle di un malato d'itterizia. Mi danno un asciugamano e una saponetta piccola come un cracker. Fa una schiuma cremosa e persistente che il rivolo d'acqua tiepida fatica a eliminare. Dopo mi sento pulito come un neonato. "Ora non si sente meglio?" mi dice l'uomo dalla polo bianca. Ero convinto che all'uscita non lo avrei più trovato.

Il suo nome è Amine Bouasa. Camminiamo per la via principale. "Tutta quella gente che va alla capitale. Chissà dove trovano i soldi per il biglietto, la maggior parte sono disoccupati. Va bene che per noi il biglietto costa un decimo di quello che fanno pagare a voi stranieri. Anch'io sono disoccupato, ma ho i miei affari, riesco a tirare avanti. Non sono di Algeri, sono di Tam. Ma vivo ad Algeri, a Kouba. Sono venuto a trovare i miei, come quasi tutti quelli che ha visto in fila all'Air Algérie. Fila... Ha visto come sono da noi le file? Da dove viene, dal deserto? Lasciate stare quei posti, non sono fatti per uno straniero. Bisogna lasciarli ai Tuareg. Avrà fame, peccato che non si possa mangiare. Non voglio i suoi mille dinari, le do questo biglietto e basta. Lei mi pagherà i soldi che avrebbe pagato, e per me è già un guadagno. Le risparmio anche l'idiozia di andare a cambiare franchi in banca. Sa che uno straniero può comprare un biglietto solo con un certificato della banca che dice 'dinari cambiati per acquisto biglietto aereo'?" "E lei che farà, Amine? Ci saranno tre settimane di lista d'attesa." "Io? Posso restare a Tamanrasset ancora un po', tanto ad Algeri non ho niente da fare."

Alle due andiamo all'aeroporto con una Toyota collettiva e Amine insiste per pagare per sé. Il caposcalo all'inizio fa difficoltà. "Perché mai questo signore dovrebbe viaggiare al suo posto?" "Perché è mio amico e ho deciso di cedergli il biglietto." "Glielo ha regalato o glielo ha fatto pagare?" "Me lo ha pagato al prezzo degli stranieri." "E per me non c'è niente?" Sguardo freddo di Amine. "Perché, dovrebbe esserci qualcosa?"

"Va bene, può salire a bordo."

Ci salutiamo di fronte ai gendarmi di guardia al cancello numero uno, il primo e l'unico dell'aeroporto di Tamanrasset, mentre il 727 bianco e rosso appena atterrato in una nuvola di sabbia e vapori di kerosene sta vomitando i passeggeri arrivati da Algeri. "Buona fortuna per tutto," mi dice Amine. "Anche a te."

Mezz'ora dopo stiamo volando sopra il deserto, in una carlinga affollata che odora di formaggio, minestra riscaldata, piume di gallina e refezione delle scuole elementari. Mi sono conquistato un posto vicino al finestrino (tutti lo vorrebbero) e fisso incantato le vette delle dune che scorrono lentamente diecimila metri sotto di me. Sembrano così vicine che immagino di aprire il portellone e spiccare un balzo sul pendio soffice, atterrare con morbidezza a novecento chilometri l'ora e rimettermi in piedi dopo due o tre capriole, con la bocca e i capelli pieni di sabbia.

La sera, ad Algeri, sono tornato all'Hotel de l'Aéroport. Mi sono cambiato d'abito, mi sono fatto la barba senz'acqua, ho ordinato, nell'orrendo ristorante del primo piano con la moquette rossa e i camerieri dalle unghie nere, un filetto monumentale, patate, insalata di pomodori, due bottiglie di birra e un crème caramel pietosamente afflosciato nella ciotola. Alle dieci sono piombato in un sonno pesante come pietra, dal quale mi sono svegliato quindici ore più tardi.

7.

A Niamey mi hanno consigliato un albergo del centro, dove una stanza con un materasso di gommapiuma, una zanzariera gialla e una lampadina appesa al soffitto mi è costata cinquemila cfa, venti dollari americani.

Al mattino, le imperturbabili fibre della carne della cena ancora nuotavano nello stomaco assieme al *riz sauce*. Mi hanno svegliato, poco prima delle cinque, i clacson e le marmitte dei camion, che già combattevano nel buio la loro quotidiana battaglia per la sopravvivenza tra i decrepiti grattacieli dell'uranio. Fuori dall'albergo mi sono fatto servire un Nescafé (la più internazionale delle bevande) da un uomo che aveva piantato il suo tavolino con bricco d'acqua calda, tazze di plastica e bustine di granuli marroncini in mezzo al marciapiede. A metà della tazza sono stato circondato da una decina di uomini magri e vestiti di stracci, che mi tiravano per le maniche e mi chiedevano denaro. Ho dato a uno di loro il resto del caffè e la banconota è stata stritolata da dieci mani.

Secondo una guida che mi porto dietro, Niamey è la città del Sahel col maggior numero di mendicanti. La sera prima, allo Stade de la Lutte Traditionnelle, avevo assistito a un combattimento di lotta africana. I lottatori, impegnati a compiere i movimenti rituali con lo sguardo fisso ciascuno nelle pupille dell'altro, aspettavano il momento giusto per gettare in ginocchio l'avversario. Entrambi erano emaciati come i mendicanti piazzati vicino al tavolino del Nescafé, le fibre dei muscoli, i tendini e le vene in rilievo sotto la pelle lucida, e lo sforzo profuso nella tenzone rendeva lo spettacolo triste. Gli spettatori gettavano monete al vincitore come un'elemosina, e lui come di un'elemosina se ne riempiva le mani, felice.

Voglio lasciare Niamey e proseguire verso la Nigeria per entrare nel paese a Jibiya, dove c'è un cantiere della Impresit e un amico ingegnere che lavora alla bonifica di una palude. Col retrogusto di ferro del caffè solubile ancora in bocca vado alla *gare routière*.

Eccomi di nuovo in un'incisione di Doré per l'Inferno di Dante, colorata da Van Gogh e con l'aggiunta di prorompenti effetti sonori e olfattivi: autobus inventati saldando capanne di ferro e file di sedili sui cassoni di camion, *taxi de brousse* colmi di teste al punto da scoppiare, Toyota sofferenti alle quali sono state aggiunte impossibili propaggini metalliche che consentono loro di portare più passeggeri di un treno, pullman perforati dai sassi e dalla ruggine, gialli, verdi, rossi e blu come le stoffe avvolte attorno ai corpi grassi e alle teste delle donne ("Comportati bene e salvati la vita," dice la scritta dipinta su una carrozzeria). E poi decine di banchetti di legno piantati sulla terra rossa e ricoperti di una coltre di collanine, braccialetti, orologi di plastica placcata oro con cinturini di plastica stampata lucertola, biglietti della lotteria, giocattoli, profumi, fagotti di carta oleata rigonfi di carne, datteri e patatine fritte, lattine di aranciata e bottigliette d'acqua minerale che sa di cloro, scampoli di tessuti multicolori, borse di cuoio, ciabatte di gomma, gioielli d'argento e di finto argento. Una donna tiene in bilico sulla testa un vassoio, e sul vassoio ci sono diciotto grosse bagnarole di plastica colorata, sette contenitori con coperchio, otto tazze d'alluminio, tre pentole e due borracce termiche.

Tutti urlano. Urlano come predicatori invasati i buttadentro degli autobus, ciascuno in bilico sul tetto del proprio: "Partiamo noi per primi!" urlano i venditori di orologi e di spuntini, urlano i viaggiatori per chiedere informazioni e per contrattare sul prezzo di un paio di scarpe, urlano e piangono i bambini sulle spalle delle madri.

È finito il deserto. Ogni volta che scatto una fotografia qualcuno mi urla: "*Il faut payer*!", devi pagare! A venti minuti dal mio arrivo alla *gare routière* sono seguito da un drappello di trenta persone che continuano a ripetermi "*il faut payer*!". "Almeno comprami un orologio," mi dice uno del gruppo che si tira dietro, appeso al collo, un gigantesco espositore traboccante di collane e di falsi cronografi di lusso giapponesi. "*Ici, au Niger, il faut payer*!" In Niger si paga, si paga per tutto.

Vado a pagare il biglietto per Maradi, 650 chilometri a est, il posto di confine più vicino a Jibiya. Fanno 4150 cfa. Sono le otto e mezzo, e mentre il mio nome viene annotato su un foglio di quaderno mi assicurano che l'autobus partirà alle nove. Mi sono fatto attirare dal buttadentro che urlava più forte. Lo stesso buttadentro mi dice di dare il bagaglio al facchino che, anche lui in piedi sul tetto del veicolo, combatte con un fungo atomico di valigie, sacchi di granaglie e ceste, tentando di tenere tutto insieme con una lunga corda di canapa. Gli porgo il mio zaino e lui mi porge la mano, col palmo verso l'alto: "Cento franchi". In Niger si paga per tutto, ricordi?

Alle undici, quando la *gare routière* è ormai una fornace umida e appiccicaticcia, l'autobus è pronto per partire. Il buttadentro, dall'alto del suo pulpito su ruote, comincia a declamare a gran voce la lista dei passeggeri. Chi viene chiamato mostra il biglietto all'autista, che sta in piedi sulla soglia solenne come una guardia svizzera, e viene lasciato salire. Nonostante i passeggeri vengano chiamati uno a uno, senza fretta, la torma si stringe attorno al bus come se volesse stritolarlo. L'ansia di salire si legge negli occhi della gente. Il motore prende vita con un sussulto. Non percorriamo nemmeno un metro che sale a bordo un poliziotto per un controllo. Due passeggeri privi di documento d'identità vengono multati di cinquecento cfa, senza ricevuta. Hanno pagato senza fiatare e uno di loro, seduto a poca distanza da me, ha mormorato: "Adesso che sono senza un franco come faccio?". Ripartiamo. Un uomo si lancia sul bus attraverso la porta ancora aperta. L'autista frena di colpo e i due prendono a urlare selvaggiamente. L'uomo ha in mano un pezzo di carta che assomiglia al mio biglietto per Maradi. I passeggeri stanno ad ascoltare e ridono di gusto. Quando il litigio è terminato e l'uomo è sceso, uno di loro traduce per me: "...e poi l'autista ha detto: C'è sempre qualcuno che sbaglia autobus".

Il bus corre liscio sulla strada di buon asfalto. È un Mercedes. Ha 780.905 chilometri sulle spalle, ma è sempre un Mercedes. In una vita precedente deve aver fatto il bus in Germania, perché le targhette d'alluminio annunciano ancora "*rauchen verboten*", un divieto lontano e non più in vigore per passeggeri che non fumano. Cento all'ora. Al 780.916° chilometro ci fermiamo a un posto di blocco della polizia. "Prenditela comoda," mi dice il passeggero seduto sul sedile accanto al mio, "siamo vicino alla frontiera e di posti come questo ce n'è uno ogni venti chilometri". I venditori si appostano strategicamente dietro alla baracca della polizia pronti ad assalire i mezzi pubblici bloccati dalla sbarra. In un attimo mani e braccia ossute penetrano nell'abitacolo attraverso i finestrini e arrivano alle ginocchia dei passeggeri, mani cariche di datteri pastosi, di biscotti secchi resi gommosi dall'umidità e di sacchetti d'acqua colorata.

I passeggeri, che si sono già abbondantemente riforniti di cibo alla *gare routière*, comprano lo stesso e mangiano subito tutto, in un frenetico festino alimentare itinerante. I poliziotti chiedono i documenti e loro li porgono sorridendo con le bocche piene. Mentre il gendarme controlla il mio passaporto mi volto a guardare l'interno dell'autobus: l'intrico di colori, di stoffe, di foulard e di chiome acconciate in treccine minuziose come merletti di Burano ricorda un quadro di Gauguin.

Centoventi chilometri l'ora. Il Mercedes si lancia su una strada grigia e liscia, che taglia un nulla piatto e verdognolo. Il motore comincia a perdere colpi. L'autista cerca di rimediare pigiando l'acceleratore a fine corsa, ma il pedale resta bloccato e bisogna sollevarlo con le mani. "Di questo passo arriviamo alle tre del mattino," si sente dire immediatamente dal fondo. Dov'è finita la smisurata pazienza delle genti del deserto? Sosta all'una per dare sollievo alle vesciche in mezzo ai campi e cambiare i pannolini dei neonati sul bordo della strada, sosta alle due per riempire lo stomaco in un villaggio. Riempire lo stomaco? Ma se da quando siamo partiti tutti non hanno fatto altro che mangiare, dico al mio vicino. "Viaggiare fa venire fame," mi risponde lui masticando un petto di pollo.

Mi addentro tra capanne di lamiera ondulata per comprare della frutta. Un bambino mi vende un sacchetto di datteri coperti di mosche come il suo viso, e appena lo pago si attacca alla mia manica e comincia la cantilena "*Monsieur cadeau, monsieur cadeau, monsieur cadeau*". Gli lascio il resto come *cadeau* e lui corre via e mentre corre via arrivano altri dieci bimbi che ripetono "*Monsieur cadeau*" e si attaccano alle mie maniche. Chi ha la fortuna di essere nato vicino alla strada vive sui viaggiatori. I viaggiatori hanno sempre fame, hanno sempre sete e hanno sempre voglia di comprare qualcosa.

Il viaggio ha il potere di farti dimenticare i tuoi limiti finanziari. Nei duty-free degli aeroporti, nei supermercati delle autostrade e nei poveri villaggi lungo la strada Niamey-Zinder, i viaggiatori acquistano cose inutili, superflue, sciocche, alle quali forse non avrebbero mai pensato se non si fossero trovati nella condizione di viaggiatori. Una donna obesa compra da un bambino una bottiglia di aranciata per settantacinque cfa. Gli porge una banconota da cinquecento, e quello scappa alla ricerca del resto lasciando per terra la cassetta-negozio con tutto il suo contenuto. Passano cinque minuti e il bambino non compare. Nel marasma la donna comincia a strepitare che rivuole i suoi soldi, prende in ostaggio tre bottiglie e s'impossessa anche del cavatappi, che agita verso il cielo. Il bambino sbuca dalle case subito dopo, con le banconote in mano. "Non pensi male," mi dice una donna, "non ci avrebbe mai provato a rubare quei soldi. Un episodio del genere non è mai successo."

Arriviamo a Maradi alle nove di sera, dopo una sosta alle quattro per la preghiera del pomeriggio, una alle cinque per un pieno di benzina che ha richiesto trentacinque minuti e una alle sette per la preghiera del crepuscolo. Una Peugeot 504 giunta qui secoli fa attraverso il deserto algerino porta me più altri otto passeggeri e diverse galline fino alla frontiera nigeriana: due baracche di cemento e lamiera che costituiscono una delle mille agenzie periferiche dell'immenso impero della corruzione e del ladrocinio che ha sede a Lagos.

Quando vedono uno straniero i gendarmi nigeriani cominciano a leccarsi i baffi. "Che cos'ha qua dentro? Non ha portato niente per me dall'Italia?" domanda uno di loro mentre ispeziona il mio bagaglio da cima a fondo sotto il povero alone di luce di una lampadina esausta. Il mio visto d'ingresso viene esaminato con accuratezza da amanuense. "Questo è il visto per la Nigeria? Chi glielo ha rilasciato? Che cosa viene a fare in Nigeria? Ha abbastanza soldi per mantenersi? Vuole farmeli vedere? Io ho sete, avrei proprio voglia di una birra. Una birra in questo paese costa cara, lo sapeva? Noi col nostro stipendio ce la possiamo permettere solo una o due volte al mese. Mi aiuterebbe a comprarne quattro, per me e per i miei tre colleghi?" Rispondo a monosillabi e mi rifiuto di pagare. Fuori, il tassista si è attaccato al clacson. Gli altri passeggeri sono passati senza problemi e io gli sto facendo perdere tempo. Il doganiere accarezza il timbro d'ingresso, manico in legno annerito e scritta "*Nigeria immigration, visitor's pass*" e lo studia a lungo. Per due volte fa il gesto di piantarlo sulla pagina bianca del passaporto, e per due volte arresta la mano a mezz'aria. "Niente birra?" Niente birra. "Sicuro?" Sicuro. Bum. Il tonfo sordo della gomma contro la carta filigranata. "Vada nell'edificio accanto, c'è il controllo sanitario."

Il tassista sta suonando una sinfonia per clacson con tutti i virtuosismi che l'impazienza gli suggerisce. Il gendarme scruta sospettoso il mio libretto delle vaccinazioni e vuole sapere quante malattie ho avuto nella mia vita e se per caso non ho un regalo per lui. Gli dico che non ho un regalo, mi dispace. "È sicuro di sentirsi bene?" mi chiede, e si avvicina per valutare il colorito della mia pelle. "Non ha malattie infettive che potrebbero diffondersi in Nigeria?" I funzionari dell'Impero conoscono le tattiche della guerra psicologica. Al quarto o quinto no l'ufficiale del controllo sanitario rinuncia agli assalti e appone il timbro "*physically fit*" sul suo registro con la copertina di pelle. Fisicamente sano: e se fossi pazzo? "Benvenuto in Nigeria." (Ancora? Ma non ho già sentito la stessa frase?) Nella notte mi accoglie il sorriso a trentadue denti di un poliziotto ipocrita.

Jibiya è il centro del nulla, poche case di lamiera ondulata e poche lampadine che, la notte, danno al villaggio il lugubre aspetto di un cimitero. "Il cantiere è una prigione senza sbarre," dice sconsolato il mio amico ingegnere che lavora qui da due anni. Lui e sua moglie vivono confinati nel villaggio della Impresit: un'oasi solitaria con piscina, videoregistratori e spaghetti al pomodoro.

Benedico la piscina, l'acqua fresca e il principio di Archimede che porta sollievo alla mia schiena dolente. Scopro le asettiche amenità della casa prefabbricata come se fossero attrazioni di Disneyland. Passo ore a guardare l'acqua tiepida della doccia che scorre sul mio corpo e a radermi davanti a uno specchio da camerino teatrale. "Non c'è niente qui intorno, i piccoli villaggi sono tutti uguali e i fine settimana li passiamo sul bordo della piscina." Il cantiere con le casette in fila è come un paesello della provincia italiana, con le antipatie e le simpatie, le piccole alleanze e le guerre di cortile, i sorrisi diurni e i pettegolezzi serali tra concittadini forzati, in fuga da un ricordo o all'inseguimento disperato di una speranza, che spesso è rappresentata da rotoli di banconote. "Qualche volta il sabato andiamo a Kano, ma anche Kano dopo tre volte che l'hai vista non ha niente da offrirti."

Eppure sopravvivere qui significa anche non negarsi una visita a Kano, non confinare il proprio mondo allo schermo a colori e al cubo azzurro liquido della piscina. "Alcuni lavorano qui da tre anni e non hanno mai visto Kano." Vivono soli nella loro baracca e non scambiano una parola con nessuno. Hanno perfezionato la loro fuga dai ricordi raggiungendo lo stato di asceti-carpentieri, asceti-geometri o asceti-ingegneri che moriranno ricchi lasciando che si sparpagli al vento la montagna dei loro stipendi gonfiati dalle indennità e dagli straordinari.

A chi la visita per la prima volta, Kano, fondata più di un millennio fa dalle tribù islamiche hausa, sembra una bella città, e le guide la reputano la più interessante del paese. Sedici ettari del suo territorio sono occupati dal mercato di Kurmi, una sterminata distesa di bancarelle ricoperte di gioielli, tessuti, vestiti, cibo e qualsiasi altra cosa possa essere comprata o venduta, dove pochi turisti stranieri dall'aria stralunata seguono ciecamente le guide che li conducono attraverso il labirinto di vicoli odorosi di marcio, in una visita che termina invariabilmente al bordo dei pozzi di tintura per i tessuti. Qui un gruppo di disgraziati in ginocchio immerge le pezze di stoffa in bolle di liquame color violetto. Tappa obbligata prima di andare a bere un'aranciata fresca.

All'alba del mio secondo giorno a Jibiya ho la tentazione di rinchiudermi nel bagno e di non farmi trovare più, nascosto sotto il getto di una doccia cosmica che vorrei far durare tutta la vita, pulito come un angelo e beatamente ignaro dell'esistenza di Kano e del resto dell'Africa. Ma il programma per la giornata è un altro. Un'auto della Impresit mi porterà fino a Kaduna, seicento chilometri a sud, e da qui proseguirò in autobus. Cerco di protrarre la colazione centellinando il caffè come un vino raro e spalmando il burro e la marmellata con gesti da bradipo.

I due geometri che viaggiano con me, uno di Vicenza e l'altro di Cuneo, non sopportano la musica a bordo. L'autista, un cattolico ibo concentrato più sullo strofinarsi i denti con un bastoncino di legno che nella guida, ha il controllo del mangianastri e ci tormenta per cinque ore di seguito con la stessa nenia, una ballata ipnotica accompagnata dai bonghi e cantata da un sofferente di diarrea che declama in tono monocorde: "Alleluiah – grazie Gesù – grazie Gesù – alleluiah" e "In te ho fede – sei il mio pastore – sei il mio pastore – ho fede in te". "E cambia cassetta, cazzo!" sbotta dopo un centinaio di chilometri il geometra di Vicenza. "*Can't sir, all other cassette broken*," risponde candido l'autista con un sorriso smagliante dal quale spuntano le fibre del bastoncino. "Falso come Giuda. Le altre cassette sono rotte: balle. E ride anche, porca puttana, come se non lo sapessi che non è vero. Tanto cosa crede," si rivolge a me, "che nelle altre ci sia il rock and roll? Sono tutte canzoni cristiane, si riempiono il cervello solo di quella roba e sono contenti così." La Peugeot fila veloce, sorpassando agevolmente i pochi camion e i furgoncini tossicchianti che lasciano alle spalle una scia di spesso fumo nero. "*Alleluiah, thank you Jesus, thank you Jesus, alleluiah. Alleluiah, thank you Jesus, thank you Jesus, alleluiah.*" "Che paese di merda ci siamo scelti. Almeno cambiasse musica, sempre le stesse quattro note. Ma lei sa che mazzate si danno cristiani e musulmani in questo paese? Scommetto che la stampa italiana non ne parla mai. Non sapranno nemmeno dov'è la Nigeria, quelli, e anche se lo sapessero non gliene fregherebbe niente. Lei, per esempio, lo sapeva che qui c'è una vera e propria guerra civile? Sono mazzate serie, sa, non risse da bar. Succede quasi tutte le settimane, centinaia di persone si affrontano per le strade, i musulmani tirano le pietre ai cristiani e bruciano le chiese e i cristiani tirano i bastoni ai musulmani e bruciano le moschee, e la polizia le dà a chi capita. Qualcuno ogni tanto spara e ci scappano anche i morti. Non lo leggiamo sui giornali perché non ne parlano, ma i nostri dipendenti ce lo raccontano come se fosse la cronaca della partita di calcio. E mentre lo raccontano sembra che si divertano: 'Ieri abbiamo vinto noi!'. Che paese di merda. Colpa di quegli imbecilli degli inglesi. Sono sempre loro a combinare questi casini, o gli inglesi o i francesi o gli americani."

Il ragionamento del geometra è semplicistico ma non fa una grinza: furono gli inglesi a dividere il paese in tre regioni, dopo aver accordato l'indipendenza nel 1960, e commisero l'errore di disegnare i confini amministrativi ricalcandoli sopra quelli etnici e religiosi che mille anni di sangue e di battaglie avevano inciso profondamente nel terreno. Gli Hausa-Fulani, musulmani, ebbero i territori del nord, i cristiani cattolici ibo quelli del sud est, e gli yoruba, protestanti, vennero isolati a sud ovest. La lotta per accaparrarsi il potere centrale a Lagos cominciò un minuto dopo che l'ultimo inglese aveva lasciato la Nigeria. I risultati furono quelli di sempre: alleanze di partito strette e rotte nel giro di pochi mesi, tradimenti, tracollo dell'economia, corruzione istituzionalizzata, ulteriore impoverimento dei poveri che già erano poveri in canna, scioperi generali, scontri di piazza, clamorose frodi elettorali e, nel 1966, la catarsi rituale del colpo di stato guidato dal generale Ironsi, un cattolico ibo.

Il sangue chiamò altro sangue, e il colonnello musulmano Yabuku Gowon prese il potere pochi mesi dopo, mentre i suoi seguaci erano intenti a massacrare a colpi di mazza e di machete trentamila ibo. Arrivò quindi la Francia a incoraggiare i cristiani a proclamare una repubblica indipendente nel sud del paese, fondata il 30 maggio 1967. La chiamarono Biafra: aveva una propria moneta, i propri francobolli, una televisione di stato che trasmetteva dal cassone di un camion e, soprattutto, la maggior parte dei pozzi di petrolio scoperti due anni prima in Nigeria. La Francia voleva assicurarsi i diritti di sfruttamento di quei pozzi, e si mise contro gli Stati Uniti che appoggiavano il governo federale. "Schiacceremo i secessionisti in quarantott'ore," tuonò da Lagos il colonnello Gowon, lo stesso che aveva affermato di considerare gli ibo come suoi fratelli e che, nel frattempo, si era appuntato sulle spalline le stellette di generale. In realtà gli ci vollero quasi tre anni, e una guerra civile che costò più di un milione di morti.

Come negare validità alla teoria del geometra di Vicenza, espressa con la chiarezza di una formula per calcolare il raggio dell'arcata di un ponte? Aperta parentesi: inglesi più francesi più americani, più petrolio e interessi economici, più Allah e la Santissima Trinità, chiusa parentesi, fratto tre gruppi etnici col gene della rivalità trasmesso di padre in figlio, moltiplicato per quarantasei anni di convivenza coatta sotto il peso della corona d'Inghilterra, uguale guerre sangue e povertà. Non compare mai, nel grafico ricavato dalla formula che si applica a buona parte delle guerre civili d'Africa (e del resto del mondo), il fattore "senso di colpa". Ce ne sono molti altri: il fattore "convenienza", il fattore "rischio", il fattore "opinione pubblica", il fattore "sacrificio di soldati" e il fattore "costi". La curva che rappresenta la fattibilità dell'operazione s'attorciglia capricciosa attorno a mille variabili e a mille incognite, ma il fattore "senso di colpa" non ne influenza l'andamento. Se anche si fosse trovato un simbolo adeguato per rappresentarlo, esso sarebbe stato collocato, con un abile artificio matematico, oltre l'infinito, al di là dello spazio limitato dagli assi delle ascisse e delle ordinate, invisibile agli occhi dei non iniziati.

Oggi, dopo un continuo alternarsi di colpi di stato e di regimi presidenziali che promettevano false democrazie e una breve illusione di prosperità infranta dal crollo del prezzo del petrolio, la Nigeria non sta meglio di quanto stesse negli anni sessanta: trecento dollari di prodotto nazionale lordo pro capite, inflazione del 60%, 28% di disoccupazione e un debito pubblico di trentatré miliardi di dollari.

"E in tutto questo casino lo stato che cosa fa? Pensa solo a rubare. Spesso è l'esercito, sa? Rapinatori in divisa mimetica, non hanno neanche il pudore di togliersela. Hanno anche rapinato gli stipendi della Impresit, proprio su questa strada e da questa macchina, in pieno giorno, le pare possibile? Non c'è da fidarsi neanche delle poste, gli impiegati e i postini si fregano le buste più spesse perché sperano di trovarci dentro dei soldi. E poi non c'è bisogno che le racconti niente, l'avrà passata anche lei la frontiera. È sufficiente parlare dieci minuti con un doganiere dell'aeroporto per capire come va tutto il paese. E quel farabutto di Babangida promette elezioni da mesi e intanto fa orecchie da mercante."

Il generale Ibrahim Babangida, l'uomo che ha trasformato la Nigeria in uno dei principali nodi di smistamento del traffico internazionale di eroina, salito al potere con un colpo di stato nel 1985, avrebbe accordato le elezioni di lì a pochi mesi: le prime dopo dieci anni. Avrebbe perduto e annullato il risultato. E nel 1993 il generale Sabi Abacha, l'ennesimo dittatore tronfio avvolto in una tunica colorata larga come un paracadute, avrebbe preso il potere dopo il solito colpo di stato. Il settimo dal giorno dell'Indipendenza, che in Nigeria è festa nazionale e si celebra ogni anno il primo ottobre.

"È la religione che ha rovinato tutto. Guardi, guardi là che esaltati," si sbraccia il geometra ogni volta che sorpassiamo un pullman o un camion che esibisce salmi della Bibbia o versetti del Corano dipinti sulla carrozzeria. "*Allah Ya Halu, Allah Allah is the Greatest*, *In the Glory of Jesus*, *By the Great Lord God* (quella che in inglese corretto è un'imprecazione in Nigeria è stata trasformata in invocazione), *God is the Only Way*." Ci passa di fianco un bus con le insegne della "Hope in God Motors Ltd.", il cui autista comunica al mondo che il mezzo è "guidato da me ma diretto da Dio". Il vicentino (è sempre lui a parlare, l'altro è taciturno) ride e scuote la testa e continua a chiedermi se mi sembra possibile un'assurdità simile alle soglie del duemila.

La Impresit di Kaduna ci accoglie con un profumo di mensa e di pasta scotta. Mi servo di un'abbondante porzione di spaghetti al pomodoro che, contrariamente alle aspettative, sono fumanti e cotti alla perfezione, e vi aggiungo una cotoletta col sugo di piselli. Due birre ghiacciate scacciano dalla mia testa l'ultima eco della litania ibo. Un ingegnere che siede al mio stesso tavolo si interessa al mio viaggio e all'itinerario che ho percorso finora. "Lei ha una valigia rossa o qualcosa di simile?" Lo guardo stupito. "Ci crederebbe se le dicessi che ieri, al mercato, ho sentito della gente che parlava di un bianco con un sacco rosso che andava verso sud in autostop? È la notizia del mese." "Mi sta prendendo in giro?" "No, è la verità. Anche qualcuno dei nostri operai nigeriani aveva sentito parlare di questo bianco, e secondo alcuni l'uomo non fa l'autostop ma viaggia con i mezzi pubblici." "E sarei io?" "Bè, lei è bianco e ha una valigia rossa, e per il momento altri bianchi con una valigia rossa in giro per la città non si sono visti."

Il fatto di essere diventato una specie di leggenda vivente mi disorienta. Dispaccio d'agenzia: "*Kaduna, 26 marzo 1992. Secondo alcune fonti non precisate, un uomo bianco con uno zaino rosso starebbe viaggiando verso sud utilizzando i mezzi pubblici e, in qualche caso, anche l'autostop. A coloro che lo hanno incontrato l'uomo avrebbe detto di essere diretto verso il Capo, senza specificare di che capo si trattasse. Si pensa che l'ambigua frase possa riferirsi al Capo di Buona Speranza, in Sudafrica, ma per il momento non ci sono conferme. Secondo la descrizione dei testimoni l'uomo è alto circa un metro e ottanta centimetri, non porta né baffi né barba e non è né cristiano né musulmano*".

Le notizie, trasmesse di bocca in bocca davanti a due tazze fumanti di Nescafé, viaggiano più veloci dei jet e degli autobus lanciati a velocità folle sulle strade in macadam. Chi mi ha sorpassato mentre venivo verso Kaduna col mio zaino in spalla o legato sul tetto di un torpedone? Hmidou venuto a cercare fortuna in Nigeria? Abubakar inviato a consegnare un carico di datteri? Leopold che mi insegue nella speranza che interceda per lui all'ambasciata italiana? E quando? Durante una sosta per un pieno di benzina o mentre stavamo cambiando una gomma bucata? Immagini e suoni cupi di tam tam che battono nella foresta, che fanno rimbalzare le novità del giorno di foglia in foglia, di liana in liana, di villaggio in villaggio. La velocità del suono. Un mach uguale mille e più chilometri l'ora. Inarrivabile. Zaino rosso. Pelle bianca. Sensazione di essere spiato, di non essere perso di vista un istante dall'immensa rete d'informatori che si stende dal Mediterraneo al Sudafrica. Non ha portato un regalo per me? *Allah Ya Halu. God is the Only Way.* Autostop. Cotolette al sugo di piselli. *Gare routière. Bus station.* Mi verso una terza birra per non pensare a quest'assurdità, e mentre si forma la schiuma rido e scuoto la testa come il geometra vicentino.

Il nome dell'uomo è Destiny O'Kere e io cambierò la sua vita. Destiny significa Destino. Lo incontro alla stazione degli autobus in Market Road, a pochi passi dal mercato. Sta seduto dietro al volante del pullman per Port Harcourt, che mi lascerà ad Aba, vicino alla frontiera col Camerun, e mi sorride quando gli compro un biglietto: "Novanta naira, amico mio, e ricorda: non importa ciò che accade, Dio è buono e ti aiuterà. È Giobbe". Destiny ha citato il salmo in latino, storpiando un po' la pronuncia, poi mi ha detto che il bus partirà alle sei di sera.

Cinque ore per passeggiare intorno alla stazione, che mi offre il solito spettacolo di venditori di bibite e pacchetti di patatine sbiaditi dal sole, di un gruppo di lebbrosi dagli arti putrefatti malamente coperti da fasce annerite e di un pazzo decorato come un albero di natale (un boomerang in mano e decine di confezioni di succhi di frutta vuote e tazze di plastica appese ai vestiti), che la gente deride. Cinque uomini pisciano senza ritegno contro un muro dove campeggia la scritta "Non urinare qui, multa di 20,00 naira" dipinta a caratteri bianchi alti un metro. Nell'aria risuonano le note di Fela Anikulapo Kuti, il cantautore-eroe che marciva in galera e che Babangida ha liberato guadagnandosi il favore del popolo. Fela lancia strali in rima contro il governo e i suoi funzionari corrotti. Fa parte di un'ondata gonfia di ribellione e di rabbia: lui, i Ghetto Blaster, lo scrittore Wole Soyinka, premio Nobel 1986, che proclama "l'uomo muore in tutti coloro che tacciono di fronte alla tirannia"; un'ondata che si frange impotente contro i frangiflutti del governo, senza riuscire a eroderne gli spigoli.

Preferisco tornare a parlare con Destiny. Le mani piantate con solennità sul volante e il sedere sprofondato nella gommapiuma del sedile, l'autista ibo sembra un predicatore di quelli che puoi trovare agli angoli di Manhattan, intenti a inveire contro i dannati che bruciano i loro dollari nei grandi magazzini e non si sono ancora accorti che la fine del mondo sta per arrivare. Ha tappezzato l'abitacolo di adesivi che consigliano di non mollare perché "il tuo miracolo sta per compiersi" e che ricordano di avere sempre fede nell'Onnipotente Signore Gesù. Ha appeso allo specchietto retrovisore un rosario di legno con una croce grande quasi quanto l'originale del Golgota. Sul retro dell'autobus un guerriero in tuta mimetica, dipinto da lui stesso, regge un mitra e avverte gli automobilisti di sorpassare con cautela: "*Hey, you stop there now, this is military zone*".

Destiny mi è simpatico perché parla in latino e quando tento di portare il discorso sulle tensioni tra cristiani e musulmani sdrammatizza. "Le Scritture predicano la pace, vedi? Ma l'uomo e le scritture fanno a pugni come chi crede in Gesù e chi in Allah. Io guido questo autobus, non voglio fare a pugni con nessuno e so solo che un giorno il Signore mi salverà. Tu vai verso il Capo? Vuoi dire a Città del Capo? Laggiù sì che fanno a pugni sul serio. È un viaggio lungo, chi te lo fa fare? Come sta il Papa? Fortunato tu che puoi vederlo di persona tutte le domeniche! Dài, scattami una foto, qui, seduto al mio posto di combattimento. Perché, vedi, là fuori, su quella strada, è un combattimento continuo. Non ci credi? Te ne accorgerai stanotte. Le macchine schizzano come proiettili e tu devi essere lesto a schivarle se non vuoi morire. Lo sai quanta gente si ammazza su queste strade? Ma non preoccuparti, il Signore è con Destiny, che in nove anni non ha mai avuto un incidente. Aspetta che mi pettino. Ecco fatto. Però non me la manderai mai questa foto, vero? Con tutti quelli che ti avranno già chiesto la stessa cosa, perché dovresti sprecare un francobollo per me?"

Invece gliela mandai, perché parlava latino e perché mi era simpatico. Accompagnai la diapositiva dalla quale un piccolo Destiny mi guardava impettito, pettinato e sorridente con una lettera nella quale gli dicevo che ero arrivato sano e salvo in Sudafrica. Sei mesi dopo ricevetti una sua lettera da Kaduna. Era battuta a macchina, con alcune meticolose correzioni a penna, e si trovava all'interno di un gigantesco biglietto di auguri di Natale con una Sacra Famiglia gialla circondata da rose rosse (marca Zenith cards, "mette il sorriso dove vuoi tu"). Su uno dei vari strati di carta velina e cartoncino del biglietto era stampata la frase: "Possa il nostro Signore moltiplicare l'amore, la letizia, l'affetto, la felicità e la comprensione che la tua famiglia ha avuto e per la quale si è fatta conoscere, possano l'amore e la benevolenza di Dio riempire la tua casa, possano la buona salute e la fortuna fiorire nella tua famiglia". Inglese orrendamente storpiato e stile burocratico-clericale per esprimere un affetto sincero, anche se prestampato. La lettera diceva:

Kaduna, 23 ottobre 1992

Caro Ramazzotti,
grazie per la tua lettera datata 15 settembre, che è stata ricevuta il 7 ottobre, tutti i contenuti sono stati ben compresi. Come stai e come sta il tuo lavoro, con speranza che la tua salute sia perfetta. La mia salute è perfetta.

Ringrazio Dio quando ho sentito che sei sfuggito dall'essere vittima di un coccodrillo nel fiume Katanga e sei saltato da una locomotiva in fiamme, inoltre hai dovuto caricare e scaricare banane da un piccolo pick-up solo per pagarti il passaggio. Che avventura. Per fortuna è acqua passata. Aggiunge olio ai tuoi gomiti... *(sic)*. Le mie preghiere giorno e notte sono che Dio sicuramente coronerà i tuoi tentativi di pianificare un miglioramento della tua vita.
Ti ringrazio della fotografia. I miei amici che l'hanno vista sono felici e hanno detto 'ben fatto' e sono andati in giro a dire che sei un uomo bianco che mantiene la parola. Anche se non riuscivano a comprendere il negativo, dal momento che non assomiglia ai negativi usati dai nostri fotografi locali. Ogni colore appariva chiaro e naturale come se fosse già stato stampato su carta. Quando l'ho portato al laboratorio, sono stato oggetto di numerose ma difficili domande. Erano sorpresi e hanno stabilito che si tratta di un tipo di pellicola privata, non in commercio.
Come sta tua moglie? Non so se faccio la cosa sbagliata chiedendotelo. Per favore, se ti ho offeso dimmelo.
Spero di non averti rubato troppo tempo con questa nota?
Manda i miei più sentiti auguri di Natale e di buon anno a tutti i tuoi amici sia vicini che lontani, in particolare (Lei e te).
Sii sempre mio amico,

Destiny

L'autobus parte in perfetto orario, all'imbrunire. A bordo Destiny conta quarantadue passeggeri, troppi per i sedili superstiti. Qualcuno di loro si sistema con aria rassegnata sul pavimento, ferro ridotto a una crosta arruginita e ricoperto da un parquet di legno marcio per la pioggia, le pisciate dei neonati e l'umidità. Scoppia una lite violenta: un uomo ne vuole uccidere un altro, urla che l'altro gli ha rubato il posto, che lui ha pagato quanto l'altro e prima dell'altro e ha quindi più diritto di sedersi. "Ti ho visto che compravi il biglietto dopo di me, bugiardo!" ringhia con la bava alla bocca mentre gli stringe il collo tra le mani. Le donne emettono gridolini di spavento e gli uomini cercano di separare i due combattenti.

Destiny, indifferente a quanto accade alle sue spalle, cerca di portare l'autobus fuori dal caos primordiale della stazione accanendosi sul clacson, potente come un impianto da concerto rock, e sull'acceleratore, che genera un fragore supremo e un fumo denso che si spande nell'aria come l'inchiostro di una seppia in fuga.

Nell'abitacolo, reso rovente da otto ore di sole, respiriamo profonde boccate di ossido di carbonio, flatulenze che rientrano nel corpo del mezzo meccanico che le ha emesse. Soliti afrori di fumo, di ascelle sudate, di carne alla brace e di urina. Clacson, decine di cilindri che urlano, un battaglione di decibel che aggredisce i timpani con frequenze sconosciute e dolorose. Destiny ha indossato il suo copricapo da battaglia, un berretto da baseball con la scritta "*Jesus I love you*" e, forte della sua fede, ha lanciato l'autobus sulla strada buia. A velocità folle corriamo incontro alle nubi spesse e livide, oltre le quali si intuisce il bagliore violetto del tramonto e quello bianco dei lampi. Ha cominciato a cadere una pioggia finissima e calda.

Capisco subito che cosa intendeva Destiny quando diceva che guidare è un combattimento continuo. "La mia missione è arrivare domattina alle sette a Port Harcourt, e se qualcuno si mette tra me e la strada sono affari suoi." Sono seduto in prima fila, subito dietro di lui, e vorrei una cintura di sicurezza. Attraverso i graffi del parabrezza vedo coppie di fari proiettati verso di noi in piena rotta di collisione. La maggior parte delle volte Destiny non fa niente per schivarli: scatena le furiose trombe del clacson e spinge sull'acceleratore. Sono gli altri a schivare noi, e in un paio di occasioni riesco anche a vedere il volto dell'altro autista, illuminato per un istante dalla nostra luce, congelato in una smorfia di panico e di concentrazione per non perdere il controllo del veicolo. Sul mio taccuino c'è questa nota scritta tra i sobbalzi: "È la prima volta da quando sono partito che penso seriamente di potermi fare male".

Per arrivare alle sette a Port Harcourt, 1400 chilometri a sud, Destiny deve tenere la media dei centocinque chilometri l'ora e sembra intenzionato a farlo. "Chi si mette tra me e la strada, sono affari suoi." Sorpassa gli intrusi con una disinvoltura omicida e suicida al tempo stesso, un peccato non contemplato dalle Scritture ma che meriterebbe la scomunica eterna.

Un assistente, in piedi dietro al suo sedile, sostituisce le frecce che non funzionano: protende il braccio oltre il finestrino e con la mano segnala a chi segue la manovra che Destiny si appresta a compiere. Tredici ore consecutive di linguaggio gestuale: stiamo per sorpassare, stiamo per rientrare, rallentate, frenate, fremiti di dita accompagnati da urla che nessuno può sentire all'infuori dei passeggeri. Dal mio posto vedo motociclette cariche di intere famiglie che si gettano fuori strada per non venire stritolate dal pullman, automobili che sbandano, camion imponenti che sbucano da dietro una curva mentre siamo sulla loro corsia e che costringono Destiny a frenate iperboliche, sento l'autobus scivolare paurosamente sull'asfalto umido, sento il salto oltre il bordo della strada e lo scricchiolare della terra sotto i pneumatici, aspetto lo schianto ma lo schianto non viene, anzi torniamo sull'asfalto più agguerriti di prima, più veloci di prima, con la pioggia che ormai cade a fiotti, e io prego che Destiny estenda il suo primato quasi decennale di autista immune da incidenti almeno fino all'indomani domattina.

Per molti mesi non ebbi più notizie di Destiny, anche se gli avevo scritto ricambiando gli auguri di Natale. Poi mi giunse un'altra sua lettera:

Kaduna, 30 giugno 1993

Seggio,

la tua lettera datata 5 gennaio è stata ricevuta il 27 febbraio. Tutti i contenuti sono stati assorbiti. Come vanno la tua vita e anche il tuo lavoro? Con la speranza che niente vada male.
Sono stato molto felice di sapere che la cartolina di Natale ti è giunta sana e salva. Pensavo che si fosse perduta in transito. Posso chiederti, vuol dire che la foto che mi hai inviato non può più essere stampata? Se è così, perché non mi domandi di rispedirtela, così che tu possa stamparla su carta e rimandarmela?
Non lavoro più per la lussuosa flotta di autobus. È stato quando hanno cominciato ad applicare ciò che ho capito essere "nepotismo", che ho chiesto di andarmene. È stato qualche mese fa. Quando ho lasciato il lavoro, il fatto mi ha davvero distrutto. Sentivo la pressione del nervosismo, della solitudine, della tristezza e soprattutto del vuoto delle tasche. Non potevo pensare a qualcos'altro da fare, ma adesso lo so. Vorrei aprire uno studio di registrazione qui in città. Il pensiero mi dà già un po' di sollievo. I miei amici stanno facendo del loro meglio per aiutarmi finanziariamente, e anche a te chiederò di aiutarmi finanziariamente. Dio ti ricompenserà in molti aspetti se lo fai.
Ti auguro la migliore delle fortune per il prossimo Natale e anno nuovo. Possa il buon Signore coronare i tuoi sforzi per crescere nelle tue imprese sociali, spirituali e culturali. I miei più sentiti saluti a coloro che ami, soprattutto tua madre, la tua cara moglie (madame

Seggio), fratelli e sorelle, possano le loro vite essere più verdi che mai nel potente nome del Signore.
Il tuo amico,

Destiny

NB Se mi aiuterai finanziariamente, per favore scrivimi una lettera normale e ti darò un indirizzo corretto e sicuro.

D.

Non so ancora bene perché lo feci. Forse mi colpirono il candore e la semplicità con cui Destiny mi aveva chiesto il denaro, senza i tortuosi giri di parole che usava abitualmente per mandare auguri alla mia famiglia e per spiegarmi quanto il Signore si preoccupasse per il mio futuro. Misi una banconota da cinquanta dollari in una busta e la spedii con un corriere a Kaduna, senza preoccuparmi di aspettare l'indirizzo "corretto e sicuro". Ero convinto che quei pochi soldi non avrebbero permesso all'autista disoccupato di aprire uno studio di registrazione, ma ero anche certo del fatto che egli non li avrebbe sperperati. Ancora non lo sapevo, ma la vita di Destiny stava per cambiare.

Tento di dormire, ma il clacson e gli scossoni mi svegliano in continuazione. Ogni tanto ci fermiamo a raccogliere autostoppisti che si materializzano come fantasmi ai bordi della strada. Salgono a bordo con bagagli voluminosi come stomaci di elefanti o con sacchetti di plastica semivuoti che potrebbero contenere tutto il loro mondo, pagano una manciata di monete e viaggiano in piedi, aggrappati ai sedili, in lotta col pavimento dell'autobus che li fa barcollare a ogni scossone.

Poco dopo la mezzanotte ci fermiamo in uno spiazzo di terra pieno di bancarelle e animato come una fiera di paese. Compro un pacchetto di biscotti inglesi al burro che porta la data di scadenza di dieci mesi prima, due bottigliette d'aranciata e trascorro il resto della notte a mangiare e a fissare la strada.

L'alba, ravvivata dai lampi, è più bagnata e livida del tramonto. L'umidità ha impregnato le pagine del mio quaderno e la penna fa fatica a lasciare il segno. Ai lati della strada è comparsa la giungla, avamposti di foglie scure e turgide piegate sotto il peso dell'acqua. I passeggeri si stiracchiano, si stropicciano gli occhi, escono circospetti come scarafaggi dagli anfratti dove si sono rintanati nella notte e cominciano la rituale pulizia dei denti con il legnetto. Anche Destiny mastica voluttuosamente il suo. "I denti sono il tuo patrimonio più importante," mi dice fresco come se avesse appena preso in mano il volante; "senza denti non mangi, senza cibo muori di fame e una dentiera costa come questo autobus. Il resto può aspettare, ma i denti bisogna pulirli bene".

Un uomo salito pochi chilometri prima, a Enugu, si mette a camminare su e giù per il corridoio e a urlare il nome di Gesù. Con la voce impastata dal catarro biascica una cantilena che, in inglese misto a yoruba, celebra l'onnipotenza del Signore e dopo una mezz'ora, quando ritiene che questa tortura abbia inebetito a sufficienza i passeggeri, estrae dalla tasca della giacca un barattolo di crema da barba al calcio e mescola le lodi a Gesù con quelle alle virtù emollienti della crema. "Potrete presentarvi al giorno del Giudizio con le guance sbarbate e rosee come quelle di un neonato, solo due naira." La gente, ancora avvolta dai fumi del sonno, non gli dà peso.

L'uomo, deluso, scende con me alla stazione di Aba alle nove. "Più di due ore di ritardo," mi dice Destiny mentre mi trascino come uno zombi verso la porta pneumatica. Si vede che ci teneva a fare una bella figura con lo straniero. Sono già felice di essere arrivato vivo, e lui non sa quanto gliene sia grato. "Buona fortuna," aggiunge. Ricambio con un saluto e una stretta di mano da fuggiasco pensando, come già mi è capitato in mille altre occasioni, che non sapremo più niente l'uno dell'altro.

Era passato quasi un anno e mezzo, e avevo dimenticato Destiny e i cinquanta dollari che gli avevo spedito, quando arrivò la terza lettera da Kaduna. Era la lettera di un uomo nuovo:

Kaduna, 1 novembre 1994

Seggio,
possa il Signore e possiate tu e la tua famiglia perdonarmi per l'imperdonabile ritardo con cui ti scrivo. Perdonami, Seggio, nel nome del Signore. Amen. Vedi, negli ultimi mesi ho lavorato duro e ho risparmiato centesimo su centesimo. I prezzi delle cose salgono alle stelle ogni giorno. Puoi immaginarti che l'ultima lettera che ti ho mandato è stata spedita con 6,00 naira, e ora il francobollo è salito a 30,00 naira?

Sei andato a vedere il campionato di calcio Usa 94? Hai visto che il tuo paese ha battuto il mio nel torneo? Mi piace Baggio con la sua maglia numero 13, l'uomo che ha fatto l'unico gol che ha bloccato i portoghesi. Comunque è solo un gioco, e quando ci incontreremo ancora saremo noi a battervi 2-0. Posso sentirti dire Amen? (ride). Seggio, finalmente posso scriverti e dirti grazie. Ti ricordi della mia tristezza, della solitudine quando avevo lasciato il lavoro? Ora tutti questi punti sopra menzionati non ci sono più. Sono riuscito a essere indipendente e a non lavorare più sotto qualcuno. Ora sono il direttore di me stesso (libero professionista). Senza i tuoi soldi non ce l'avrei fatta! Grazie, nel nome del Signore che te ne sarà riconoscente in eterno. Il mio studio di registrazione sta crescendo finanziariamente e le cose adesso vanno bene.

Grazie ancora e manda i miei più sentiti saluti ai tuoi cari e a tutta la tua famiglia. Possa il Signore aiutarti con la sua potenza in tutto ciò che desideri.

Il tuo amico sempre,

Destiny

NB La foto allegata sono io nel mio studio

D.

La stanza ha le pareti scrostate, dipinte d'un colore verdognolo reso più freddo dal lampo del flash. Destiny, direttore di se stesso, siede alla consolle con le mani piazzate sui cursori di un mixer di seconda mano, fiero e sorridente come quando lo fotografai mentre stringeva il volante del suo autobus. È circondato da fili rossi e neri, altoparlanti mezzo sfondati, poveri registratori a cassetta e le stesse professioni di fede stampate a colori vivaci su plastica adesiva di cui si circondava al posto di guida sull'autobus Kaduna-Port Harcourt-Kaduna. Un crocefisso di plastica vigila sui display dei livelli di registrazione e un poster col primo piano del volto di Gesù Cristo è appeso alle spalle di Destiny.

Ancora non capisco come cinquanta dollari abbiano potuto costruire tutto questo. Se Destiny fosse qui mi risponderebbe più o meno così: "È semplice, con l'aiuto del Signore onnipotente eccetera eccetera". Non credo nel Signore e nel suo aiuto.

Non avevo mai raccontato a nessuno di aver mandato, d'impulso, cinquanta dollari a un nigeriano col quale avevo scambiato soltanto due parole a bordo di un autobus. Non volevo sentirmi dire: "Sei pazzo," "La Nigeria è un paese di truffatori" oppure: "Hai buttato via cinquanta dollari". Forse perché non volevo perdere la fiducia in Destiny, o forse per la vergogna di essere stato raggirato da un abile maestro della truffa per corrispondenza. Oggi sono contento di aver dato ascolto al mio istinto. La banconota americana che spedii a Destiny non ha cambiato soltanto la sua vita. Credo che abbia cambiato soprattutto la mia.

8.

Nel fragore della stazione, la voce del venditore di crema da barba si perde come il respiro di un uomo che sta per morire, soffocata da mille altre urla, dagli osceni peti delle marmitte sfondate, dall'indifferenza generale. Pioviggina e la luce è plumbea come può esserlo solo quando pioviggina sopra un'acciaieria polacca. Sulla stazione incombe uno strato di nubi nere tanto fitte che sembrano in grado di respingere anche un caccia lanciato alla velocità del suono verso la stratosfera. Mi metto in attesa vicino a un minivan diretto a Calabar, città di frontiera col Camerun.

Siamo in due ad aspettare e mancano quattordici passeggeri all'orario di partenza. L'uomo di fianco a me ha un'aria da intellettuale: pochi capelli, la barba folta con i primi peli bianchi e gli occhiali spessi. Tiene in mano un passaporto e delle cartoline. "Sono un profugo liberiano, di Monrovia. Mi hanno portato via tutto, casa, mobili, vestiti, famiglia. Non ho più niente, solo quello che tengo in questa sacca." Mi mette le cartoline sotto al naso. Di fronte ai miei occhi sfilano i viali ordinati di Monrovia, gli edifici quadrati e bianchi come cubetti di gesso, gli anonimi palazzi governativi circondati da alberi di un verde radioattivo inventato da un tipografo estroso. "Era una bella città, ci vivevo bene con la mia famiglia. Finché non è scoppiata la guerra civile. Adesso non so dove siano mia moglie e i miei figli. Voglio arrivare fino a Yaoundè, dove vive mio fratello, ma non so se ho abbastanza soldi per pagarmi l'autobus." Estrae un cartoccio di banconote nigeriane dall'aria molle e malaticcia. "Basteranno questi?" Gli rispondo che non lo so. "Mi metterò a chiedere la carità. Non l'ho mai fatto in vita mia. Sa che lavoro facevo a Monrovia? Insegnavo alle scuole superiori. I miei antenati arrivarono dall'America. Sullo stemma del mio paese c'era scritto 'L'amore per la libertà ci ha portati qui'. Ora è l'odio che mi fa scappare."

Lascia la sacca di tela sul sedile del pulmino e si allontana con le sue cartoline. "Mi scusi, sono un profugo liberiano." "Mi scusi, guardi, questa era la mia città." "Mi scusi, non avrebbe dei soldi da prestarmi?" Lo osservo mentre la folla della stazione lo inghiotte. Cammina con le punte dei piedi divaricate, come un pinguino, e questo gli dà un'aria spaesata. Joseph – ho visto il nome sul passaporto – mostra a tutti le cartoline, come se ciò contribuisse a rafforzare il suo stato di profugo e a fare breccia nel cuore della gente. Vedi questa città? Non assomiglia forse un po' alla tua, questo viale non potrebbe essere il viale dove vai a passeggiare la domenica con la tua famiglia? Io sono stato costretto a scappare, vedi? Ecco cosa mi rimane della mia città: un ricordo e quattro fotografie a colori troppo vivaci. E chissà, un giorno potresti essere costretto a scappare anche tu.

Liberia uguale paese degli uomini liberi, ennesimo esperimento sociopolitico, applicazione di una formula alchemica che, secondo i piani della American Colonization Society, avrebbe dovuto liberare gli Stati Uniti dagli schiavi neri emancipati dando loro una nuova patria in Africa. Dove non importava: bastava che tra i potenziali fomentatori di rivolte e la calda pigrizia degli stati americani del sud si frapponesse l'Oceano.

La Colonization Society scelse, nel 1821, di comprare 111.000 chilometri quadrati di territorio dalla colonia britannica della Sierra Leone. A questo fazzoletto di terra il governo di Washington diede un nome, una bandiera, una costituzione, un governatore, una capitale che celebrava il presidente degli Stati Uniti Monroe, ventimila abitanti che occuparono i tratti migliori della costa con il sostegno armato della Marina americana e, nel 1847, la piena indipendenza. Washington si creò così anche un avamposto coloniale africano, che più tardi avrebbe ripagato i padri fondatori con generose concessioni per lo sfruttamento delle miniere di diamanti e di ferro, dei giacimenti petroliferi e delle piantagioni di caucciù. Tutto andò liscio fino al 1980, quando il sergente dell'esercito Samuel Doe prese il potere con un colpo di stato che rovesciò il governo filoamericano.

"Un criminale come tanti altri che hanno fatto la storia dell'Africa." Joseph è tornato al pulmino, le cartoline in mano e non una banconota in più nelle tasche. Racconta: "Mi ricordo ancora che cosa disse al paese dopo che i suoi uomini ebbero ammazzato a sangue freddo i componenti del governo. Ci disse: combatterò la corruzione e i privilegi ingiusti. E che cosa fece subito quel figlio di mignotta? Quasi raddoppiò lo stipendio dei militari e dei funzionari di governo, era il suo modo per combattere i privilegi. E quando i lavoratori scioperavano per chiedere aumenti di stipendio, mandava i soldati a malmenarli per bene". L'economia andò a rotoli, il debito pubblico arrivò a un miliardo e seicento milioni di dollari e la disoccupazione al 43%; nel 1990 scoppiò, inevitabile, la guerra civile, che dopo l'uccisione dell'ex sergente Doe divenne guerra tribale tra i gruppi krahn, gio e mano. Nomi fino a quel momento sconosciuti al mondo, come sconosciuti erano gli ibo e gli yoruba, gli hutu, i tutsi e i baluba, che hanno legato la propria fama a immagini orripilanti di pistole e di mitra, di profughi in marcia con le loro cose in equilibrio sulla testa e di cadaveri decapitati, martoriati, squartati, divorati dai corvi e lasciati a putrefarsi nella polvere delle strade.

Settecentocinquantamila persone, quasi un quarto della popolazione, fuggirono dal paese; Joseph era tra queste. Ha portato con sé, nella stessa sacca che vedo qui oggi, una camicia bianca, un paio di pantaloni e uno di ciabatte, un asciugamano ormai lercio e un portaritratti di plastica stampata lucertola con le fotografie di sua moglie e di due bambini che si rotolano nell'erba.

Quando incontri un profugo la prima cosa che fai è cercare di immaginare i suoi pensieri. Una bus station per te è un luogo di passaggio. Per lui è una casa, e potrebbe esserlo per i prossimi venti minuti o venti giorni o venti mesi. Un viaggiatore ha sempre una casa a cui pensare, e per questo prova la sensazione di trovarsi altrove. Un profugo è un eterno viaggiatore per il quale il concetto di altrove è inesistente. La sua casa è dove poggia il sedere. Cerca ciò che ha perduto sapendo che la ricerca potrebbe durare in eterno. Un profugo non sa che cos'è la nostalgia poiché, per sopravvivere, la sua anima ha disimparato a provare questo sentimento.

Lo sguardo di Joseph è distratto. Non c'è niente nei suoi occhi: c'è il nulla, il vuoto, l'oblio, la cancellazione, l'assenza. Dice "ho perso moglie e figli" con lo stesso distacco con cui dice "ho quarantadue anni".

Riesco a sostenere il suo sguardo, ma non poss[illegible] lo mentre cammina con i suoi piedi divaricati, la s[illegible] da pinguino e la sacca che non è abbastanza pes[illegible]

130

tracolla lasci un solco nella giacca. Gli domando dove è stato da quando ha lasciato la Liberia fino a oggi. "Avevamo una casa con tutti i mobili," racconta, "la televisione e il videoregistratore, un soggiorno, una camera da letto e il bagno nel cortile. Una casa di cemento: gli amici me la invidiavano, dovevo ancora finire di pagarla. Eravamo civili, capisce, civili. Niente a che fare coi militari. Avevamo sempre sperato che, per questo, la guerra non ci avrebbe toccato, ma Monrovia stava diventando pericolosa e pensavamo di lasciare il paese e di andare in Camerun. Una sera torno a casa e la mia famiglia non c'è più. Hanno portato via il televisore e il videoregistratore e anche il tavolo con le sedie. Hanno sfasciato tutto il resto. Ho vomitato nel soggiorno e mi sono svegliato con la faccia nel mio vomito. Mi sono messo a cercare la mia famiglia. 'Cosa cerchi, sono stati i gio, li avranno portati via per ammazzarli, mettiti al sicuro,' mi dice qualcuno. Mi ricordo che fuori sparavano. Ammazzavano i civili per le strade e li lasciavano lì; a qualcuno aprivano la pancia per divertirsi o gli strappavano i denti d'oro. Ho cercato per giorni. Faceva caldo, non mangiavo e non bevevo. Cercavo e basta. Chiedevo informazioni, facevo vedere le foto. Guardi come è venuta bene questa coi bambini, no?"

Neanche un'emozione negli occhi neri.

"Poi è venuto il giorno in cui mi sono rassegnato. Ho capito, e mi ci sono rassegnato. È successo di colpo. Sa che non ho mai pianto? Mi hanno svuotato anche della forza di piangere. Ho preso questa sacca e ho lasciato il paese. Sono stato in Sierra Leone, poi in Costa D'Avorio, in Ghana, nel Togo e nel Benin e non so che cosa ho fatto. Ci crede? Non mi ricordo che cosa ho fatto. Poi mi è venuto in mente di mio fratello a Yaoundè." Joseph mi ha raccontato la sua storia agghiacciante con la faccia di un giocatore di poker. Pietre del deserto, erano i suoi occhi.

Il pulmino per Calabar si riempie all'ora di pranzo, quando ormai conosco tutti i recessi della stazione e buona parte di quelli della vita di Joseph. Il liberiano ha fatto una litigata selvaggia con l'autista che pretendeva di fargli pagare un supplemento di cinque naira per la sacca, considerata "bagaglio".

Prima di arrivare a destinazione superiamo due pulmini come il nostro che si sono scontrati, carichi di passeggeri. Metallo accartocciato, persone disarticolate tra i rottami contorti, vetri infranti, fumo, facce piene di sangue che urlano aiuto. L'autista prosegue come se nulla fosse. "Dobbiamo fermarci, ci sono feriti!" gli dico. "Ci sono feriti e forse anche morti, e allora? Noi dobbiamo arrivare a Calabar, qualcuno verrà ad aiutarli." Chi crede che li aiuterà, gli domando, forse un elicottero della polizia? Chi chiamerà un'ambulanza, e da quale telefono? "Questi passeggeri devono andare a Calabar." Nessuno dei passeggeri sembra particolarmente impressionato da quello che abbiamo appena visto, e men che meno interessato a far fermare il taxi per prestare aiuto. Nemmeno Joseph. A cento all'ora, siamo già lontani. Ingoio un moto di rabbia come un rospo nero.

A Calabar prendiamo una 504 che ci porta fino al posto di confine di Ikong. I Caronte che traghettano passeggeri da una nazione all'altra sono tutti alla guida di Peugeot 504 bianche dove vengono stipate almeno otto persone. Mi tornano in mente i tassisti di Kabale, nel sud dell'Uganda. Con le gambe nervose spingono sui pedali delle loro *bodo-bodo* (pronuncia storpiata di *border to border*, da confine a confine), vecchie biciclette inglesi arrugginite pesanti come carri armati, e tu, unico passeggero in bilico sul quadratino di skai imbottito montato sopra al parafango posteriore, arrivi in Ruanda coi testicoli amalgamati e doloranti. Ruanda-Uganda, Uganda-Ruanda, chissà quante volte al giorno lungo le strade di fango rosso, superando pendenze impossibili!

Prima di Ikong, la 504 si ferma davanti a un'asse chiodata poggiata sull'asfalto e gli agenti controllano i libretti fiscali dei cittadini nigeriani. Li trattano come cani, ordinano loro di mettersi in fila dietro al banchetto di legno con un tono duro da ufficiali delle SS e restituiscono i libretti sbattendoglieli in faccia. Un'ora per otto persone e risaliamo sulla 504 che puzza di benzina come un distributore. Un chilometro più avanti c'è un altro posto di blocco, stavolta dell'immigrazione. "Non ha un regalo per me prima di lasciare la Nigeria?" "Non ha un paio di uomini da mandare a Calabar per raccogliere dei cadaveri?" Non volevo essere così duro nella risposta. La persona che mi sta di fronte ha il potere di farmene pentire. Per fortuna non reagisce, e mi porge il passaporto senza una parola. Joseph viene preso per il bavero della giacca e strattonato. "Hai i soldi? Ce li hai i soldi per entrare in Camerun?" gli sputa in faccia un soldatino che avrà diciotto anni. Joseph è sprezzante: "E a te che cosa cambia? Sono un profugo liberiano. Ho vissuto in Nigeria e adesso me ne sto andando dal tuo paese. Che t'importa se ho i soldi o no?". I suoi occhi non mutano espressione. Solo il tono della voce si è alzato un po'. "Aspetta qui." La piccola recluta non regge lo sguardo e va a consultarsi col suo capo, quello che ha controllato il mio passaporto. L'uomo dà un'occhiata ai documenti di Joseph, poi lo fissa per un attimo e fa un cenno col capo. "Passi."

La baia di Ikong è un pendio di terra rossa che si getta con decisione nel fiume. La abbelliscono due baracche col tetto di lamiera ondulata e un palo di legno al quale sono legate due barche a motore. Le baracche ospitano un negozietto di generi alimentari – dove compro un pacchetto di biscotti secchi che il caldo e l'umidità hanno reso pietosamente molli – e il posto di frontiera, dove un omone avvolto da una tunica bianca fresca di bucato sfoglia il mio passaporto avanti e indietro, pagina per pagina, per quattordici volte. "Manca il visto per la Nigeria. Come ha fatto a entrare nel paese?" mi domanda candido come la sua tunica. Gli mostro il visto e il suo volto s'illumina di un sorriso da toro innamorato. Si compie il rito usuale. Niente soldi per me? Niente soldi. L'ufficiale appone il timbro e la firma. La consapevolezza del potere si vede nella solennità della firma sul timbro, nei dieci-quindici-venti solchi profondi che terminano in una voluta prepotente, e che più che da una penna sembrano lasciati da un sismografo impegnato a registrare una scossa dell'ottavo grado. Si nota che il numero e la frequenza dei solchi è direttamente proporzionale al grado dell'ufficiale esecutore della firma, al livello di povertà e di corruzione del paese, all'isolamento del posto di frontiera e alla sua lontananza dalla capitale.

I barchini d'alluminio portano in Camerun, a Ekondo-Titi, in un paio d'ore. Pago i duecento naira del biglietto e mi rimangono in tasca poche banconote. Vedo Joseph uscire dalla baracca dell'omone in tunica: ha gli occhi sgranati e ho l'impressione che sia sbiancato, per quanto possa sbiancare un nero. "Non mi lascia passare," balbetta. "Dice che i miei documenti non sono in regola, che ci vogliono mille naira per far andare a posto tutto. Io non ce li ho mille naira. Sono un profugo liberiano, vengo dalla guerra, non può farmi questo." Lo spiega anche al venditore di biscotti, che lo sfiora con un'occhiata indifferente: "Sono un profugo liberiano. Come faccio ad arrivare a Yaoundè?". Chissà a quante scene come questa ha assistito l'uomo, sepolto tra i suoi pacchetti di dolciumi.

Sento il fragore dei piani di Joseph che crollano. Mille naira sono cinquanta dollari, più del doppio di quello che ogni fine mese il regime di Lagos passa – quando glielo passa – all'omone tunicato. Mancano due ore abbondanti alla partenza del barchino: mi siedo su una pietra a mangiare i biscotti e analizzo due diversi scenari. Primo: vado dall'omone, lo afferro per la tunica e gli dico che ne ho le palle piene di vedere funzionari corrotti dalla punta dei capelli alle unghie dei piedi, che Joseph è una vittima di mille carnefici e che non ha bisogno che alla lista se ne aggiunga un altro. Conseguenze: io finisco in galera e Joseph non passa comunque il confine. Secondo: vado dall'omone, metto mille naira sul tavolo e gli dico 'prenditi i soldi e fai passare quell'uomo'. Conseguenze: si rafforzano l'autostima dell'omone, la consapevolezza del proprio potere e del fatto che la grande macchina della corruzione continui a funzionare come un orologio svizzero, ma al diavolo, nessuno finisce in galera e Joseph riesce a raggiungere Yaoundè. Decido di pagare. Ma dal mio portafoglio mi fissano solo banconote da cento dollari, intere, indivisibili. Se tutti i presenti nella baia di Ikong si svuotassero le tasche le banconote ammonticchiate non arriverebbero alla metà di cinquanta dollari. Non voglio regalare all'omone il doppio della cifra che ha chiesto, già abbastanza scandalosa. Nelle mie tasche sudate non sono rimaste che poche decine di naira. Dovrò dire addio a Joseph.

Mi maledico per il mio egoismo già a dieci metri dalla riva, quando il barcaiolo dà tutto gas e mette la prua verso il Camerun. Joseph è rimasto sulla riva a fissarmi come l'attrice di un vecchio film. Manca solo che si metta a piangere con una colonna sonora adatta. Cerco di consolarmi: non è stato egoismo, non tocca a me sradicare la corruzione dalla Nigeria, Joseph troverà una soluzione. Puerile. *Bullshit*, direbbe Joseph. Balle. *That's bullshit, man, and you know it*. Sono stato egoista, eccome. Sapevo di avere già speso molto e di essere rimasto con pochi dollari, e avevo paura di rimanere *io* senza soldi, nella condizione di profugo-non profugo, con una patria lontana e senza fotografie da mostrare. Ho avuto paura di diventare un profugo. E me ne pento, me ne pento, non finirò mai di pentirmene.

La barca si tuffa con sette passeggeri in un dedalo di canali scavati nei recessi della foresta dall'acqua salata del Golfo di Guinea. La prua agile, spinta dal potente fuoribordo, solca un soffice tappeto di piante acquatiche sotto al quale si nasconde la linea di confine tra Nigeria e Camerun. Prima di attraversarla veniamo fermati da un barchino color verde militare, con un motore dipinto di verde militare e con a bordo quattro facce nere vestite di verde militare. Una delle facce parla col nostro barcaiolo: "Cinque naira a testa". Sottintende la seconda parte della frase: "O non passate". È l'arrivederci delle autorità nigeriane. I passeggeri rovistano nelle tasche in silenzio e con l'aria rassegnata. Il barcaiolo raccoglie i soldi e il mucchietto di carta giallastra passa dalla mano civile a quella militare. Esaurita la terra, la metastasi tangentizia riesce a contaminare anche le acque, ovunque trovi appiglio, come la radice delle mangrovie.

Sono le sette passate quando arriviamo a Ekondo-Titi, ed è buio. Dalla riva, un paio di metri sopra la superficie dell'acqua, un militare illumina la barca con la torcia. "È tardi," ci dice, "la frontiera è chiusa." I passeggeri cominciano ad agitarsi. "Dove andiamo?" "Tornate in Nigeria," dice il militare. "No, anche quella frontiera chiude al tramonto." "Allora dormite qui. Il posto di controllo apre domattina." "Possiamo scendere a terra?" "No, dormite sulla barca. A terra non potete stare." *Bienvenue au Cameroun.* Ci prepariamo a passare questa notte galleggiando sull'acqua di nessuno, cittadini di nessun paese ai quali è rifiutato ogni ingresso.

Ci togliamo i giubbotti salvagente, ammonticchiamo a prua i bagagli inzuppati di benzina e ci accoccoliamo l'uno contro l'altro, spalla a spalla, le braccia incrociate: da sconosciuti a compagni di sventura. Non conosco il nome dell'uomo che russa fragorosamente con la testa poggiata contro la mia spalla, e non ho nemmeno scambiato una parola con lui. Do un'occhiata alle stelle che si affacciano tra le nubi squarciate, fantastico che nell'acqua nera sotto la nostra barca si diano convegno i coccodrilli e cerco di prendere sonno respirando profondamente l'aria fresca che sa di benzina.

9.

Ci sveglia, non so quanto dopo, lo stesso militare nascosto dietro alla luce che si sprigiona dalla sua torcia. "Potete scendere." Annuncia la riapertura del posto di frontiera, organizzata apposta per noi "in via assolutamente eccezionale," come se ci stesse comunicando che il Papa sta per atterrare col suo elicottero a Ekondo-Titi. "Naturalmente tutto questo vi costerà." Naturalmente. Sono sessantacinque naira a testa. Altro paese, altre esigenze. Qualche passeggero brontola: "Io non pago, preferisco dormire qua," ma il barcaiolo lo zittisce: "Paga perché io preferisco dormire a casa mia".

Ci arrampichiamo sulla sponda aggrappandoci alle radici e infilando le unghie nel terreno molle. Poche lampade a gas, appese a fili invisibili, lottano con la notte per offrire agli occhi dei nuovi venuti il profilo di tre baracche di cemento che formano il posto di frontiera di Ekondo-Titi. Una radio con l'altoparlante sfondato suona a tutto volume un ritmo veloce e affollato di tamburi. I nostri passaporti vengono timbrati a lume di candela su un tavolo il cui piano è ispessito da decenni di pennellate di colla, inchiostro di timbri andati a vuoto, moccio estratto dal naso e depositato con cura sulla superficie di legno, gomme da masticare con l'impronta digitale del proprietario essiccata e consegnata alla storia come un fossile.

Saliamo tutti e sette su un taxi per Kumba, cinquanta chilometri a est, sulla strada per Yaoundè. Yaoundè. Joseph. Banconote da cento dollari. Quante volte ho speso cento dollari per una stanza d'albergo? Scaccio questo pensiero con un gesto della mano e l'autista mi chiede se c'è qualche problema.

La strada di fango si addentra in salita nel cuore buio della foresta, del Camerun e dell'Africa che Birolex odia. Otto posti di blocco in trenta chilometri. Torce agitate dai gendarmi nell'oscurità. Ogni volta che la salita si fa più ripida e l'autista ritarda a scalare marcia, la macchina si spegne. Batteria scarica, spiega ridacchiando. Scendere e spingere. In salita. "Dove vivi?" chiedo all'autista. "A Kumba." Rido forte pensando che dovremmo essere noi a farci pagare, perché senza passeggeri la macchina a Kumba non arriverebbe mai! Lui mi guarda fisso e so che sta pensando "è pazzo".

Il nono posto di blocco non assomiglia ai precedenti. Quando la luce della torcia molla la presa sui nostri occhi vediamo un furgone fermo a lato della pista, e tre persone in abiti civili che si sbracciano. L'autista rallenta. Uno dei passeggeri sul sedile anteriore si volta verso di lui e gli dice secco: "Non fermarti. Per favore, non fermarti. Per favore. Vai. Vai. VAI!". L'uomo al volante sembra risvegliarsi dal torpore: capisce all'improvviso che deve andare e spinge sull'acceleratore facendo slittare le ruote. La notte inghiotte gli uomini e il furgone. L'ultimo *GO*! era quasi urlato. "*Please, go now*. Adesso vai e non fermarti se non sono in divisa, ok? Col cazzo che erano militari, quelli." Erano rapinatori? Assassini? Sequestratori? Il passeggero si è chiuso in un silenzio terrorizzato.

Arriviamo a Kumba, centro di smistamento di tutte le merci di contrabbando provenienti dalla Nigeria, a notte fonda. Venticinque stanze distribuite fra tre alberghi in tutta la città, e non una che sia libera. Jean Marie, uno dei miei compagni di viaggio, mi offre un letto a casa sua, a Douala: saliamo su un *taxi de brousse*. La strada è di buon asfalto e concilia il sonno. Verso mezzanotte ci svegliano raffiche di mitra. Piccoli missili di piombo rovente hanno perforato il lunotto del taxi e sono passati a pochi centimetri dalle nostre teste, lasciandoci, nel dormiveglia, il ricordo di un fischio sottile, assieme a un "merda!" di paura proveniente dal posto di guida.

La frenata ci ha sbattuti sul pavimento ricoperto di schegge di vetro. Apriamo la porta laterale e ci accolgono le bocche di due fucili calibro 5.56. Le facce dei militari sono più stupite delle nostre. Uno di essi, con la pistola in pugno, si è messo di fronte ai fari e sta urlando nell'orecchio dell'autista. "Testa di cazzo, volevi farti ammazzare assieme ai tuoi passeggeri? Perché non ti sei fermato?

Non hai visto il posto di blocco?" L'uomo non risponde. Se ne sta immobile a testa bassa e sembra sul punto di addormentarsi. Forse lo era anche quando si è imbattuto nelle luci dei soldati. "Stai a vedere," dico a Jean Marie, "che dobbiamo ringraziare questi qua per averci sparato addosso!". Un incidente frontale avrebbe potuto essere peggio. Ci ridacchiamo sopra perché nessuno ha avuto ancora il tempo di spaventarsi. Mentre uno degli uomini in divisa sta di nuovo spiegando all'autista quanto è imbecille, gli altri si danno da fare a cercarci un passaggio per Douala, che dista pochi chilometri. Da parte loro nessuna parola di scuse. Non ci hanno nemmeno chiesto i documenti.

Ci porta in città, a bordo di un'utilitaria giapponese, una giovane coppia silenziosa appena uscita dalla discoteca. Anche all'una del mattino Douala abbonda di musica a tutto volume e lampadine colorate, vetrine di negozi illuminate, ristoranti aperti. Nonostante la stanchezza, la vista di tutto questo fermento mi rincuora. Qualcuno ha soprannominato questa città "l'ascella dell'Africa", forse per i cattivi odori che sprigionano i suoi vicoli. Ci facciamo lasciare sul Boulevard de la Liberté, in centro. "Hai fame?" mi chiede Jean. Entriamo in quello che passa per il miglior ristorante della città e forse dell'Africa: il Porte Jaune. Sul menù c'è indicato filetto di boa: ne ordino una porzione abbondante che mangio con la stessa avidità con cui il boa avrebbe potuto mangiare me, annaffiandola con una birra fresca. Insisto per pagare ma Jean me lo impedisce con un gesto brusco della mano. A casa sua mi ospita in una stanza con un letto misteriosamente già fatto, lenzuola pulite e scivolose come tutte le lenzuola africane, e mi augura la buona notte. Fuori la pioggia cade sulle piante del cortile. L'"ascella dell'Africa" è accogliente e profumata.

Sedili di velluto e aria condizionata hanno il loro prezzo. L'autobus per Yaoundè è dotato di entrambi i lussi, anche se il velluto rosso mostra impudente la trama, e percorrere i trecento chilometri che separano Douala dalla capitale costa dieci dollari.

Quando mi sono alzato non c'era traccia di vita nella casa di Jean, che ho scoperto essere una lussuosa villa di cemento con parecchie stanze e un portico invaso dai palmizi. Ho chiamato il suo nome e mi sono aggirato per le stanze, ma non ho incontrato nessuno. Mi sono sciacquato in un lavandino piccolo come un giocattolo e ho osservato, di malumore, gli occhi gonfi che mi fissavano gocciolanti attraverso la scheggia di specchio appesa al muro, poi ho lasciato un biglietto di ringraziamento e sono andato alla *gare routière*.

Viaggio da diciassette giorni e non sono neanche a metà del percorso. La frenesia di arrivare in tempo, entro il quarantesimo giorno, ogni tanto ancora mi assale. Però ci penso sempre meno. Mi sto africanizzando. Ormai lascio che gli eventi decidano per me: perdo mezz'ora a fissare i capricci disegnati dalla polverina nera sul fondo della mia tazza di Nescafé, assaporo i ritardi nelle partenze, mi lascio trasportare indolente dagli autobus e dai taxi mentre penso solo a guardarmi intorno e comincio a credere all'esistenza del destino. Città del Capo è immobile e saldamente ancorata alle proprie fondamenta: prima o poi la vedrò.

Di fronte all'autobus hanno appoggiato una lavagna incorniciata di legno chiaro, e col gesso hanno scritto: Yaoundè. Il fatto che sia stato tracciato col gesso non dà all'orario di partenza il crisma dell'ufficialità, e a peggiorare l'impressione ci si mettono i numerosi colpi di spugna che l'hanno corretto a più riprese lasciando evidenti aloni biancastri. La scritta più fresca dice sette e quindici, ma quando scendo in cerca di un caffè, dopo aver sistemato il bagaglio a bordo, straccio e gessetto hanno già trasformato la cifra in un otto e zero zero. Mi siedo poco lontano a sorseggiare l'orzo fumante e a osservare la lavagna: otto e quindici, otto e trenta, otto e quarantacinque. Quest'ultima cifra è seguita da un punto esclamativo. Traduzione: chi non si presenta entro quest'ora rimane a Douala.

Il motore viene messo in moto quando alle nove mancano quindici minuti e qualche secondo. Uno splendido utilizzo del punto esclamativo, che dona a tre cifre vergate a mano la stessa autorità di quelle che compaiono sui tabelloni elettronici degli aeroporti. Il bus fa un lento giro turistico della stazione per recuperare i passeggeri intenti a mangiare frittelle, a bere caffè, a urinare, a defecare e a contrattare sul prezzo di un marsupio in plastica colorata. Della strada, di ottimo asfalto, mi colpisce la segnaletica orizzontale, bianchi e gialli immacolati come se fossero stati dipinti il giorno prima, strisce perfette che seguono le curve sinuose e che s'arrampicano in mezzo alla foresta verde d'umidità e di pioggia che ha dato alle foglie giganti il colore lucido della malachite.

A Yaoundè, fresca città di collina semisommersa da un fogliame di dimensioni eccezionali, trovo un reticolo di stradine in un continuo saliscendi, inglobate dai mercati straripanti gente non è piacevole come il clima: i sorrisi si spengon alla mia pelle bianca e soprattutto di fronte alla macchina fo fica: "*No photo, no photo*". Qualcuno, passando, mi ha morm to: "Attento a fotografare i militari". Il rosso fuoco dei loro baschi, il rosso dei paracadutisti, è presente ovunque, come per dare un tocco di colore anche agli angoli più grigi della città. Ricordo di aver letto da qualche parte che in Camerun, ovunque vi sia un militare, è meglio non puntare l'obiettivo. La regola restringe dunque il campo di ripresa ai miei piedi e al cielo, ed è più o meno quello che suggerisce un foglio informativo sulle "regole fotografiche del Camerun" in distribuzione gratuita presso il ministero dell'Informazione e della Cultura e gli uffici turistici: non si possono fotografare edifici e personale governativo (non viene spiegato come riconoscere gli impiegati dei ministeri), bandiere, stazioni ferroviarie, porti, aeroporti, ponti, complessi industriali, cerimonie etniche e "tutto ciò che può mettere in imbarazzo il governo". Può un governo essere messo in imbarazzo dalla propria bandiera e dalle proprie cerimonie etniche? Tanto vale modificare la prima e proibire lo svolgimento delle seconde. *No photo, no photo*. Il governo può essere orgoglioso dei suoi cittadini, sempre vigili e pronti a far rispettare la legge al visitatore straniero. L'avrei sperimentato sulla mia pelle poche ore dopo.

Un autobus mi porta a Ebolowa, mi alleggerisce di altri milletrecento cfa e aggiunge duecento chilometri scarsi ai cinquemila già percorsi. A metà strada la donna che siede di fianco a me si alza in piedi e, con uno strillo da cercopiteco, urla all'autista di fermarsi. Si fa strada dimenando il sederone tra i sedili disposti a file alterne, sfasate in modo da sfruttare al massimo lo spazio a bordo, scende, si toglie le mutande, si accuccia al margine della strada proprio sotto al mio finestrino e mi strizza l'occhio mentre piscia.

Quando entriamo a Ebolowa la donna mi piazza una mano sulla coscia, stringe con la forza di un lottatore e mi dice: "Vuoi venire a casa mia? Mille cfa". Mi libero dalla presa greco-romana e cerco di dileguarmi nel magma umano della stazione. Un minivan marcio come una bara disseppellita dopo vent'anni aspetta di partire per Ambam, città di confine col Gabon. Il viaggio di novanta chilometri costa trecento cfa più dell'amore vacuo con la puttana-lottatrice. Mi guardo intorno, non vedo baschi rossi e decido che il minivan merita una fotografia. Un poliziotto-cittadino (poliziotto in quanto cittadino) che sta aspettando a bordo on sospetto, poi si allontana bofonchiando ninuti dopo torna accompagnato da un poli- o di divisa. Vengo preso in consegna e porta- . Ci scorta anche il cittadino, che, apprendo, è lista televisivo.

unto, lampada, poliziotto grasso sdraiato die- ttadino-testimone nella parte di pubblico ministero, corpo del reato (una macchina fotografica) poggiato sulla scrivania deserta. Atti del processo:

Poliziotto: "Che cosa stava facendo?".

Imputato: "Stavo fotografando il minivan sul quale avrei viaggiato".

Poliziotto: "Perché lo stava fotografando?".

Pubblico ministero: "Sono tutti uguali, agente, vengono qui a fotografare le condizioni in cui ci troviamo e poi sputtanano il buon nome del paese quando tornano a casa".

Poliziotto: "Che cosa ci trovava di bello in un minivan?".

Imputato: "È un ricordo, la foto ricordo di un'avventura. Sto andando verso il Capo".

Poliziotto: "Lei è un turista?".

Imputato: "Sì".

Poliziotto: "Lo sa che in Camerun non si possono fare fotografie nelle stazioni degli autobus?".

Imputato: "Ma sono luoghi pubblici!".

Poliziotto: "Non si può. Ci vuole un'autorizzazione del ministero. Lei ce l'ha?".

Imputato: "No".

Pubblico ministero: "Cosa vuol dire il Capo? Città del Capo?".

Imputato: "Sì".

Pubblico ministero: "Lo vede agente? Sono tutti uguali. Quelli che viaggiano con lo zaino e il sacco a pelo, ha presente. Ti raccontano sempre le stesse cose, voglio fare una foto ricordo, voglio solo una foto ricordo, poi chissà come mai nei giornali dei loro paesi vengono fuori queste foto e sotto alle foto si scrive: ecco le strade del Camerun, ecco come sono ridotti i mezzi di trasporto, ecco in che condizioni si viaggia in Camerun. Lei non sarà mica un giornalista?".

Imputato: "No, sono un turista. Ma se anche fossi un giornalista? Una macchina fotografica non mente. Quello che si vede sulla pellicola è la verità".

Pubblico ministero: "Balle. Voi siete tutti bravi a parlare e a distorcerla, la verità. Io li leggo i vostri giornali, cosa crede? Il Camerun è un grande paese, e non ha bisogno che i giornali stranieri ne parlino! Né bene né male!".

Il poliziotto ascolta e annuisce con la testa, impressionato dall'arringa del personaggio che è abituato a vedere sul piccolo schermo mentre gli somministra la versione governativa della verità. La sentenza è eseguita senza che nessuno la pronunci e senza possibilità di appello. Il poliziotto-giudice mi chiede di aprire il dorso della macchina fotografica, quindi estrae il rullino e lo porge al giornalista come il cuore appena strappato dal petto di una vergine. Dal cilindretto giallo il giornalista estrae con solennità sacerdotale il rotolo di pellicola e lo espone con cura alla luce smunta della lampada da tavolo.

Quando il rito si è compiuto, sul volto dei due officianti si stampa un'espressione pacata e forse cordiale, quasi quasi mi aspetto che mi offrano da bere. Il poliziotto mi stringe la mano sorridendo e mi dice: "Si ricordi, niente foto, niente problemi". Recupero la macchina fotografica dall'ara sacrificale dove la pellicola giace come la pelle abbandonata da un serpente dopo la muta ed esco a ritrovare la luce insieme al giornalista. "Allora, è chiaro?" mi dice. "*Pas de photos, pas de problèmes.*" Lo ringrazio col desiderio di sferrargli un calcio nei coglioni.

Passo buona parte del viaggio seduto di fianco a lui. L'economia del trasporto pubblico, che prevede diciannove passeggeri su un furgoncino poco più spazioso di un'automobile, ci obbliga a una promiscuità da carro bestiame. L'uomo, che lavora alla televisione di stato a Douala e vive ad Ambam, passa buona parte del tempo a raccontarmi quanto sia corrotto e parziale il giornalismo di noi europei e anche degli americani, come il suo paese sia stato bistrattato da molti imbecilli seduti dietro a una macchina da scrivere e accecati dai preconcetti, come nonostante le apparenze in Camerun si viva benissimo e non ci siano problemi di sorta. È un ripetitore umano che trasmette senza sosta la propaganda con cui il regime bombarda ogni giorno i suoi neuroni.

L'autista si è lanciato a sessanta chilometri l'ora su una strada che un pilota da rally apprezzerebbe come palestra, e quando le ruote incontrano una buca le teste dei passeggeri sbattono dolorosamente sul soffitto, sui finestrini e contro altre teste. La pista si fa largo a fatica tra gli alberi di una foresta verde smeraldo. Antichi ponti di legno, piegati sotto il peso del traffico quotidiano, superano fossi e acquitrini. Uno di essi sta per cedere e l'autista ordina di scendere e scaricare i bagagli. Il minivan attraversa le assi scricchiolanti a passo d'uomo, con la cautela di una ballerina classica. "Non provi a fare una foto," mi ammonisce il giornalista. "Che succede, il ponte dà una cattiva immagine del paese?" "Qui da noi piove molto più che in Europa. Non è facile mantenere le opere pubbliche in buone condizioni con la stagione delle piogge che lavora per distruggerle." Attraversiamo l'opera in silenzio, timorosi che un colpo di tosse accidentale possa abbatterla. Più guardo le assi e più mi convinco che il ponte crollerà al passaggio del prossimo minivan, mentre la fede del giornalista non crollerà mai.

Arriviamo ad Ambam alle sei di sera, quando la frontiera col Gabon è già chiusa. Ambam è una piazza di terra rossa delimitata da negozi che vendono l'indispensabile per sopravvivere e circondata da colline tappezzate di palme maestose. Una stradina in salita porta all'hotel Sportif, metafora architettonica di un *resort* collinare del Kashmir piagata dagli scarafaggi e dallo squallore delle lampadine nude penzolanti dai fili. Non c'è molto da fare ad Ambam dopo il tramonto. Vado nella piazza principale dove compro un pacchetto di biscotti e mi metto a scrivere, sgranocchiando seduto su una staccionata. Quando passa la ronda (in quanti paesi del mondo c'è ancora la ronda?), uno dei due poliziotti con le ghette bianche mi pianta il manganello su un braccio e mi chiede se ho un albergo dove dormire. Rispondo che è lo Sportif, il migliore della città. "Allora vacci," mi dice. "Qui sei vicino al commissariato e non puoi stare seduto."

Esco dallo Sportif all'alba e vado in piazza. Il cielo è sereno e l'aria è pungente. Non riesco a digerire il fatto di dover lasciare il Camerun senza nemmeno una fotografia scattata sul suo territorio. Ritrovo l'autista del minivan che mi ha portato qui il giorno precedente e gli offro cinquemila cfa per raccogliere una decina di persone, caricarle a bordo, tornare al ponte semidistrutto e lasciarmi fare delle foto lontano dal giornalista e da altri occhi indiscreti. L'autista, raggiante, intasca le banconote, monta sul tetto del minivan e comincia a urlare con una voce da tenore: "Chi ha mezz'ora da perdere e vuole guadagnare cento cfa venga da Paul!". Paul ha fissato a quattromila cfa il suo guadagno netto, ma l'annuncio è stato troppo allettante e attorno al taxi si sono radunati almeno trenta nullafacenti che un attimo prima sonnecchiavano seduti davanti alle vetrine dei negozi. Paul seleziona dieci uomini puntando il dito, e questi salgono a bordo. Un'ondata di malumore agita il gruppo degli scartati. Partiamo a tutta velocità in direzione del ponte. Quando si attenua l'euforia provocata dal denaro Paul, cittadino-poliziotto, indaga sospettoso: "Perché vuoi fare queste foto?". Gli racconto del mio viaggio verso il Capo e gli dico che voglio un ricordo del mio passaggio in Camerun. La spiegazione sembra soddisfarlo.

Un'ora dopo siamo di ritorno, e saluto Paul pregandolo di non raccontare a nessuno quello che siamo andati a fare. Il suo sguardo si rabbuia di colpo: "E perché?" Oddiounaltrotutoredellalegge, penso mentre cerco affannosamente una risposta che lo tranquillizzi. "Perché non dovrei dire niente?" mi chiede di nuovo. Non trovo nessuna risposta. Paul è rapido come un cobra: mi strappa la macchina fotografica di mano e armeggia sulle leve con le manone nere finché non riesce ad aprirla e a estrarre il rullino. Compie l'operazione camminando su e giù per la piazza e urlando con un vocione da opera lirica. "Vado al commissariato," sbraita. I finti passeggeri che erano con noi sul taxi lo seguono e urlano anche loro attraendo altra gente, finché tutta la popolazione di Ambam non è radunata attorno a Paul e alla mia pellicola penzolante ormai uccisa dalla luce del sole.

Due rullini sequestrati nel giro di ventiquattro ore sono troppi. Vado da Paul e mi riprendo la macchina fotografica. La folla si divide in due fazioni: alcuni sono dalla mia parte e urlano contro Paul, quelli contro di me urlano ancora più forte e si disputano la pellicola per avere la soddisfazione di strapparne un brandello, Paul urla più forte di tutti e alcuni, apparentemente neutrali, urlano perché tutti gli altri stanno urlando.

In questo caos da discoteca all'aperto piomba il commissario, appena uscito dalla messa domenicale e vestito come il cameriere di un transatlantico. È accompagnato dalla moglie, grassa e fasciata da un abito viola che piacerebbe a Imelda Marcos o a Winnie Mandela. Quando arriva, sulla piazza cala un silenzio di tomba e si sente lo scalpiccio delle sue scarpe lucidissime sul fango rosso. Qualcuno deve essere andato a chiamarlo davanti alla chiesa e nel tragitto deve avergli spiegato tutta la vicenda, perché sa esattamente come sono andate le cose. Si impadronisce della pellicola e la agita davanti agli occhi di Paul come un predicatore agita la Bibbia dall'alto del pulpito: "Sei un uomo spregevole, prepotente e ingiusto. Iddio si vergogna di te, e anche questo paese si vergogna di averti come cittadino!".

Non mi aspettavo tanto. Paul abbassa gli occhi e quasi si inchina. Anche se in completo nero gessato e camicia bianca, è la polizia che lo accusa. "Vai a comprare un rullino nuovo per quest'uomo." Paul torna cinque minuti dopo e consegna al commissario una scatoletta di cartone rosso e verde, imitazione di una sottomarca giapponese. Il commissario si rivolge a me, mi porge la scatola, si scusa a nome di Paul e del Camerun con l'eleganza di un ambasciatore e si congeda dicendo: "Faccia pure tutte le foto che vuole". La fazione mia alleata esplode in un applauso, mentre Paul si dilegua con i quattromila cfa meno, naturalmente, quelli usati per comprare il rullino.

Forte dell'autorizzazione della polizia concessami di fronte a tutto il paese, e benedetto da un cielo azzurro e dai primi raggi del sole, mi metto a fotografare impunemente tutto quello che vedo. Dopo neanche dieci minuti vedo ondeggiare verso di me quattro puntini rossi poco promettenti: sono quattro baschi piazzati di sghimbescio su quattro volti torvi, piantati a loro volta sui corpacci di quattro paracadutisti in mimetica. "Dov'è l'autorizzazione a fare fotografie?" domanda uno di loro. Racconto la storia di Paul e del commissario. Che ingenuo: in quale paese africano la polizia ha più potere dell'esercito? "Ce ne fottiamo di quello che le ha detto il commissario. Qui la legge siamo noi." Ha detto proprio: qui la legge siamo noi. Mi sento come se, improvvisamente trasformato in creatura bidimensionale stampata su celluloide, fossi piombato in un poliziesco di quart'ordine. Se proprio devo recitare, decido per la parte dell'ingenuo: "E allora la polizia a che cosa serve?". "La legge siamo noi," mi rispondono.

Uno di loro è andato a chiamare il comandante della guarnigione, il nero più grasso di tutti i neri grassi e potenti che ho incontrato finora, che arriva a bordo di una Land Rover dotata di radio Vhf, mangiacassette, antenne che sfiorano il cielo, tappetini di lusso in gomma colorata e rastrelliera per il fucile. Il gran comandante scende in t-shirt e ciabatte, visibilmente infastidito per l'interruzione del suo relax televisivo della domenica mattina. Mi squadra e mi dice: "A bordo".

In caserma scopro che i paracadutisti sanno già tutto di me, grazie all'interessamento del giornalista. Mi dice il comandante: "Lei va troppo in giro a curiosare e a fare fotografie". Poi, rivolgendosi a uno dei suoi lacché impettiti sull'attenti: "E quello stronzo del commissario non si fa abbastanza gli affari suoi". Ricomincia il mantra insopportabile dell'autorizzazione a fotografare e dello straniero che gode a sputtanare il Camerun una volta tornato in patria. "Mi dia il rullino che ha fatto stamattina." Inutile protestare. Apro la macchina fotografica e gli consegno un rullino vergine che tenevo pronto nel pugno.

Devo molto a Gianfranco Moroldo, storico fotoreporter dell'Europeo che una volta, nei corridoi della Rizzoli, mi spiegò il trucco che tante volte aveva usato in casi analoghi: "Tu tieni sempre in tasca due o tre rullini vergini, e quando ti chiedono di consegnare quello che hai appena scattato, che è sacro e non si dà a nessuno, urli, fai una scenata, piangi, e nel frattempo armeggi intorno alla macchina fotografica come un prestigiatore e zac! Scambi il rullino buono con quello vuoto". Funziona: il comandante, ignaro, squadra il cilindretto giallo, pretende il mio indirizzo e mi promette che mi spedirà di persona i negativi se lo sviluppo non rivelerà nulla di illegale. Quindi un paracadutista mi scheda copiando il nome dal passaporto e storpiandolo due volte, mi obbliga a intingere i polpastrelli di entrambe le mani in un tampone d'inchiostro blu e a poggiarli su un foglio di carta velina che viene pinzato al mio fascicolo, poi mi accompagna prima in albergo, dove entra in stanza per assistere alla preparazione del mio bagaglio, e infine in piazza, dove carica personalmente lo zaino sul primo taxi per il Gabon.

Quando la 504, la solita eterna onnipresente 504 si muove, ho un'ultima visione fugace di Ambam: è Paul che smette per un attimo di lisciare il suo rotolino di franchi e alza la mano per salutarmi.

10.

"*Welcome to Gabon, man*!" "*Yeah, welcome to Gabon*!" "Sei pazzo, fare la fila per farsi timbrare il passaporto sotto questo sole! Vieni via, che stai sprecando il tuo tempo." Tre frasi, tre pacche sulle spalle e divento subito amico dei tre americani, come può accadere solo con gli americani. Ci ritroviamo al tavolo di un fresco bar del centro di Bitam, davanti a quattro birre da tre quarti di litro gelate.

Sono in Gabon da poche ore e il mio passaporto è stato minuziosamente controllato già due volte ai posti di blocco lungo la strada che dal confine porta a Bitam, ma non ho ancora un timbro che attesti ufficialmente il mio ingresso nel paese. Dopo le ultime esperienze sento il pressante bisogno di essere regolare, timbrato, firmato, controfirmato, vaccinato, controllato e registrato come un quadro celebre spedito all'estero per una mostra temporanea.

Per prima cosa, arrivando a Bitam, mi sono messo in fila dietro a cinquemila camionisti di fronte alla porta del commissariato, ansioso di vedermi consacrare il passaporto dalla gomma e dall'inchiostro di stato. Ora, però, assaporo il secondo giro d'oro ghiacciato e spumeggiante marca Regab. "Sarebbe meglio una Heineken, ma qui non la servono. La Regab non è male, senti il suo saporaccio solo quando non è abbastanza fredda. Saresti stato là tutto il pomeriggio e magari non ti facevano nemmeno entrare. Perché tutta questa fretta di far sapere al governo che sei penetrato nel suo territorio? Puoi farlo con calma a Oyem domani, o dopodomani, o quando diavolo ti pare. Adesso bevi e rilassati. *Welcome to Gabon.*" "*Yeah, welcome to Gabon.*"

Lavorano per i Peace Corps, i corpi di pace americani: palestra di vita, ultima spiaggia per disoccupati volonterosi o anticamera di un incarico ufficiale in qualche agenzia delle Nazioni Unite. Bevono con me William, 26 anni, insegnante d'inglese alle scuole medie, Dominique, 24 anni, insegnante di matematica e Jeanne, 29 anni, insegnante di disegno. Due uomini e una donna con l'aria di essere piombati in questo recesso di Africa centrale direttamente dai tempi del raduno di Woodstock. William porta lunghi capelli biondi che si intrecciano con la barba bionda e un simbolo della pace che gli penzola dal collo, imponente come una medaglia olimpica. Dominique viene dal Porto Rico e i suoi capelli ricci di mulatto si perdono in un basco di lana lavorato all'uncinetto coi colori della Giamaica. Jeanne ha gli occhi a mandorla e porta una maglietta con la scritta "Mi trovi sexy?".

Il Gabon è fra i primi venti paesi del mondo importatori di champagne francese, eppure ogni angolo pullula di volontari dei Peace Corps. Petrolio, manganese e uranio hanno creato un'oligarchia di ricchi che bevono champagne e che hanno demandato la soluzione dei problemi del paese all'opera caritatevole di organizzazioni non governative.

Il Gabon sorse dal fango e dalla foresta nel 1967, quando venne scoperto il petrolio. Il presidente Albert-Bernard Bongo, oggi convertito all'Islam col nome di El Hadj Omar Bongo, era al potere da un anno e vide crescere a dismisura sotto il proprio scranno (al quale è ancora saldamente aggrappato) il prodotto interno lordo, che raddoppiò nel giro di soli due anni. Nel 1977 il summit dell'Organizzazione dell'Unità africana a Libreville, costato un miliardo di dollari, celebrò il raggiungimento dell'orgasmo economico da parte del Gabon. Lo scrittore David Lamb descrisse così l'evento nel suo libro *The Africans*:

> I presidenti sfrecciavano per Libreville, la sonnolenta capitale sulla costa atlantica, sulle loro Mercedes-Benz e sulle Cadillac con le sirene spiegate, ciascuno di essi schiacciato tra le sue guardie del corpo sul sedile posteriore. (Bongo, come il presidente dello Zaire Mobutu Sese Seko, utilizzava guardie del corpo marocchine, non volendo affidare la propria sicurezza a soldati locali; Idi Amin utilizzava dei palestinesi.) La guardia d'onore gabonese, coi mantelli di velluto rosso e le spade d'oro, era allineata lungo il viale d'ingresso alla sala della conferenza. Quella settimana a Libreville non c'era servizio di lavanderia perché le donne della città erano state arruolate per eseguire le danze tradizionali in onore dei presidenti in ar-

rivo. Nemmeno le prostitute lavoravano, poiché Bongo aveva ripulito le strade con l'avviso alle signore della notte: "Durante il summit aprite il vostro cuore, non i vostri corpi".

[...]

Alcuni giornalisti erano arrivati agli alberghi prenotati e avevano trovato edifici ancora in costruzione; l'hotel non aveva personale, porte, acqua o elettricità, e le stanze da cinquanta dollari a notte non erano niente più che spazi aperti nei corridoi senza moquette da condividere coi sacchi di cemento.

Noi non beviamo champagne, ma siamo al terzo giro di Regab e io sento che la tensione sta lasciando il mio corpo. Nello zaino ho una stecca di sigarette, marca Marlboro, comprate in Italia come arma di corruzione. Finora ho usato solo un paio di pacchetti. Uomo bianco ingenuo, modernìzzati! Per corrompere sul serio ci vuole il denaro. Estraggo un pacchetto e lo faccio circolare. "Fumate?" Le facce dei tre volontari si illuminano come se nel bar fosse piombato babbo Natale in persona, sfondando il tetto con la slitta e tutte le renne. "Marlboro? Cazzo, Marlboro! Amico, che regalo. Sai quanto tempo è che non fumiamo una Marlboro?" Succhiano avidamente i filtri come i capezzoli di una donna prosperosa, affamati di fumo, di nicotina e di catrame, di sapore made in Usa, sapore di casa. Hanno dimenticato la birra, immersi nelle volute azzurrognole illuminate da una lama di luce secca, e hanno dimenticato anche me attaccando a parlare in uno slang troppo stretto e troppo veloce. Capisco che rievocano un passato nel quale io sono un intruso.

"Il Gabon è il buco del culo dell'Africa ma noi ci stiamo bene," mi avevano detto poco prima, "siamo orgogliosi di quello che facciamo, ci divertiamo, non ci manca la patria e non si mangia neanche poi male." Mangiare: da come si sono avventati sulle Marlboro mi viene da pensare che William, Dominique e Jeanne devono trovarsi in una sorta di isolamento gastronomico. Che cena si potrà concedere a Bitam un volontario dei Corpi della Pace, con uno stipendio da Corpi della Pace e un appetito da americano cresciuto a bistecche, hamburger, patatine fritte, coppe di gelato con rivoli di sciroppo che colano sulle mani, *donut* affogati nella glassa, frappé e uova alla Benedict con maionese per colazione? Queste icone gastronomiche (incluse le uova alla Benedict, se si sceglie l'albergo giusto) si trovano in abbondanza nella ricca Libreville, ma a Bitam sono un sogno.

A Libreville, leggo sulla mia guida, il presidente Bongo vive in un palazzo di marmo bianco italiano, ornato da un colonnato in stile greco e costato, nel 1970, ottocento milioni di dollari: quei pochi che vi sono stati ammessi hanno raccontato di un trono di marmo bianco, di una scrivania presidenziale con una pulsantiera che comanda porte e pareti scorrevoli, di una sala da banchetti per tremila persone, del night club e dei due teatri personali del presidente, di una favolosa vasca da bagno delle dimensioni di una piscina. Che modestia.

"Sapete cosa sono le melanzane alla parmigiana?" Me ne esco con questa frase mentre loro stanno discutendo animatamente di un argomento sconosciuto. Al mercato, entrando in città, ho visto una bella esposizione di melanzane nere e turgide. "Sono una specialità italiana, da leccarsi i baffi." Mi guardano diffidenti. "Si può trovare un formaggio che si sciolga bene col calore e un po' di salsa di pomodoro?" Mi dicono che si può, e comincio a ripassare mentalmente la ricetta.

I tre vivono in un villone lontano dal centro, rallegrato, all'interno, da un disordine tipicamente americano: vestiti appesi alle porte, alle sedie e alle maniglie delle finestre, scarpe da basket abbandonate, puzzolenti e solitarie, con l'aria di cercare la propria compagna dimenticata in chissà quale recesso della casa, vecchie copie del "National Geographic", libri in edizione economica aperti a metà e sdraiati sul pavimento di piastrelle, borsoni di tela nera privi del loro contenuto, afflosciati, con l'etichetta adesiva che attesta un antico passaggio in qualche aeroporto americano, un televisore, un videoregistratore, una gigantesca sedia a dondolo e una cucina unta dove troneggia, regina di tutte le cucine statunitensi, una macchina da caffè col boccale di vetro.

Mi domando come sia la cucina del presidente Bongo, e sfido con la fantasia uno dei suoi cuochi a una gara culinaria. Il nostro forno funziona, ed è quanto basta. In tre ore di pellegrinaggio per la città abbiamo trovato due bottiglie di salsa di pomodoro, un blocco di formaggio giallo come le copertine del "National Geographic", che, ci è stato promesso, si scioglie a meraviglia, un sacchetto di farina, del sale grosso di cui gli americani non conoscevano l'uso e un buon olio di semi per friggere. Gli ingredienti sono disposti in bell'ordine sul bancone di plastica, in attesa di essere sacrificati sull'ara rovente del forno.

Affetto le melanzane, dalla consistenza legnosa, su un bel tagliere di legno tropicale, e distendo sul bancone le fette che già cominciano a prendere il colore ramato dell'ossidazione. Quando le cospargo con il sale grosso per farle spurgare, William, che è l'unico rimasto in cucina (Jeanne è sotto la doccia e Dominique sta battendo i vicoli di Bitam alla ricerca di quattro bottiglie di Heineken), osserva meravigliato il rito sciamanico. La farina è raggrumata per l'umidità, e sgretolo i pallini setosi con le dita, creando una montagnetta bianca. Mentre le melanzane stanno sudando copiosamente sotto la loro sindone di sale, attacco col coltello il cubo di formaggio, che, al tatto, sembra poter resistere al calore di un altoforno senza fare una piega. Prego che non sia così. Voglio che il piatto riesca alla perfezione: per me, per William e gli altri volontari, ma soprattutto per la mia sfida silenziosa con i cuochi di Bongo.

Quando l'olio è caldo, mi faccio aiutare da William per scrollare le fette sbollentate che hanno perso la loro asciutta rigidità, sono più arrendevoli e si rotolano languide nella farina. Le melanzane entrano in padella sfrigolando e spandendo nell'aria una fragranza mediterranea struggente. Finiscono, dorate e nuovamente rigide, su un canovaccio che da secoli non vede il sapone. Dopo mezz'ora di lavoro e di sudore la piramide di melanzane fritte è pronta. Dominique è rientrato raggiante con le quattro bottiglie promesse e Jeanne si è asciugata i lunghi capelli e ha messo una cassetta di musica reggae. C'è aria di festa, e l'Africa per stasera rimane fuori, lontana mille anni luce: sotto il cielo plumbeo del Gabon si sta celebrando un gemellaggio multirazziale suggellato da cibo italiano e birra olandese.

Jeanne tira fuori da un armadietto una casseruola di vetro che porta i segni di antiche cotture. Dispongo sul fondo uno strato di melanzane, che copro con le fette di formaggio rinnovando gli scongiuri per uno scioglimento senza problemi. Sopra verso abbondante salsa di pomodoro, già scaldata in padella con un po' d'olio e sale, e ricomincio con le melanzane. Dominique estrae la prima bottiglia dal congelatore e versa la birra in quattro bicchieri. Benediciamo con un brindisi l'inserimento nel forno caldo della casseruola piena fino a scoppiare. "Otto bottiglie sarebbero state meglio di quattro," dico a Dominique. "Amico, tu sei troppo ansioso. Si capiva da come stavi in fila per il passaporto. La serata non finisce con la birra, guarda qua." Gli occhi gli brillano mentre mette sotto il mio naso una bottiglia di bourbon piena per tre quarti. Nel congelatore, le altre tre bottiglie di birra stanno cedendo alle pareti di ghiaccio il calore del Gabon.

Getto un'occhiata nel forno e vedo che lo strato superiore di formaggio, punteggiato qua e là delle ultime gocce di salsa di pomodoro in fermento, si sta adagiando mollemente sulle melanzane come promesso dal venditore. Il calore sta operando una deliziosa fusione molecolare dei tre elementi, e dal forno si sprigiona un profumo che forse non si era mai levato in questa parte di mondo. Adoro colonizzare l'aria di paesi lontani con gli aromi della mia cucina. Mi sento come quegli inconsapevoli vandali che, di fronte alle piramidi di Giza o al Grand Canyon o al Taj Mahal, provano l'irresistibile impulso di incidere il nome e la data a testimonianza del loro passaggio, della loro ammirazione devastatrice.

Tre ore più tardi siamo seduti in soggiorno, la birra, il whisky e la morbida presenza delle melanzane che si amalgamano nei nostri stomaci. Davanti a quattro interminabili boccali di caffè americano i volontari mi hanno raccontato come sia bello e frustrante il loro lavoro, quanto insignificanti siano i fondi dei Corpi della Pace in confronto all'enormità del compito che andrebbe svolto, quanto commovente sia l'impegno che i bambini di Bitam mettono nell'apprendere l'inglese e quanto potente sia la loro forza creativa quando si mettono a disegnare. "Dio sa quanti potenziali Van Gogh ci sono là fuori, ma con quali pennelli possono sfogarsi?" ha detto Jeanne con la voce impastata dall'alcol. "Non avete voglia di tornare a casa? Intendo negli Stati Uniti," ho chiesto. Si sono scaldati: "Negli Stati Uniti non sei nessuno. Gli Stati Uniti ti annullano, ti appiattiscono, ti divorano. Qui siamo eroi. Abbiamo delle piante da coltivare e crescono forti. È una soddisfazione enorme. Gli Stati Uniti?" ha detto infine Dominique e ha fatto il gesto di sputare sul pavimento, o forse ci ha sputato davvero perché era piuttosto ubriaco.

Là fuori ci sono dei potenziali Van Gogh? Là fuori dove? Dov'è Bitam? E soprattutto, dove siamo noi? Mi era già successo a Jibiya, pochi giorni prima e molti chilometri a nord, e di alcol in corpo non ne avevo. Nell'oasi della Impresit tutto era scomparso: la spossatezza, il ricordo dei giorni di viaggio sulle mie spalle, la consapevolezza di trovarmi in Africa. L'oasi era un non-mondo senza connotazioni precise se non quelle dell'alba e del tramonto, dell'ora di colazione, del pranzo e della cena. Nell'oasi di Bitam è lo stesso. Dev'essere questo inglese americano parlato col naso.

Fino a stamattina mi sono dovuto imporre di parlare e pensare in francese. Dev'essere la fragranza vaga delle melanzane che ancora stuzzica le papille gustative in fondo alla lingua, o forse il fatto che è notte e che il whisky era così caldo. Sono di nuovo in un non-mondo. Di esso mi rimane un ricordo, un indirizzo scarabocchiato in fondo al mio quaderno e sovrastato dal simbolo della pace. Ma fuori c'è un albergo di cinque stanze che puzza di Ddt e si chiama Rachelle, e domani c'è una strada che va verso Oyem e verso sud.

Ventuno giorni dalla partenza. Mi alzo tardi, con un mal di testa pulsante causato più dall'olio di frittura che dall'alcol, e resisto alla tentazione di attaccare la bocca al rubinetto del lavandino per scacciare la sete con qualche sorsata di acqua giallastra.

Un Nescafé alla *gare routière* mi rimette in sesto. Sotto il cielo plumbeo aspetto dall'una alle sei del pomeriggio che un furgone mi porti, per duemila franchi, fino a Oyem. Quando partiamo possiamo ammirare un tramonto bluastro che illumina di sbieco la spessa coltre di nubi attraverso una fessura bassa sull'orizzonte, una fessura talmente stretta che i raggi vi scompaiono in un soffio. A queste latitudini, il sole sembra scendere tanto più veloce quanto più si avvicina all'orizzonte.

Siamo in sette a essere spazzati dall'aria fredda nel cassone aperto, e quattro bambini in canottiera e pantaloncini corti si stringono l'uno all'altro ridendo dei primi brividi. Dopo un'ora non ridono più: si stringono e basta, sempre più forte. Io mi stringo a me stesso, rannicchiato in un angolo a mangiare la pasta di manioca che ho trovato sul pavimento, avvolta in un sudario di foglie di banano, e ad ascoltare i rumori della foresta: le ruote scorrono silenziose sulla terra, e mi giungono gli stridii gracchianti e i suoni melodiosi di uccelli dal nome sconosciuto, accompagnati dal gracidare delle rane e dal frinire di milioni di insetti diversi che col soffice attrito di piccole parti dei loro piccoli corpi producono lo scroscio di un torrente di montagna. Le lucciole e i lampi illuminano il nero della notte, e a metà strada veniamo sorpresi da un acquazzone di violenza inaudita. Le grosse gocce d'acqua si abbattono su di noi come meteore e in un minuto siamo completamente inzuppati. Il cassone è improvvisamente una piscina nella quale i piedi affondano fino alla caviglia e i rotoli di manioca cavalcano le onde come inutili salvagente.

Due uomini bussano disperati sul tetto della cabina per ricordare agli occupanti che esistono. Qualche chilometro più avanti il furgone rallenta di colpo: in mezzo al nero della notte c'è una tettoia di lamiera ondulata e sotto due uomini che giocano a *songo* alla luce di una lampada a petrolio.

Lasciamo l'inferno e ci rifugiamo sotto la tettoia, che non sembra avere altra funzione se non quella di riparare i due giocatori. Gli uomini, ciascuno intento alle proprie mosse, sollevano appena la testa per fissarci mentre bestemmiamo e strizziamo i nostri vestiti.

Il *songo*, detto anche *woaley*, *awalé*, *ayo*, *wori* o *aju* a seconda del paese, è il passatempo più diffuso in Africa. Lo inventarono gli egizi, ed è una sorta di backgammon in cui si usano, come pedine, piselli, sassolini o bacche essiccate. La versione ufficiale prevede una tavola di legno con sei buchi per ciascun giocatore, ma il pregio del *songo* consiste nel fatto che, se viene voglia di fare una partita in mezzo alla giungla, non si deve fare altro che scavare dodici buche nel terreno, raccogliere quarantotto bacche e sedersi l'uno di fronte all'altro. "Non si può improvvisare una scacchiera nel mezzo della giungla, né giocare a carte se non si ha un mazzo. Ma a *songo* si può giocare sempre, ovunque e con qualsiasi tempo," mi dice l'autista del furgone, che uno dei due giocatori ha sfidato a una partita.

Starei a guardare per ore i giochi di cui non conosco le regole: mi piace il movimento rapido delle mani che spostano pedine, palline, figure, carte colorate e *fiche*. Meno conosco le regole e più mi piace. Una volta, a Hong Kong, mi fermai per un pomeriggio intero a guardare una partita di *mah-jong*. Dopo un'ora che fissavo immobile le pedine di finto avorio scorrere impazzite sul tavolo ed elevare muretti che crollavano subito dopo per volontà del giocatore, qualcuno mi propose di spiegarmi il gioco. Declinai l'offerta e me la godetti un mondo. Allo stesso modo mi ipnotizzano le quattro mani nere che roteano veloci sulla nera tavola, afferrano le bacche cui hanno diritto contandole in un microsecondo e in un altro microsecondo le fanno ricadere nella casella giusta in un movimento senza pause, fluido come una danza. Una danza tribale. Due europei non potrebbero mai giocare a *songo* come due africani.

Quando ce ne andiamo sono passate più di due ore e ha smesso di piovere da tempo. I bambini si sono addormentati, gli adulti si sono avvicendati al tavolo da *songo*, improvvisando un vero e proprio torneo, e io sono rimasto a fissarli immobile e bagnato fino alle ossa.

Mentre corriamo verso Oyem l'aria è molto più fredda, e quando arriviamo al posto di blocco non riesco a smettere di tremare. "È venuto a cercare un lavoro in Gabon?" mi chiede il poliziotto. Rispondo che sono solo un turista. Lui mi guarda con sospetto: "Ho sentito che in Italia avete grossi problemi economici. Non speri di mettersi a cercare un lavoro qui". Nossignore, gli rispondo balbettando. Devo avere un aspetto pietoso. Poco dopo termina la vegetazione e cominciano le strade asfaltate, illuminate da file regolari di lampioni. La vista dei vialoni offusca la mia sensazione di aver vissuto un'avventura in mezzo alla giungla.

Mi infilo ancora gocciolante nella reception del La Cabosse, dove pago 8500 franchi per alloggiare in una delle sette stanze. Al bar dell'annesso night club Nthe ingollo un whisky senza marca per scacciare il gelo. Il club è ancora in piena attività: le pareti tremano per la musica che sgorga distorta dagli altoparlanti e le uniche clienti, due oscene puttane truccate con diversi ettogrammi di rossetti e ombretti, languono stravaccate sul bancone del bar. Una di esse tenta di abbordarmi mostrandomi dei graffi sui polsi. "Ieri sera mi sono quasi uccisa in una delle stanze di sopra," mi dice. "Non lasciarmi dormire da sola stanotte, ti prego." La respingo per concentrarmi sul liquore e assaporare il calore a buon mercato che si sprigiona all'interno del mio corpo. "Ne prenda un altro, ha freddo," insiste il barista stretto in una giacchetta bianca le cui macchie spariscono sotto la magia delle luci colorate, e incalza con la bottiglia stappata. Rifiuto l'offerta e vado in camera, pregustando una lunga doccia calda. Non c'è acqua calda, e mi accontento delle lenzuola.

Di buon mattino, dopo una doccia fredda, scendo a vedere il club con la luce del giorno. Mi domando se, oltre a un potenziale Van Gogh, da qualche parte a Oyem non ci sia anche un potenziale Vermeer, perché questa scena sarebbe perfetta per lui. La puttana dai polsi graffiati, baciata sulla nuca da uno dei raggi bassi e taglienti dell'alba, dorme accasciata su un tavolino, luminosa come una Madonna. C'è qualcosa di glorioso in tutto questo silenzio, qualcosa che rende nobile anche lo squallore dello Nthe, di solito pietosamente velato dalle lampadine rosse.

Lascio l'albergo e vado in cerca di un *taxi de brousse*. Passo davanti a una piccola moschea rosa dove i commercianti nigeriani hausa sono raccolti in preghiera. Alla *gare routière*, affollata di jeep e furgoni giapponesi a quattro ruote motrici, una grande scritta sul muro dice: "Giovani, rifiutiamoci di venire pagati duemila franchi". Domando da chi e per che cosa senza ottenere risposte. Un'altra scritta ben visibile dice: "*Ici à la gare renseignez vous qui est 1) Belmondo 2) Jancaré: Les maitres de la vitesse*".

Sotto sono stati aggiunti i nomi di *4) Ben Dosi* e *5) Bongo*. Qualcuno ha cancellato con due rapide pennellate il numero tre. Chiedo informazioni all'autista di una jeep Mitsubishi troppo pulita per non essere stata appena lavata, e scopro di parlare con Bongo, uno dei maestri della velocità in persona. "Siete stati voi a cancellare il terzo della lista?" gli chiedo. Abbassa gli occhi e annuisce col capo. "Perché, vi faceva concorrenza sleale?" "No, perché è morto sulla strada nazionale. Un brutto incidente." Pausa di silenzio. "Dove va?" mi chiede Bongo additando il mio zaino. "A Ndjole." "Carichi pure." Un'ora dopo mi raggiunge dall'altro lato della stazione. "Non arrivano passeggeri. Vado a fare un giro in città per vedere se riesco a raccattarne qualcuno. Rivuole la sua sacca?" Gli dico di no.

Giorno dopo giorno, la mia sacca va perdendo importanza. Che importanza possono ancora avere alcune mutande, qualche paio di calzini, dei vecchi pantaloni, delle magliette, un rasoio e uno spazzolino da denti, dopo aver fatto la conoscenza di Hmidou, del meccanico che ha perso l'occhio nel Sahara, di Leopold, Oumar e Meriem, di Joseph?

Qualche giorno fa ho cominciato a regalare la biancheria sporca. Prima la conservavo. Un pomeriggio mi sono cambiato le calze in mezzo alla via di un villaggio. Quelle vecchie erano troppo sporche e troppo bucate per tenerle, così ho deciso di lasciarle ai bordi della strada. Due bambini mi fissavano. Quando mi sono incamminato, mi sono corsi dietro porgendomi i due salsicciotti informi di cotone un tempo bianco. Non mi servono, ho detto loro con lo sguardo, le ho buttate via. I loro volti si sono illuminati di gioia, e sono fuggiti strillando, ciascuno con un braccio infilato dove fino a pochi minuti prima c'era il mio piede.

Che cosa può farsene un bambino africano di un vecchio calzettone di spugna? Un berretto? Un passamontagna? Una canottiera? Oppure una corda per giocare al salto, l'elastico per una fionda, una bambola, il modellino di un aereo? La fantasia di un bambino africano non conosce limiti. "Là fuori ci sono potenziali Van Gogh." Che cosa avrebbe creato Van Gogh con un vecchio calzettone di spugna? Ho visto in un negozio di Milano le creazioni dei bambini del Sahara. Automobili e camion magicamente scaturiti da lattine di Coca-Cola e da fil di ferro, sull'onda del ricordo di fantasmi passati a centottanta all'ora lasciandosi dietro una nuvola di sabbia. Capolavori della fantasia, della tenacia, della creatività, della povertà. Li vendevano a centocinquantamila lire al pezzo. Mi venne voglia di comprarli tutti e schiacciarli sotto una pressa. Oggi regalo mutande e magliette bucate sperando che diventino aquiloni.

All'una scopro che Bongo, la Mitsubishi e il mio zaino sono fermi davanti al mercato. Sono venuti a dirmelo di corsa alcuni bambini. Pare che Bongo stia bestemmiando a gran voce attorniato da un capannello di folla. In Africa se ne formano intorno a qualsiasi cosa sia più significativa di un cane che si accuccia per defecare in mezzo alla strada. La Mitsubishi è un cavallo azzoppato, ha un semiasse spezzato in due e non potrà più muoversi per parecchi giorni. Guidato dai bambini vado a recuperare il bagaglio e torno alla *gare routière*. Uno di essi si offre di portare lo zaino in testa, ma non me la sento di vederlo schiacciato sotto un simile fardello.

Sono quasi le due quando partiamo per Ndjole a bordo di un piccolo *pick-up* rosso. Nel cassone siamo stranamente pochi: io, un vecchio magro – un fascio di muscoli secchi coperti dalla pelle raggrinzita – quattro donne, una delle quali incinta di almeno otto mesi, e tre bambini urlanti. Metà della capienza stabilita dal codice dei maestri della velocità. Ci lanciamo a sessanta all'ora sulla Route nationale, una larga pista di terra rossa bruciata dal sole. Fa molto caldo e, nonostante la ventilazione dovuta alla velocità, sudiamo tutti copiosamente. Ndjole è trenta chilometri a sud dell'Equatore.

"Equatore" è stata sempre una parola magica per me, perché da bambino qualcuno mi raccontava che all'Equatore (che per me era una regione, o una città) faceva così caldo che si potevano cuocere le uova sulle pietre al sole o sui cofani delle automobili. Sognavo di partire per l'Equatore con un carico di uova e di versarle su tutte le macchine che avrei trovato, e magari di fare la prova anche con qualche bistecca.

Le nuvole di terra sollevate dalle ruote si posano con voluttà sui nostri volti appiccicosi e formano una spessa crosta rossa. Le donne si affannano a ripulire dalla terra i volti dei bambini in lacrime e, per calmarli, porgono loro enormi capezzoli sudati anch'essi ricoperti della cipria color mattone. Immagino un latte arancione, che scricchiola un po' sotto le gengive. Ai lati sfrecciano di tanto in tanto le carcasse accartocciate di pulmini e furgoni abbandonati, monumenti ai caduti della velocità. La donna più vecchia si fa il segno della croce ogni volta. "Furgoncino si schianta in Gabon, otto morti." Una notizia come questa non vale cinque righe su un quotidiano italiano nemmeno se è l'unico dispaccio d'agenzia di tutta la giornata. Comincia a rivestire un certo significato, dicono i manuali di giornalismo, se a bordo si trova un cittadino italiano. Non vorrei che, grazie a me, la Route nationale si prendesse dieci righe sul "Corriere della Sera". Vorrei scendere. Tutto d'un tratto non sopporto più di stare su un mezzo meccanico in movimento ai cui comandi si trova un estraneo. Lo odio.

A Mitzic svoltiamo in un sentiero che porta all'interno della foresta e ci fermiamo di fronte a una capanna di lamiera ondulata sulla quale hanno dipinto la scritta "bar". L'autista ci invita a entrare e a prendere una bibita ghiacciata a scelta tra Coca-Cola, gazzosa e aranciata. Mi arriva una gomitata in un fianco. È una delle donne. "Andiamo, paga lui," mi dice. Deve aver visto l'espressione di incredulità sul mio volto. Prima il furgone che parte mezzo vuoto, poi il rinfresco omaggio. Vado a parlare con questo presunto benefattore. "Perché offrirebbe lei?" "Bevi, bevi e non preoccuparti." Se c'è un prezzo da pagare, tanto vale approfittarne.

Bevo quindi un'aranciata. La scelgo per il colore, che si sposa bene con quello della polvere che mi fodera la gola. Scende in un sorso, e un attimo dopo ho più sete di prima. Ma mi godo il fresco del bar e la penombra che, agli occhi feriti dal sole allo zenith (*il sole dell'Equatore, che cuoce le uova*), appare buio pesto. Il riposo dura cinque minuti scarsi, durante i quali scambio qualche parola con le donne che, secondo me, sanno qualcosa che io non so. D'un tratto, la voce: "*Passagers*!" È imperiosa come un presentat'arm e viene da fuori. L'autista si è trasformato in un sergente istruttore dei Marines, e sta in piedi di fianco a una montagna di caschi di banane. Strano che non l'avessi notata prima, perché dev'essere alta almeno due metri e mezzo. Fa solo due gesti: indica prima le banane, e poi il cassone del *pick-up*.

Sui volti delle donne, nessuno stupore: sapevano fin da
zio, ma per qualche strana forma di pudore non me l'hanno detto. L'autista ci ha comprato con una bibita, e adesso siamo i suoi servi trasportatori di banane. Potrei entrare nel bar, pagare la mia aranciata, mandare a cagare l'autista e stare ad aspettare all'ombra finché tutte le banane non sono a bordo. Ma l'autista sa che non lo farò. Lui crede che io ragioni come un africano, e in effetti lo sto facendo. Il suo è un ricatto morale sottile e diabolicamente intelligente. Tra gli africani, tra i disperati dell'Africa, c'è solidarietà. E nessuno di noi passeggeri, ammesso che avesse abbastanza soldi per permettersi il lusso di pagare un'aranciata, se ne starebbe all'ombra a guardare i suoi compagni di viaggio che stramazzano di fatica sotto al sole dell'Equatore, il sole che cuoce le uova.

Dunque mi metto al lavoro. Sono banane verdi, grasse e pesanti, che si mangiano bollite o cotte sulla brace. I caschi sono di grandi dimensioni, e pesano almeno quindici chili l'uno. Dopo aver deposto il primo casco sul cassone, sono sudato come se il calore di cento saune mi avesse aggredito all'improvviso. L'aranciata è già evaporata, etereo soffio arancione immediatamente dissolto dai raggi del sole. Le donne, compresa quella incinta, lavorano con i bambini appesi alla schiena, penzolanti da uno straccio legato a mo' di zaino, che urlano di nostalgia per i capezzoli nutrienti. Anche il vecchio si dà da fare, e posso contare le fibre dei muscoli sotto la sua pelle nera. "Bastardo, sfruttatore," inveiscono sottovoce le donne contro l'autista. Non sono più tanto sicuro che sapessero. "Dopo aver pagato ottomila franchi." "Già, ha voluto ottomila franchi sull'unghia," dice il vecchio. "Ottomila anche per i bambini. Per dei poppanti," fa una delle donne col fiatone. Dai caschi ci piovono addosso grumi di terra, che sputiamo senza smettere di lavorare. L'autista e il proprietario del bar si sono messi a chiacchierare all'ombra, e ogni tanto ci rivolgono un'occhiata. Con una lentezza esasperante la montagna di banane si trasferisce dal terreno al furgone. Rido tra me e me all'idea che la linea dell'Equatore passi proprio qui, tra il furgone e le banane, e che stiamo trasportando caschi di banane dall'emisfero nord all'emisfero sud.

Quando di fronte alla porta del bar non sono rimasti che pochi frutti solitari, il *pick-up* è inginocchiato sotto il peso del carico. In cima alla montagna, che sporge di due metri buoni sopra il tettuccio del furgone, fissiamo i nostri bagagli con una corda. Ho la schiena a pezzi e i vestiti impregnati di sudore.

cassone siamo schiacciati contro le banane. Ripartia-
treccio di gambe e braccia. Le donne mi danno due
tenere. Staccano le banane più belle che spariscono
ane, poi ne prendono una, ne masticano piccoli pezzi
bolo viscido ai bambini, che lo ingollano felici. L'autista va più piano adesso, ma ogni scossone mi fa sbattere dolorosamente le vertebre contro il ferro. Il vecchio è una statua nodosa e contorta in una posizione impossibile. Le due creature sedute sulle mie ginocchia anchilosate mi fissano con un misto di stupore e di terrore, e una di loro scarica la vescica sulla mia gamba destra. Le sorrido, e lei mi sorride. La donna incinta soffre visibilmente, mentre un'altra le deterge il sudore dalla fronte e le mormora qualcosa. C'è più amore su questo *pick-up* che nel marmo della *Pietà* di Michelangelo. Il muro di banane che ci opprime, tenuto insieme da quattro corde ricavate da camere d'aria, crolla quando mancano 150 chilometri a Ndjole, dopo una buca particolarmente profonda. Passiamo le ultime tre ore di viaggio a puntellarlo con le mani, spingendo con tutte le forze contro la dolce massa vegetale che vuole stritolarci.

A Ndjole la ferrovia Transgabonaise sfiora il fiume Ogooué e prosegue verso Franceville. Sarebbe una tentazione rinunciare al treno, prendere la strada per Lambaréné e visitare l'ospedale che Albert Schweitzer costruì nel 1926. Schweitzer il benefattore, il "demone del bene", il medico filantropo che dedicò la vita alla cura dei lebbrosi e dei diseredati e che aveva con i propri pazienti e con l'Africa un contraddittorio rapporto di odio e amore. "Non è facile fare il chirurgo per i selvaggi," scrisse nei suoi diari. Oggi parte del vecchio ospedale è un museo con un regolare orario d'apertura e un negozio dove si possono comprare oggetti d'artigianato prodotti dai lebbrosi, magliette e cartoline. In quale altra parte del mondo un ospedale poteva diventare un museo, se non in un paese dove la morte per le malattie più banali era (e spesso è tuttora) considerata naturale come le piogge che cadono dopo la stagione secca?

Per passare da Lambaréné dovrei puntare a ovest, verso il golfo di Guinea, quindi scendere parallelamente alla costa fino a incontrare il confine col Congo, dopo Ndendé. Ma il treno mi incuriosisce più dell'ospedale di Schweitzer. È da quando mi è capitato per la prima volta in mano il quotidiano *L'Union*, che pubblica ogni giorno gli orari della Transgabonaise (anche se sono sempre gli stessi da otto anni e anche se nessun treno è mai partito o arrivato in orario), che voglio percorrere almeno un tratto di questa strada ferrata. Ci vollero dodici anni e quattro miliardi di dollari (molti dei quali probabilmente finiti nelle tasche di pubblici funzionari) per aprire un varco attraverso la giungla e portare seicento chilometri di binari da Owendo, la stazione a sei chilometri da Libreville, a Franceville, punto di raccolta del manganese e dell'uranio estratti dalle miniere circostanti, paesone caro al presidente Bongo che, nato a pochi chilometri da qui, vi fece costruire un aeroporto internazionale, nonostante la maggioranza dei venticinquemila abitanti non si sogni neanche di prendere un aereo. La Transgabonaise, inaugurata nel dicembre del 1986, ha ventitré stazioni principali e nessuna di queste si trova a meno di sei chilometri dalle città: non esistono autobus e ciò ha fatto la ricchezza di molti tassisti. Verso anch'io il mio lauto contributo al fondo pro tassisti del Gabon e mi faccio portare alla stazione. La strada attraversa una pianura senza ostacoli. "Non c'era spazio per far passare la ferrovia più vicino alla città?" domando all'uomo alla guida. "Io non mi lamento di sicuro," mi risponde.

Ormai sento il bisogno di verificare tutto. Alla stazione, già immersa nel sonno alle sette di sera, verifico che l'orario pubblicato da *L'Union* sia giusto e che per l'indomani a mezzogiorno sia previsto il passaggio del treno diretto a Franceville. Un uomo con la divisa delle ferrovie gabonesi si rizza dalla panchina dove era sdraiato, si stropiccia gli occhi e mi dice che potrebbero essere anche le due o le tre del pomeriggio. "Se vuole, fra un'ora passa un treno merci che va a Franceville stanotte. Deve fermarsi qui per agganciare un vagone. Può salirci." Capisco che lo alletta l'idea di arrotondare lo stipendio e, in fondo, viaggiare su un treno merci non mi dispiace. "Quanto?" "È solo questione di mettersi d'accordo. Il biglietto normale le costerebbe sedicimila franchi."

La Transgabonaise è famosa anche per essere scandalosamente cara: il biglietto di prima classe per l'intero percorso, undici ore di viaggio, costa 33.200 franchi. Un biglietto aereo da Libreville a Franceville, un'ora scarsa di volo, costa 29.600 franchi. Ne offro diecimila, visto che la somma andrà divisa con il macchinista e il personale di manovra della stazione. Contrattiamo per un quarto d'ora e chiudiamo a 13.500. Divento il re della stazione. L'uomo, che a quest'ora è bigliettaio, capostazione, uomo delle pulizie e confidente dei viaggiatori, mi porta una tazza fumante di caffè. "Lei sceglie di viaggiare su un treno merci. Mi piacciono quelli come lei. È una buona scelta, sa? Ci lavora gente simpatica e dai portelloni si vede meglio il paesaggio. Visto attraverso i finestrini non vale un decimo. I finestrini sono cornici. E poi sono troppo sporchi e appannati. Quando non li hanno sfondati i sassi." "Cornici?" "Sì, cornici troppo piccole per il paesaggio che c'è intorno. Lungo la ferrovia il paesaggio è come un quadro, cambia sempre e merita di essere visto come in un museo. Con la luce giusta, di giorno. È un peccato che lei viaggi di notte." Dopo la parentesi materiale della contrattazione economica, il capostazione si è lanciato nella dissertazione estetica e si esprime come un critico d'arte. "Lei conosce bene quel paesaggio?" gli domando. "Eccome. Facevo il controllore, e ho contato tutti i viaggi che ho fatto lungo la Transgabonaise. Fanno mille e centoventuno."

Il treno arriva puntuale, sferragliando come una catena, e a bordo ricevo un'accoglienza da sultano. Sul vagone dove mi sistemano c'è un salotto destinato a qualche negozio di Franceville. Il divano e le poltrone di ciniglia color nocciola sono protetti da fogli di plastica trasparente. Uno dei manovratori toglie quello del divano e mi fa segno di accomodarmi. "Prego, è tutto suo. Almeno si tolga le scarpe, però," e mi strizza l'occhio.

Sono sdraiato a pochi centimetri dal portellone aperto e mi godo le stelle e la foresta di palme illuminate dalla luna. A un tratto mi sento immensamente felice. Il capostazione aveva ragione: con un finestrino in mezzo non sarebbe lo stesso.

11.

I proprietari del divano reclameranno: su uno dei cuscini c'è una vistosa macchia rossa. È la terra che, nella notte, ha lasciato i miei capelli e si è depositata tra le soffici fibre della ciniglia. Mi sono svegliato nel modo migliore: con un raggio di sole, lo stesso sole che sta diradando la nebbia sul fiume, che mi ha scaldato poco a poco. In lontananza compare un paesaggio irreale dove ciuffi di foresta fitta come moquette lasciano spazio a spianate di sabbia rosso fuoco.

Il treno arriva sull'altipiano di Franceville, a quattrocento metri d'altezza, alle undici, e così riesco a vedere le case bianche come grandi zollette di zucchero. La città è troppo nuova e troppo artificiale per non essere la creazione di un presidente megalomane. Scopro con stupore l'esistenza di un albergo Inter-Continental, dove passare una notte costa come viaggiare in carrozza di prima classe da Libreville. Scopro anche che non ci sono taxi per Bakumba, il posto di frontiera con il Congo: così torno a Moanda, penultima stazione della Transgabonaise sessanta chilometri più a ovest.

"Il manganese è l'unica ragione per cui esiste Moanda," mi dice un francese di mezza età proprietario di una panetteria vicino al mercato mentre compro due voluminosi *pain à la crème*. "Ma non si perda un pranzo in questa città. Moanda è la periferia di Parigi, dicono. Ci sono più francesi che africani. Tecnici minerari, geologi, gente a cui è rimasta solo la consolazione del cibo. Bene come qui non mangerà più per parecchi giorni. Si ricorderà di Moanda."

Il minivan a mille posti per Bakumba non sembra intenzionato a muoversi prima di qualche ora. Lascio il bagaglio a bordo e, dietro alla *gare routière*, trovo un ristorante dove mi servono una fetta di carne alla griglia tenerissima. L'ho scelta io stesso, come vuole la prassi locale, e sono stato a guardare mentre il grasso colava sulle braci. Ho bevuto due birre gelate, e ho mangiato le due sfere di pasta zuccherosa ripiene di una crema resistente al caldo e dignitosa nella sua consistenza.

Nella calura del pomeriggio, il minivan e i suoi passeggeri sono immobili come rocce assolate. L'atmosfera nella stazione è stanca, lenta e stranamente silenziosa. Solo un capretto, legato sul tetto del taxi assieme ai nostri bagagli e cotto a fuoco lento dal sole, bela come se avesse capito che è arrivata la sua ultima ora. Bela e a un tratto mi caga dritto in testa, dal momento che sono in piedi appoggiato alla carrozzeria e sto scrivendo esattamente sotto le sue terga. Il proprietario si precipita fuori dall'abitacolo e mi fa mille scuse, porgendomi un fazzoletto per ripulirmi dall'abbondante pioggia verdastra, poi si rivolge al capretto e, in una scena degna del teatro dell'assurdo, lo copre di insulti a voce alta e di sberle. Mezza *gare routière* si contorce dalle risa, nonostante l'uomo sembri terribilmente serio. Mi avvicino a lui e gli dico che non è niente. "È un maleducato di merda! Mi scusi," ripete. E ricomincia a picchiare.

A Bakumba il mio passaporto viene timbrato tre volte da tre persone diverse. Scopro che i posti di polizia, in questo nulla circondato dalla foresta, vengono indicati con la sineddoche *antenne*, così "*antenne* Bakumba" è il traliccio che svetta sul piccolo villaggio e che assicura le comunicazioni tra il potere locale e quello centrale. Quello che c'è sotto – un piccolo tugurio di cemento rovente, poliziotti in ciabatte, agenti della dogana intenti a scacciare mosche, scrivanie, telefoni, timbri e tamponi, vecchie pistole e macchine da scrivere – perde significato perché quello che si vede da ogni angolo del villaggio, e che ricorda ai cittadini che qualcuno li guarda, è "l'antenna".

Prima del tramonto arriva un *pick-up* che ci porta a Lekoko, dove il Gabon diventa Congo. Il villaggio di frontiera dista cinquanta chilometri della solita pista rossa. "Guardi, questa qui sarebbe la Route internationale," si lamenta l'autista sfiorando le buche. Funge anche da postino, a ogni villaggio si ferma per consegnare lettere e pacchetti. "Non si vergognano?" mi chiede. "Chi?" "I francesi, no? In Gabon e in Congo non hanno fatto altro che rubare. Avessero almeno costruito una strada."

Il posto di frontiera è lungo la pista e se non fosse per la sbarra lo si potrebbe scambiare per una capanna in rovina. Il doganiere congolese mi sottopone al terzo grado di rito e poi pretende il pagamento di una "tassa di registrazione d'ingresso" di cinquemila cfa. "Questa tassa non esiste!" gli dico. "Se non paga non può passare." "Ma ho un visto!" "Non le hanno fatto pagare la tassa, vede?" Mi mostra un visto di tutt'altro paese, e capisco che è analfabeta. "Non ho intenzione di pagare. Vuole lasciarmi a dormire in mezzo alla foresta?" "Allora la devo accompagnare dal comandante, a Mbinda," dice. Poi spegne la candela, chiude la porta della baracca con due giri di fil di ferro, fa lo stesso con la sbarra e sale con me sul *pick-up*. Non mi sono impuntato per una questione di principio, ma perché in Gabon ho speso più del previsto e in tasca non mi rimangono che cinquemila cfa. Poi ho solo dollari e franchi francesi in banconote di grosso taglio.

Il comandante, un omone in caftano azzurro e giallo, esce dalla sua capanna di lamiera lasciandosi dietro una scia di profumo e sputando un ossicino di pollo. Andiamo al posto di polizia, un'altra capanna di lamiera in mezzo a cento. Il doganiere accende una lampadina e ci ritroviamo in una greve penombra. Il comandante parla per cenni del capo e il doganiere traduce in parole, come un computer in grado di analizzare le curve capricciose di una funzione matematica e di trasformarle in sinfonia. "Il comandante dice che lei deve pagare la tassa di registrazione." "No, ho un visto e non pago." "Se non paga siamo costretti a rimandarla in Gabon." Dopo dieci minuti di scontro frontale capisco di non avere scelta. Ho spiegato loro che se pagassi la tassa rimarrei senza denaro per proseguire il viaggio, e per tutta risposta il comandante mi ha offerto di cambiare cento dollari a un terzo del tasso ufficiale. L'unica soluzione che mi resta è quella di barattare il permesso d'ingresso con qualcosa che valga cinquemila cfa e che possa fare gola al comandante.

Gli occhi dei due uomini si illuminano quando improvviso una bancarella e stendo sulla scrivania il contenuto del mio zaino. Si capisce che vorrebbero tutto. Comincio a decantare la mia merce come un sensale arabo. Sono quasi tutti vestiti. Il comandante e il doganiere cominciano a infilarsi e sfilarsi pantaloni e camicie come modelle sul retro del palco di una sfilata. Dopo aver provato tutto, decidono per la giacca pesante. "Avrò freddo di notte," provo a impietosirli. È l'unico indumento pesante che ho portato, ma non potevo nasconderlo alla loro vista avida. "Non vorreste dei pantaloni, delle magliette?" "Vogliamo questa." "Almeno lasciatemi l'imbottitura." "L'imbottitura è per lui, la giacca la prendo io," dice il comandante indicando il doganiere. È la prima volta che parla. "Quella giacca vale diecimila cfa", tento di contrattare. Alla fine ne ottengo seimila, che in virtù della tassa da pagare diventano soltanto mille. "Il tassista aveva ragione, come avete imparato bene dai francesi!" dico. I due, al colmo dell'eccitazione, si lisciano i nuovi vestiti e mi rivolgono un'occhiata distratta. Il comandante si apre in un sorriso bovino e, per la seconda volta, parla: "Può andare. Benvenuto in Congo". (Non mi avevano accolto così anche in Nigeria?)

Fuori dalla caserma incontro uno degli uomini arrivati insieme a me da Bakumba. "Com'è andata?" mi chiede. "Come fa a sapere che è successo qualcosa?" "Non è la prima volta, amico mio. E poi uno stronzo di doganiere non chiude la frontiera per accompagnare un bianco in città se non ha in mente di guadagnarci dei bei soldi." "È una bella accoglienza." "Noi ci soffriamo, che cosa crede? Non c'è bianco che passi di qua, e sono pochissimi, le assicuro, che non venga derubato in un modo o nell'altro. A lei che cosa hanno preso?" "Una giacca pesante." "Avrà freddo. Qui la notte comincia a far freddo, è la stagione delle piogge." Me ne sono accorto. "Dove sta andando?" "A Brazzaville." "Non le conviene andare in macchina. Le strade sono un disastro già nella stagione secca. Quando piove sono paludi impraticabili. Potrebbe impiegarci cinque giorni." "Cinque giorni per cinquecento chilometri?" "È la media nazionale, amico mio." "Ci sono alternative?" domando. "Il treno. Le costa cinquemila franchi, ma è più sicuro e ci mette solo due giorni." Gli chiedo se conosce un posto dove dormire, dal momento che, tolti i soldi del treno, mi rimangono in tasca mille franchi.

L'uomo mi porta alla stazione e mi presenta a un gruppo di ferrovieri che aspettano il treno della mattina dopo per cominciare il turno di lavoro. Sono controllori. Il treno per Brazzaville dovrebbe arrivare verso le sei. È il loro ufficio su ruote. Mi danno una branda in uno stanzino accanto ai binari, un cubo di tre metri di lato dove, grazie alla magia dei tripli letti a castello, possono dormire nove persone. Mangiamo carne in scatola, una baguette floscia per l'umidità e beviamo vino di palma. Il vino di palma, liquido biancastro che al primo sorso sembra nettare, al secondo yogurt e al terzo grappa di pessima qualità, è frutto di un aborto vegetale. I giovani baccelli, futuri cocchi o datteri, vengono uccisi per spremitura, e il liquido che se ne ricava viene lasciato fermentare per ventiquattr'ore. Poi bisogna berlo subito, perché il processo di fermentazione è inarrestabile e in altre ventiquattr'ore la bevanda si trasforma in un ripugnante aceto viscido. Il frutto della palma dà sazietà, il vino dà ebbrezza. In tutta l'Africa centrale si opta per la seconda sensazione.

Philippe, uno dei controllori, mi chiede se ho una coperta. Gli racconto l'episodio della giacca. "Che gran figlio di puttana! Ehi, sentite questa!" e racconta la storia ai suoi colleghi. "È o non è un gran figlio di puttana?" Ha la voce un po' rotta dall'alcol. "Però sai cosa ti dico? Che la colpa non è tutta sua. Sono stati i francesi, a insegnargli la lezione. Sono venuti qui a farci vedere quanto erano bravi a rubare e a imbrogliare, e noi che cosa potevamo fare? Abbiamo imparato. Tieni questa coperta, stanotte fa freddo. Serve anche per arrivare vivi a domattina." Si riferisce alle zanzare che, a milioni, volteggiano nei pochi metri cubi dello stanzino. Sono avide, si sono gettate a decine nella carne in scatola e sul pane per poi morire sazie sotto i nostri denti, e a decine si gettano sulle braccia nude e sulle nuche per morire schiacciate dalle nostre mani implacabili. Se ci fosse silenzio, sono convinto che potremmo sentire il ronzio del loro volo ubriaco.

"Lei dove va?" domanda Philippe, che adesso mi dà del "*vous*". "A Brazzaville." "Allora dovrà scendere a Laudina e prendere la coincidenza con il Train Bleu, che arriva dalla costa, da Pointe-Noire, e viaggia fino alla capitale. La chiamano ferrovia Congo-Oceano. Lei conosce la storia di quella ferrovia? È un bell'esempio di come i francesi hanno sfruttato questo paese e la sua gente." Ha abbassato il tono, e la voce non è più rotta dall'alcol.

Non finisco mai di sorprendermi di come gli abitanti del terzo mondo, dall'Africa al Centramerica al Sud-Est asiatico, conoscano bene la storia dei propri paesi, i nomi degli eroi dell'indipendenza e degli sconfitti del colonialismo, la loro biografia, le date, i luoghi delle battaglie, e sappiano illustrarli con la precisione di chi legge un libro e la passione di chi racconta la genealogia della propria famiglia. Ogni volta mi chiedo se saprei raccontare altrettanto bene a uno straniero il nostro Risorgimento, i moti carbonari, le imprese di Garibaldi, il Carso, la disfatta di Caporetto, il fascismo, la Resistenza e il venticinque aprile, e mi chiedo anche quanti giovani italiani conoscano il nostro tormentato passato.

"Nel 1924 la Francia decise di costruire una strada ferrata che andasse da Brazzaville al mare. La Francia era padrona di mezza Africa centrale: aveva occupato il Congo, il Ciad, la Repubblica

Centrafricana e il Gabon. Tutto questo territorio si chiamava Africa Equatoriale Francese, e Brazzaville ne era capitale. Era un impero immenso, una vacca che dava latte in quantità e a poco prezzo: petrolio, minerali. Ma senza uno sbocco al mare tutto questo latte non poteva raggiungere la Francia. Il fiume Congo è navigabile soltanto fino a Brazzaville. Così decisero per la ferrovia. Erano sì e no trecento chilometri, ma bisognava scavare una galleria nella foresta dura come la roccia. Ci vollero quattordici anni. Quattordici. La manodopera non costava niente perché era forzata, così gli ingegneri di Parigi la utilizzarono senza badare alla sicurezza. Non avevano neanche bisogno di escogitare espedienti tecnici per rendere il lavoro più facile, tanto gli operai lavoravano come schiavi, notte e giorno. Venivano rastrellati nei loro villaggi, come in guerra, e una volta arruolati venivano fatti lavorare finché non schiattavano sulle traversine. Si scandalizzò anche l'opinione pubblica francese, pensi un po', che fino a quel momento ne aveva sentite e ingoiate di tutti i colori. Nessuno sa quante persone morirono per costruire quella ferrovia, affinché la Francia potesse arricchirsi coi minerali del Congo, ma furono migliaia. Migliaia. Quei binari sono una tomba lunga trecento chilometri. Se lo ricordi, quando starà viaggiando sul Train Bleu. Buonanotte."

Vengo svegliato alle cinque e mezzo. Il treno sta per arrivare, puntuale. Sotto la coperta trovo un assortimento di insetti, piccole formiche rosse e minuscoli vermi rosa che strisciano sulle mie gambe. Mi strofino vigorosamente per ripulirmi. Alle sei salgo sulla carrozza, con Philippe che è tornato a darmi del "tu" e mi aiuta a portare il bagaglio. Ieri notte avevo creduto che mi ritenesse responsabile di tutte le atrocità commesse in Congo dalla Francia.

Ci sono donne che vagano a piedi nudi su e giù per il corridoio stropicciandosi gli occhi, bambini e bambine col sesso orgogliosamente esposto all'aria fresca del mattino e uomini dall'aria indolente, in tuta da ginnastica. L'odore di umanità è pungente come quello del mosto. Mi sistemo su un sedile squarciato, vicino al finestrino. Provo il bisogno di sentire il vento sugli occhi, al tatto gonfi e appiccicosi. Il treno procede lento come in un incubo, attraverso una buia galleria di vegetazione verde bottiglia.

Mettersi accanto al finestrino non è stata una buona idea. Quando le carrozze falciano gli alberi fradici della pioggia notturna, interi rami vengono proiettati all'interno del vagone, insieme a insetti dalle antenne smisurate, vermi pelosi dotati di lunghe file di zampe e a falene sconvolte che volano all'impazzata. Negli appunti ritrovo questa frase, e non so quante volte l'ho già scritta: "Giorno dopo giorno ho la sensazione di infilarmi sempre più profondamente dentro le viscere del mondo. Ogni giorno più dentro...".

L'alba è il momento in cui tutti decidono di cominciare a fare qualcosa. I bambini hanno cominciato a frignare, i controllori hanno cominciato a chiedere i biglietti e i passeggeri hanno cominciato a sbraitare. "C'è sempre qualcuno col biglietto sbagliato e che si rifiuta di pagare la differenza. Guarda caso alle stazioni sbagliano sempre per difetto. E poi dicono: 'Adesso non ho più soldi, ma io avevo chiesto un biglietto per Laudina e allora i soldi ce li avevo, non è colpa mia se mi hanno fatto pagare solo fino a Makabana. Perché vuole farmi scendere se non è colpa mia?'. Questo ti dicono. È sempre la stessa storia." Philippe si siede un momento accanto a me, con la borsa di cuoio nero sulle ginocchia, le mani nei capelli. "Che siano scrocconi o morti di fame, con che coraggio li puoi buttare giù?"

Il treno si ostina a non superare i venti chilometri orari. Chiedo a Philippe il perché. "La velocità massima consentita è di trenta chilometri l'ora. È per ragioni di sicurezza. Qualche mese fa c'è stata una sciagura, due treni si sono scontrati frontalmente e ci sono stati parecchi morti. La società gabonese che gestisce questo tratto ha avuto un contenzioso con il governo del Congo. C'è stato un processo, e il giudice ha condannato la società a risarcire i parenti delle vittime. Soltanto che la società non aveva soldi e ha pensato bene di far ricadere la colpa sui suoi dipendenti, trattenendo loro parte dello stipendio per pagare i danni. Il risultato è stato che tre quarti dei dipendenti sono entrati in sciopero, e ora i treni procedono alla cieca, senza casellanti, senza scambisti e manovratori, senza segnali. Quasi tutta la linea fino a Laudina è a binario singolo, e per quel che ne sappiamo potremmo trovarci di fronte a un altro treno in qualsiasi momento. Però la società è ammirevole, no?" strizza l'occhio. "Non hanno mica abolito il servizio. Sarebbe stato più facile." Philippe si alza e torna ai suoi litigi.

A una delle mille stazioni senza nome è salito un venditore di vino di palma con cinque grosse latte piene del liquido frizzante. Alle dieci il sole ha scaldato il fitto strato di nubi e la rugiada è evaporata nell'aria, che è diventata sgradevole da respirare come ovatta. Fa molto caldo, e tutti sudano abbondantemente e bevono per colazione, caraffa dopo caraffa, il vino biancastro che il venditore versa ripetendo una cantilena incessante. I passeggeri accompagnano la libagione con banane fritte, carne arrostita e bocconi di manioca, pane e avocado. Ubriachi e sazi, riversi sui sedili strappati, i vestiti macchiati e ricoperti di briciole, i visi unti di cibo, sembrano i modelli per un quadro di Bruegel, titolo: *Dopo la festa campestre.*

A ogni stazione tutti si svegliano, tormentati dalle mani delle venditrici di frutta e di bibite, che si protendono attraverso i finestrini insistenti come mosche. Di solito le stazioni ferroviarie segnalano la presenza di una città, di un paese, perlomeno di un villaggio. Qui, invece, si incontrano stazioni desolate che sembrano esistere soltanto per costringere il treno a fermarsi e permettere così a dieci donne, con cesti colmi di banane in equilibrio sul capo, di vendere qualcosa ai passeggeri.

In fondo al vagone un gruppo di uomini visibilmente sbronzi si è messo a discutere animatamente sulle sorti politiche del paese, se fosse meglio il marxismo dichiarato e inflessibile del Partito dei lavoratori di una volta, o se sia meglio dare il culo agli investitori stranieri come sta facendo il governo oggi, rischiando però di ritrovarsi ad essere una colonia. Urlano e a un tratto si capisce che si sono divisi in due fazioni, i puristi di sinistra e i filo-occidentali pragmatici. Mezzo vagone si alza, urlando a sua volta, per zittirli.

Passa Philippe con l'aria sconsolata, la divisa accartocciata come se avessero tentato di stirarla con un bulldozer. "Stiamo per passare il primo ponte misto. Ti interesserà," mi dice. Un ponte in Congo si dice "misto" quando su di esso passano, alternativamente, treni e automobili. L'impiantito del ponte è di assi di legno, e i binari sono incassati in modo da trovarsi allo stesso livello delle assi. Naturalmente non ci sono segnali. Quando una macchina vede un treno sul ponte si ferma, e viceversa.

Dopo duecento chilometri la foresta si apre e i binari corrono liberi in una savana piatta e grigia. L'umidità ha il potere di fondere la terra e il cielo in una cortina uniforme color cenere, color latte o color vino di palma. I miei compagni di viaggio hanno voluto offrirmi, a turno, un bicchiere di vino di palma, e non ho potuto rifiutare. Sgorgava dalle taniche senza fondo del venditore come un caldo torrente alcolico. Ne ho bevuto troppo e il mio stomaco mi maledice tra rigurgiti e bruciori. Mi l… braccio per verificare che dai pori non stia traspir… Ho mal di testa. Sento, pungente, l'odore del treno, d… della ruggine, dell'olio, dello sporco di decenni depositato… finta pelle dei sedili.

Quando cala il sole, dopo una giornata di bombardamento da parte dei raggi ultravioletti, accolgo la pioggia come una benedizione. Metto la testa fuori dal finestrino e lascio che le gocce grosse e calde mi rinfreschino, mi puliscano, mi dissetino. I vetri dei finestrini hanno cessato di esistere molto tempo fa, e quei pochi che ancora sopravvivono sono bloccati dalle croste del tempo o sfondati dai sassi. In pochi minuti l'acqua arriva fino alle caviglie e il pavimento della carrozza è una piscina nella quale galleggiano, come in un'oscena versione ferroviaria del Gange a Varanasi, bucce d'avocado, lische di pesce, cosce di pollo mezze masticate, tazze di plastica colorata, un assorbente usato. Uomini, donne e bambini si allontanano dalla pioggia che si abbatte sui sedili e si radunano al centro del corridoio, come per prepararsi a un naufragio imminente. Restiamo così, in piedi, aggrappati ai sedili. Le lampadine sono tutte rotte. Il buio che avvolge il vagone induce al silenzio. Sento l'attrito ferroso delle ruote sui binari, gli scricchiolii delle balestre, il respiro umido dei passeggeri che mi sono vicini e che non posso vedere.

Un'ora più tardi le luci della stazione di Laudini illuminano il vagone. La coincidenza per Brazzaville è dopo quattro ore. "Venga a casa mia," mi dice il professor Samuel Vonka, insegnante di matematica al liceo di Loubomo. "Le offro una doccia." È un cinquantenne dall'aria saggia, al quale durante il viaggio ho confessato di non ricordare più la formula per risolvere un'equazione biquadratica. Mi ha guardato con sospetto, come se non potesse concepire che io avessi escluso l'equazione biquadratica dalla mia esistenza, poi ne ha scritto la formula sul sedile, con l'indice unto dal grasso di una coscia di pollo. Per tutto il tempo mi ha parlato della sua casa, la casa dei suoi sogni che da tre anni sta costruendo a Laudini coi risparmi di una vita. "C'è la doccia calda, venga, venga, ha tutto il tempo di godersela." La casa è immersa in un giardino di palme dalle foglie gonfie di pioggia. Entro, ed è come entrare in una casa della buona borghesia italiana di provincia. Pavimento di marmo lucido, pareti imbiancate a calce, riproduzioni di quadri incorniciate d'ottone, divani paffuti di velluto marrone ricoperti di plastica trasparente,

:on le ante di cristallo affumicato. "Ha visto
ncora molte stanze, guardi, qui in camera da
: dormiamo ancora sul materasso per terra,
no anche il letto. Lo vogliamo d'ottone. Sa
nora? Dodici milioni di franchi. Ma il pezzo
nilione di franchi solo quello. E vada a ve-
o i sanitari: dal suo paese! Si accomodi, è

Anche il bagno è da casa borghese di provincia. Dalla doccia scende una sottile bava d'acqua tiepida e la scarsa acqua mi ripulisce a fatica, ma non voglio approfittare troppo della gentilezza del professore e del suo bagno-totem. Dodici milioni di franchi cfa sono più o meno cinquanta milioni di lire. Come può permettersi una casa simile un professore di matematica?

Quando esco dalla doccia trovo Samuel in giardino davanti a un piatto di noci di cocco, patate dolci e piccoli frutti simili a datteri, dalla buccia color violetto e dalla polpa verde e morbida. Mangio con la stessa avidità con cui mi sono lavato. Da fuori qualcuno chiama a gran voce. Samuel va a vedere. È Philippe. Da oltre un'ora mi cerca per tutto il paese in bicicletta. È venuto a restituirmi il biglietto punzonato, ormai inutile, di un viaggio che ho già fatto. Credeva che mi sarebbe piaciuto tenerlo come ricordo. Gliene sono grato. "Philippe, come hai fatto a trovarmi qui?" gli domando. "Le voci. Un uomo bianco e alto si vede al buio. Addio. La tua coincidenza è alle undici. Non scordarti quello che ti ho detto sul Train Bleu."

Torniamo in giardino. "Visto che efficienza le ferrovie congolesi?" scherza Samuel. Muoio dalla voglia di chiedergli come ha fatto a risparmiare abbastanza soldi per costruirsi una casa da dodici milioni di franchi, e a un certo punto, quando entrambi abbiamo mangiato a sazietà e bevuto una birra fresca, lo faccio. Samuel gira attorno alla domanda e la soffoca con un muro di vaghezza: "Sono sposato da trentadue anni, e anche mia moglie lavora. Fin dal primo giorno di matrimonio, il nostro sogno era di vivere in una casa vera, di cemento, con l'acqua e la cucina. I nostri genitori abitavano nelle capanne di lamiera. Abbiamo lavorato sodo e risparmiato. Io arrivavo a casa da scuola e mi mettevo a riparare le biciclette. Ce l'abbiamo fatta". "Non avete figli?" gli chiedo, e il muro che ha costruito crolla come un biscotto. Abbassa gli occhi e sta in silenzio. Capisco che qualcosa gli suscita una vergogna che non vorrebbe provare. Mi sento a disagio. Dopo una lunga pausa dice: "Io sono sterile. Vedi, in Africa i bambini ti mangiano tutto lo stipendio. Se vuoi che crescano bene, intendo. Io non ho avuto questa possibilità. Avremmo voluto molti figli per dare loro una bella vita. Invece abbiamo costruito questa casa".

Samuel mi accompagna fino alla stazione, che è un carnaio. Tutta la popolazione del Congo, più buona parte delle galline e delle capre, sembra concentrata sulla banchina in attesa del treno per la capitale. "È sfortunato. Durante le vacanze di Pasqua la gente viaggia molto in Congo. Sarà difficile trovare un posto a sedere," mi dice il bigliettaio. Gli faccio osservare che a Pasqua mancano tre settimane. "Qui si comincia a festeggiare con molto anticipo."

Il Train Bleu è come me lo aspettavo: imponente, le carrozze alte sugli ammortizzatori che le sollevano di un buon metro dai carrelli, e naturalmente dipinto di blu, un blu notte. Quando si ferma, in prossimità delle porte si scatena una battaglia feroce tra i passeggeri che vogliono scendere e che spingono e scalciano urlando come forsennati, cercando di scaricare televisori, frigoriferi, ceste di pesce fresco, e quelli che vogliono salire, che si appendono alle maniglie e ai finestrini, urlando ancora più forte dei primi e menando fendenti in ogni direzione come terribili cavalieri medievali. Giganteschi sacchi rigonfi vengono spinti attraverso i finestrini, dall'esterno e dall'interno. Samuel il professore si toglie gli occhiali e scuote la testa. "*C'est la guerre*," dice. "Che spettacolo, eh? È incredibile, incredibile." Mi decido a salire quando la battaglia è terminata e i due eserciti sono intenti a contare i feriti.

Le carrozze sono fetidi dormitori immersi nel buio. Con la sgradevole sensazione di camminare in una fossa comune, calpesto cento corpi umani prima di trovare un posto sul pavimento dove rannicchiarmi. Dai finestrini sfondati penetra un vento freddo, e mi addormento maledicendo il comandante di Mbinda e la sua nuova giacca. All'alba mi ritrovo su un sedile, anche se non mi ricordo di essermi alzato dal pavimento. Molta gente è scesa durante la notte.

Una giovane donna, ben vestita, mi porge delle arachidi tostate ancora calde e una banana. "Le ho appena comprate. Ottime per colazione. Vuoi? Ancora due ore e siamo a Brazza." Lo pronuncia "brasà", con la esse sibilante. "Odio viaggiare in treno," dice. "Sporca." Le guardo il tailleur bianco da capoinfermiera, decisamente fuori luogo su una carrozza lercia come i mercati generali dopo una mattinata di contrattazioni. "Purtroppo in questo paese non ci sono alternative. Se vuoi viaggiare devi sporcarti. E te lo dice una che lavora per il governo e non ha abbastanza soldi per pagarsi l'aereo." Mi allunga un biglietto da visita di carta leggera, con lo stemma della repubblica e l'indirizzo del Ministero dell'interno. Il biglietto mi rivela che ho di fronte Pierrette Bazata, funzionaria del reparto amministrazione. Pierrette ha preso tre giorni di ferie ed è andata a trovare i genitori a Nkayi. Alla stazione di Brazzaville, oltre la cortina di gente urlante, c'è una macchina che l'aspetta: suo fratello alla guida. "Sembri stanco e sporco," mi dice. È ossessionata dallo sporco. "Che ne dici di una doccia e di una buona colazione?" Dico di sì. Mentre riceve notizie dei genitori da Pierrette, il fratello ci porta a casa, a Poto-Poto.

La piccola Brazzaville, mezzo milione di abitanti, già gloriosa capitale dell'Africa Equatoriale Francese, città scelta, nel 1944, da De Gaulle per dichiarare che era giunto il momento di dare più libertà alle colonie africane e di abolire la vergognosa pratica del lavoro forzato, è un villaggio di provincia moltiplicato per dieci o per cento, senza la prosopopea e i tronfi grattacieli delle altre capitali centrafricane. Poto-Poto è uno dei quattro quartieri principali.

Pierrette abita in trenta metri quadri dove la attende una bambina di quattro anni che dorme da sola in un lettino. Mancano i segni della presenza di un uomo. Chi si è preso cura della bambina fino a mezz'ora prima? Il bagno è in cortile, uno spazio aperto, circondato dalle palme, che attraverso con un asciugamano avvolto intorno alla vita. Dai piani alti delle case circostanti mi arrivano molti fischi e qualche urlo. Mi stanno guardando. "Maligni, fatevi gli affari vostri!" urla Pierrette con le vene del collo gonfie di rabbia. Non è una reazione degna di chi viaggia in treno impettita come una principessa nella carrozza di gala, preoccupata del suo vestito bianco. Capisco che dietro alla sua solitudine deve esserci una storia imbarazzante. Una bambina. L'ossessione per lo sporco. La gentilezza. I silenzi. La casa ordinata come un ospedale. I lazzi dei vicini. La casa del professore di matematica sembrava quella di un piccolo, opulento imprenditore di Vicenza. Le grida che risuonavano pochi secondi fa potevano essere le stesse di un cortile del rione Sanità. È poi così diversa la provincia italiana da quella congolese?

Nel bagno, un cubicolo di cemento col pavimento di terra battuta, mi attende un secchio d'acqua già calda: una di quelle magie che solo le donne sono in grado di compiere. Entro nel secchio e mi lavo con cura. Il tepore dell'acqua scaccia dalle mie ossa il gelo della notte sul treno. La casa di Pierrette è un lungo intestino che si addentra in un addome cubico di cemento, poco più di un corridoio con una stanza da letto in fondo e la cucina all'inizio, con un tavolo e due sedie.

In Congo l'ospitalità segue un copione prestabilito. Esco dal bagno e trovo sul tavolo un'omelette fumante ripiena di prosciutto e formaggio e un bicchiere di Coca-Cola dove nuotano alcuni cubetti di ghiaccio. Devo aver mangiato e bevuto con l'avidità di un profugo, perché Pierrette mi fissa e sorride. "Tu non mangi?" le chiedo. "Non ho fame. Tu ne avevi. Si vedeva da come divoravi le arachidi sul treno. Mangiare ti ha fatto bene."

Adesso vorrei domandarle che cosa volevano i suoi vicini di casa, e il perché della sua collera, ma mi trattengo. C'è una cosa, però, che non riesco a impedirmi di fare. Quando Pierrette esce in cortile per un attimo mi alzo rapidamente, apro la porta del frigorifero e getto un'occhiata dentro. Sarà stato un caso, ma non c'era più un uovo, né una fetta di prosciutto, né un pezzo di formaggio, né una bottiglia di Coca-Cola. Era completamente vuoto.

12.

Il porto di Brazzaville odora di fiume e di intrighi anche alla luce del giorno. Sulle banchine si comprano banane, coccodrilli, eroina, marijuana e vecchie puttane afflosciate dal clima e dagli anni. In lontananza dondolano, ancorate a gigantesche bitte, la *Ville de Brazza*, la *Ville de Ouesso* e la *Ilala*, tre motonavi che due volte al mese fanno la spola lungo il fiume Congo tra la capitale e la Repubblica Centrafricana (Bangui) e tra la capitale e il Camerun (Ouesso). Cubi bianchi che offendono l'idrodinamica e che nascondono un possente cuore diesel da decine di migliaia di cavalli destinati a trainare treni infiniti di chiatte brulicanti di vita, metropolitane acquatiche che si fermano a ogni villaggio per caricare e scaricare contadini, trafficanti, studenti, puttane e magnaccia, finti uomini d'affari con finte valigette di finta pelle, finte guardie del corpo con mitra di legno, venditrici di frutta, pastori con le loro mandrie, automobili imbottite di pesce essiccato, cacciatori di coccodrilli. Prima classe con aria condizionata e cameriere, classe turistica senza né l'una né l'altro, seconda classe con un tetto di lamiera sulla testa e le capre come possibili compagne di viaggio.

Ammirevole la strategia di chiamare seconda classe ciò che corrisponde a un carro bestiame. Ti fa sentire più importante di chi viaggia in un'ipotetica terza classe che, su queste navi, comporterebbe lo stare aggrappati all'elica. L'orario ufficiale annuncia una partenza ogni due settimane, quello realistico dice "*Demain. Demain, peut-être.* Forse domani si saprà qualcosa". Dipende dalle piogge, dalle maree, dai guasti al motore, dalla disponibilità di gasolio, dall'umore del comandante dai galloni lucidi. Invece il traghetto unto che in venti minuti ti porta a Kinssa, dall'altra parte del fiume che divide il Congo dallo Zaire, parte ogni ora. Non importa se quello delle undici parte a mezzogiorno e quello di mezzogiorno parte all'una. Tra una partenza e l'altra passa sempre un'ora.

Mi affascinano i fiumi che separano un paese da un altro – semplici letti di fango pieni d'acqua dolce e di pesci gatto – che assurgono alla gloria di linea di confine. Qui il Congo, quattromila e duecento chilometri di energia idroelettrica che scorre lenta fino all'Atlantico, stabilisce tra le altre cose che sulla sua riva occidentale il tasso d'inflazione annuo è negativo, mentre su quella orientale è del 24.000%; Che sulla riva occidentale il prodotto nazionale lordo pro capite è dieci volte quello della riva orientale; che da un lato c'è il Purgatorio, mentre dall'altro crepitano le fiamme dell'Inferno.

Satanasso ha le guance paffute, un tasso di colesterolo inaudito per la media africana, porta gli occhiali spessi un dito con la montatura nera da ragioniere e il berretto di leopardo. Una faccia da studente universitario mantenuto dai genitori e fuori corso da vent'anni. Il suo nome all'anagrafe è Joseph Desiré Mobutu. Quello di battaglia è Mobutu Sese Seko Koko Ngbendu Wa Za Banga, ovvero "L'onnipotente guerriero che, con la sua resistenza e l'inflessibile volontà di vincere, passerà di conquista in conquista lasciandosi il fuoco alle spalle," alias "Grande Timoniere", "Padre della Nazione" e "Guida Suprema", presidente e padrone dello Zaire e dei suoi trenta milioni di sudditi, salito sul trono nel novembre del 1965, in seguito a un colpo di stato militare che rovesciò Joseph Kasavubu, successore (per decreto del piombo e del sangue) di Moses Tchombé, che governava l'allora Congo Belga con l'aiuto dei mercenari, dei militari americani e dei paracadutisti mandati da Bruxelles da re Baldovino.

Metto in tasca circa duemila copie del suo ritratto in alta uniforme, quando scendo al porto di Kinshasa e cambio duecento dollari americani per duecento milioni di zaire in banconote da centomila. Il rotolo ciclopico di carta filigranata non passa sotto il vetro del cambiavalute, e questi esce dalla cabina, guardandosi intorno circospetto, per consegnarmelo. Sulle banconote Mobutu fissa il vuoto con lo sguardo sognante. Porta la fascia di broccato a tracolla e il berretto bianco da gran maresciallo con lo stemma della repubblica che ogni giorno deruba delle sue ricchezze. Metto il biglietto di sbieco e cerco di incrociare gli occhi di Mobutu, ma mi sfuggono. Il tipografo ha fatto un buon lavoro. Ricorda certi ritratti di maharaja che le guide mostrano nei palazzi del Rajahstan spiegando, orgogliose, come il pittore o il fotografo siano riusciti a creare l'illusione che gli occhi del principe seguano chi li osserva. Qui, però, c'è l'effetto opposto. Ancora non lo sospetto, ma nelle prossime due settimane tirerò fuori di tasca la banconota decine di volte per maledire faccia a faccia l'uomo che ha devastato lo Zaire. Eppure non riuscirò mai a guardarlo dritto negli occhi.

"Sono come carta igienica, buoni solo per pulirsi le chiappe," mi dice un commerciante libanese che ha cambiato i suoi cfa prima di me. "Lo zaire non vale più niente. Lo sa quanto costava sei mesi fa un sacco di farina di manioca da venti chili? Quaranta, cinquantamila zaire al massimo. Adesso costa ottocentomila zaire, e chissà, domattina potrebbe valere un milione e mezzo. E cosa fa lo stato per evitare la fuga di capitali? Congela i conti in banca. Ti svegli una mattina e zac! non puoi più toccare i tuoi soldi. Sono quattro mesi che non si può ritirare più di un milione al giorno dal conto corrente. Un milione al giorno è niente, si rende conto, niente. Io esporto minerali. Ogni giorno è più dura. Dopo la rivolta dei militari siamo arrivati al culmine. Ho mandato la mia famiglia a Johannesburg, vado a trovarli una o due volte al mese. Se continua così mollo il colpo e me ne vado anch'io."

Nel 1991, dopo sei mesi che non ricevevano lo stipendio, i militari si sono riversati per le strade. Hanno sfogato la loro rabbia saccheggiando, distruggendo, violentando. Settimane dopo, all'ambasciata italiana di Lusaka, mi sarebbe stato raccontato di civili in fuga arrivati in mutande, di due aerei carichi di donne violentate e bambini che non sapevano più dove fossero i loro cari, di un vecchio buttato fuori di casa a calci nelle costole: "Fai la valigia," gli hanno detto, e poi gli hanno bruciato la casa sotto gli occhi, di un altro che non la smetteva di tremare e ripeteva: "Voglio tornare a Kinshasa, al mio giardino".

Mobutu ha assistito a tutto questo, indifferente, dal ponte del suo *Kamanyola*, lo yacht presidenziale ancorato al largo della capitale, presidiato come un fortino e con un elicottero sempre pronto a decollare dalla tolda. A sopprimere i facinorosi e a riportare l'ordine ci hanno pensato i suoi pretoriani. Il presidente della Francia Mitterrand, che due anni prima, al vertice di La Baule con i dittatori dell'Africa francofona, aveva minacciato a gran voce di congelare ogni aiuto finanziario e militare se questi non avessero varato seri programmi di riforme politiche ed economiche, ha taciuto. L'Europa ha taciuto. Le Nazioni Unite hanno taciuto.

Tutti i giornali del mondo hanno descritto le scandalose tresche di stato organizzate dal Padre della Nazione. Il settimanale "The Economist" ha valutato che il suo patrimonio personale si attesta tra i cinque e i nove miliardi di dollari, una cifra che, da sola, basterebbe a pagare l'intero debito estero, stimato in sei miliardi di dollari. Il mensile americano "Fortune" lo ha collocato tra i cinque capi di stato più ricchi del mondo. Anche le casalinghe dei sobborghi di Bruxelles sanno che Mobutu possiede palazzi, castelli, ville e appartamenti in Belgio, in Italia, in Francia, in Costa D'Avorio e in Senegal. Eppure, ogni anno, giungono puntuali gli aiuti internazionali: tra il 1970 e il 1989 sono arrivati un miliardo e cento milioni di dollari dagli Stati Uniti, sette miliardi di dollari dall'Europa, trentacinque milioni dall'Opec e duecentosessantatré dai paesi del blocco comunista.

Quando prese in mano le redini del Congo belga, Mobutu si lanciò nella celebre campagna per l'"autenticità africana": cambiò nome al paese, a se stesso e alle città (Léopoldville divenne Kinshasa, Stanleyville divenne Kisangani, Elizabethville divenne Lubumbashi), stravolse l'anagrafe ordinando ai cittadini di mutare i propri nomi di battesimo occidentali in nomi swahili, kikongo, shiluba o lingala, e impose l'uso del completo tradizionale al posto della giacca e della cravatta negli uffici pubblici. Poi – sempre in nome dell'autenticità – cominciò a dimostrare quanto autentica fosse la sua vocazione di ladro. Iniziò con l'espropriare mezzo miliardo di dollari in capitali stranieri e si circondò di una corte di satrapi fedeli, che rese partecipi del ladrocinio e trasformò in milionari. Mobutu aveva in mano una gallina dalle uova d'oro, e la sfruttò fino all'esaurimento.

Montesquieu scrisse dell'oro: "È un metallo di per sé assolutamente inutile e costituisce ricchezza solo perché l'uomo lo ha scelto come simbolo di essa". In miliardi di anni gli spostamenti delle placche geologiche, le pressioni immani dei gas e del magma, le oscure, interminabili alchimie avvenute nei recessi sotterranei della terra hanno fatto girare una inconsapevole ruota della fortuna. A poche e remote zone del pianeta questa lotteria cieca ha assegnato i premi più consistenti, concentrazioni immense di minerali per i quali gli uomini, molti millenni più tardi, sarebbero stati disposti a pagare fortune, a truffare, a uccidere.

Lo Zaire, paese dello "scandalo geologico" katanghese, possiede entro i suoi confini una di queste concentrazioni. È il primo esportatore mondiale di cobalto, il quarto produttore di diamanti e uno dei primi dieci di uranio, rame, manganese e zinco. Il sottosuolo dello Shaba (ex Katanga) e del Kasai è un susseguirsi ininterrotto di giacimenti di smeraldi, malachite, oro, argento, stagno, cadmio, tungsteno, radio, germanio, ricchezze che in passato hanno rimpinguato i forzieri centrali del Belgio, che hanno scatenato guerre sanguinose e che ancora oggi alimentano, nelle due regioni, i fuochi indipendentisti, soffocati regolarmente nel sangue.

Lo Zaire potrebbe essere la nazione più ricca dell'Africa, ma la disastrosa gestione dell'economia continua a mantenere la popolazione nel fango della povertà. Dal 1980 al 1990 il potere d'acquisto dei salari è calato fino al 500% annuo. Negli anni settanta il paese esportava derrate alimentari, mentre oggi il 40% del cibo consumato proviene dall'estero. Quarantacinque abitanti su cento sono disoccupati. Il salario medio di un impiegato statale equivale a quaranta dollari, che non bastano nemmeno a sfiorare la soglia di sopravvivenza.

Mobutu è il vate, la musa ispiratrice, il modello di tutti i despoti africani. "E non se ne andrà finché non gli prenderà un colpo," mi dice in un bar di Kinshasa un diplomatico europeo che prega di restare anonimo. "Sa benissimo che se perdesse il potere e la protezione della Francia sarebbero migliaia a volerlo morto. E poi credo che la sua paura principale sia un'altra: assieme al potere, rischierebbe di perdere tutte le sue proprietà."

Le tre parole del motto nazionale, giustizia pace e lavoro, sono state sostituite da una sola: corruzione. Sono corrotti i militari, corrotti i doganieri, corrotti i poliziotti che ai posti di blocco rompono con un colpo secco di manganello i fanalini posteriori delle automobili per poter multare il proprietario, corrotti i medici che si rifiutano di curare i malati e i becchini che si rifiutano di seppellire i morti senza aver prima ricevuto un *cadeau*, corrotti gli impiegati postali che staccano i francobolli dalle lettere per rivenderli e anche le mignotte che, mi racconta un viaggiatore tedesco incontrato nella capitale, giunte a metà dell'opera ti chiedono una tangente per continuare, e se non paghi fanno un fischio ed ecco che entra il magnaccia a minacciarti con una calibro 38.

Kinshasa è una città caotica, opprimente, tagliata in due dal Boulevard du 30 Juin, una lunga cicatrice d'asfalto dove il traffico sfreccia su otto corsie e i pittori espongono tele sulle quali i tubi di scappamento vomitano implacabili conati di fumo denso. Non mi piacciono i suoi grattacieli anneriti dallo smog, né gli osceni *city train*, involuzione genetica dell'autobus urbano nata dall'accoppiamento tra la motrice di un camion e una sorta di gigantesco vagone bestiame con pochi finestrini e troppi passeggeri.

Vado in taxi all'hotel Inter-Continental, un'oasi di opulenza e di ottoni nella zona residenziale di Gombé, dove sei minuti di telefonata in Italia mi costano 120 dollari americani. La città pullula di bar e locali dove la birra nazionale Primus scorre a fiumi e risuona prepotente il ritmo del congo, la musica più popolare del Centrafrica. "Fratelli e sorelle che portate il virus, non contagiate gli altri," canta una voce profonda al ritmo dei tamburi e ti ricorda che l'Aids – Sida per i francofoni malati di esterofobia linguistica – è diffuso in Zaire quanto le banconote con l'effigie di Mobutu.

Mi infilo in un ristorante dove mi servono una bistecca di facocero tenerissima, una scodella di *fufu*, impasto appiccicoso di batata e manioca, e una birra gelata, prima di cominciare un viaggio di duemila e novecento chilometri che durerà esattamente due settimane.

L'Arrêt Pascal, alla periferia est della città, è una *gare routière* nata spontaneamente in mezzo alla strada. Una mattina, un gruppo di tassisti ha deciso che quello era un ottimo posto per aspettare i clienti, e ha fermato le Land Rover ai lati della grande strada, che subito fuori dalla capitale prende il nome di Route nationale n. 1. In pochi mesi, due delle quattro corsie sono state occupate da automobili, pullman, camionette, fuoristrada e *pick-up*.

La fila si estende per mezzo chilometro. Metà di ciascuna delle due corsie rimaste libere è invasa da un inferno di uomini, donne, bambini, neonati, capre, cani, scatoloni, sacchi di iuta, ceste e carretti di venditori ambulanti di benzina in bottiglia a centoventimila zaire al litro. Talvolta capita che un camion troppo veloce o con i freni troppo consumati o con l'autista troppo ubriaco piombi sulla folla e faccia una strage. "È successo anche la settimana scorsa," precisano i mercanti che si aggirano tra la gente come fantasmi senza pace e che da questo assembramento traggono il proprio guadagno. I marciapiedi sono tappezzati di bancarelle. Strati di polvere, di fanghiglia e di luce grigia ricoprono tutto e danno alla stazione un colore uniforme, come in una foto in bianco e nero sovraesposta.

I taxi collettivi sono diretti a Kikwit, 520 chilometri a est di Kinshasa. Qui finisce l'asfalto, la Route nationale n. 1 si trasforma in una pista che metterebbe in difficoltà anche un carrarmato e buona parte dei veicoli torna alla capitale. Il tratto Kinshasa-Kikwit costituisce un terzo scarso della rete di strade asfaltate del paese: 1700 chilometri in tutto. Per il resto lo Zaire, che ha una superficie pari a quasi otto volte quella dell'Italia, non ha che piste devastate dalle piogge e dalle voragini e interrotte da alberi crollati, ma il governo si ostina a chiamarle "strade nazionali".

Pago due milioni e mezzo di zaire per il taxi fino a Kikwit. La Land Rover, in stato avanzato di putrefazione, mi fissa prostrata mentre carico il bagaglio sul tetto. Dentro conto diciotto persone. "Prima di un'ora non partiamo, si deve ancora riempire," mi dice il padrone. Mi domando come facciano a entrare più di diciotto persone in una Land Rover e se alla redazione del Guinness dei primati conoscano i taxi dell'Arrêt Pascal. Approfitto dell'attesa per visitare la stazione e scattare qualche fotografia.

Tre click e già vedo, attraverso il mirino, due baschi rossi che si avvicinano. Al quarto click le facce poco cordiali dei paracadutisti sono l'ultima cosa che fotografo. Mi prendono per gli avambracci e mi portano alla loro camionetta senza lasciarmi parlare. Venti minuti di viaggio in direzione di Kikwit. Silenzio totale dei due. "Ho il permesso per fotografare," dico, "voglio sapere dove stiamo andando." "*Quartier général.*" Merda. Penso a Moroldo e lentamente comincio ad avvolgere il rullino. Un bel quartier generale, niente da dire. Cancello di ferro battuto dipinto di fresco, ottoni lucidi come quelli di una nave scuola, un lungo viale alberato che potrebbe portare alla reggia di Versailles. Invece mi trovo davanti un palazzone quadrato pieno di antenne e di tute mimetiche.

Il comandante se ne frega del mio permesso per fotografare. "I miei uomini dicono che stava facendo loro il ritratto." "Allora se lo tenga." Apro teatralmente il dorso della macchina fotografica e estraggo il rullino con gesto da prestigiatore. È un rullino vergine. La mia reazione lo spiazza. Tace per un attimo e fissa la pellicola che gli ho messo in mano. Poi si riprende: "Lei crede di poter giocare con me? In questo paese non può fotografare quello che le pare e poi pentirsi e consegnare il rullino". "Ho un permesso," dico. "Lei non ha un permesso per fare foto alle autorità di pubblica sicurezza!" Mi spara in faccia l'urlo accompagnato da una pioggia di saliva. Ho l'impressione che la rabbia sia riuscita a sopraffare i suoi pigmenti naturali e l'abbia fatto diventare rosso in volto. Quale sicurezza garantiscono i suoi uomini, visto che di solito vanno in giro a saccheggiare negozi e a intascare tangenti? Vorrei chiederglielo, ma ingoio la domanda. "Io stavo fotografando un camion. Sono stati i suoi uomini a mettersi in mezzo," preciso. Stavolta è lui a spiazzare me con una risata da uomo delle caverne. "Che diavolo gliene importa di fare la foto a un camion?" "È un ricordo di viaggio." Ride ancora, semisdraiato dietro la scrivania. "Un ricordo di viaggio! Un ricordo di viaggio! Se lo tenga, il suo ricordo," e mi restituisce il rullino. Diventa improvvisamente gentile. "La riporto all'Arrêt Pascal."

Sono passate quasi due ore, e temo che il mio bagaglio sia ormai in viaggio per Kikwit. Montiamo sulla camionetta verde e percorriamo a ritroso il viale di Versailles. Oltrepassato il cancello, il comandante ferma la macchina. "Lei sa di dover pagare il carburante per questo viaggio?" "Ma saranno dieci chilometri." "Non sono tenuto a riportarla indietro. Potrei lasciarla qui, in mezzo alla strada." Sorriso da pitone che ha già mezzo stritolato la preda e si appresta a spalancare le mascelle per inghiottirla. "Non ho chiesto io ai suoi uomini di sequestrarmi." Non vedo passare molti taxi, e ho fretta di arrivare alla stazione. Ci accordiamo per quattro bottiglie di benzina, che probabilmente finiranno nel serbatoio della sua auto privata.

Ritrovo la mia Land Rover piena come un barile di aringhe, e non posso fare a meno di ammirare l'onestà dell'autista. "Aspettavo soltanto lei. Ho visto che la portavano via: '*Pas de photos, pas de photos*'." Mima un militare sul presentat'arm con la mascella prominente e il mitra in mano. Il comandante lo guarda storto e abbassa la spalla per mostrargli le stellette di colonnello, poi gira la macchina e sgomma in una dimostrazione di potere motoristico.

Partiamo col buio, alle otto. Mi hanno tenuto un posto sul sedile anteriore. Quando aggrediamo la prima collina, la vecchia jeep arranca sui tornanti urlando tutto il suo dolore. L'autista guida con la testa fuori dal finestrino come il ferroviere di un'antica locomotiva a vapore, e scruta preoccupato le ruote.

Ci imbattiamo nel primo posto di blocco dopo mezz'ora di viaggio. Ci sono due grosse pietre sul selciato e alcuni paracadutisti. Una sedia strategicamente piazzata sul ciglio della strada ospita un peso massimo con la barba di tre giorni, l'uniforme mimetica e il basco rosso. Chiama a rapporto l'autista con un cenno del dito indice. L'uomo quasi si inginocchia ai piedi di tanta enormità addestrata all'aviolancio e all'estorsione. I due parlano per un quarto d'ora. Uno dei paracadutisti addetti alla rimozione dei macigni ficca la testa nell'abitacolo. "Tieni, per te e i tuoi compagni," dico porgendogli un pacchetto di Marlboro pieno a metà. Scappa saltellando di gioia. "Quanto ha voluto?" chiede il meccanico all'autista accennando col capo al Buddha in divisa. "Duecentomila."

I soldati tolgono le pietre. È il sistema. Giustizia, pace, lavoro e corruzione. L'autista non si lamenta. Probabilmente persino l'ostetrica che ha assistito sua madre al momento del parto ha chiesto una tangente, e ciò ha determinato un'abitudine alla corruzione fin dalla nascita. Sa che il gendarme lo deruba perché non riceve lo stipendio, e sa che, a sua volta, dovrà rifarsi derubando i passeggeri di quel poco che la sua coscienza gli permette di fare. Alla fine nessuno perde, perché tutti finiscono per rubare a qualcun altro nell'eterno divenire del ladrocinio. È lo stato intero che si disgrega come la carcassa di un elefante al sole della savana, in un lento processo di degrado che porta all'estinzione del concetto stesso di stato.

Da bambino, quando si andava in vacanza al mare, mi piaceva contare i ponti sull'autostrada. L'abitudine di contare i posti di blocco mi è venuta in Libano, nel 1990. Percorrevo due volte al giorno la strada tra Beirut e Tiro, e ogni volta venivo fermato e perquisito. Cominciai a contare. Tra forze dell'Onu, siriani e libanesi c'erano trentotto posti di blocco in neanche cento chilometri. Ma non mi chiesero mai nulla oltre ai documenti e al lasciapassare. Qui la media è molto più bassa. Si incontra un manipolo di parà ogni cinquanta chilometri. Però si sa già che i militari si comportano da esattori.

Continuiamo a salire, e ci infiliamo nelle nubi. Comincia a far freddo. L'umidità aggredisce l'impianto elettrico della macchina e fa spegnere i fari. Proseguiamo alla cieca, invisibili, investiti ogni tanto dagli abbaglianti imperiosi di camion lanciati in discesa che sterzano all'ultimo momento con un urlo isterico di clacson. L'autista fatica terribilmente a mantenere il controllo del mezzo, perché guida schiacciato contro il volante che avrà un settanta centimetri di diametro e, probabilmente, è stato recuperato da un autocarro. Inoltre, una certa lentezza di riflessi dell'uomo e la cecità forzata ci portano più di una volta a un passo dallo sfracellarci contro paurose masse scure che si indovinano dietro i coni di luce dei fari o, in alternativa, dal rovinare nel profondo burrone alla nostra destra. Ciascuno di questi momenti drammatici è sottolineato da poderose urla provenienti dal cassone e da uno strozzato "Vaffanculo!" emesso dalla gola dell'autista. È dunque con un certo sollievo che mi lascio andare sullo schienale quando la Land Rover cede e siamo costretti a fermarci.

Accade su un tornante, a una cinquantina di chilometri da Kinshasa. Dalla scatola del cambio sotto i nostri piedi si leva un ruggito di bestia metallica morente, poi il nulla. La macchina, priva di alcuni ingranaggi fondamentali, si ferma. Il blocco dei passeggeri comincia a sfaldarsi e perde la sua compattezza cubica: scendono uno a uno massaggiandosi le membra intorpidite e prendono a inveire contro l'autista, che è già sdraiato sotto la sua creatura asfittica e tenta una rianimazione a lume di fiammifero, colpendo i meccanismi con martello e cacciavite. Passa un camion diretto a Kikwit e si ferma. L'autista ha fiutato l'affare. Quasi tutti chiedono di proseguire col camion e, nella nebbia, comincia una lite furibonda col padrone della Land Rover per farsi restituire i soldi. Riesco a spuntare due milioni, uno dei quali finisce nelle mani del camionista.

Salgo nel cassone, dove mi assale il fiato collettivo di un'umanità rassegnata agli stenti, e mi sistemo su un'enorme cesta di vimini che contiene qualcosa di morbido. Nella jeep credevo facesse freddo. Quando partiamo l'aria gelida ci assale. Nel buio totale infilo le mani nel mio zaino e cerco il sacco a pelo, che mi avvolgo addosso come un bozzolo. Viaggiamo tutta la notte in un paesaggio invisibile che, nel dormiveglia, immagino inospitale come quello di Venere. Solo all'alba scopro di aver giaciuto su un blocco di pesci surgelati, e io sono surgelato come loro. Il proprietario è infuriato con me: "Me li ha sciolti tutti col calore del suo corpo". I passeggeri ridono di gusto e fanno il gesto di annusarsi i vestiti.

Per la prima volta vedo in faccia i miei compagni di viaggio e li conto per istinto: trentaquattro. Sono sdraiati, incastrati, abbarbicati, schiacciati tra bidoni di benzina, caschi di banane, valigie, sacche, ceste e altri recipienti che contengono un campionario di tutte le merci del mondo. Sessantotto occhi mi fissano, imparano il mio nome, per loro Serge, e mi adottano come mascotte di bordo: un pazzo o un disperato che, come molti di loro, deve andare con questo trabiccolo – che trecentomila chilometri fa portava degnamente sul muso lo stemma della Mercedes – fino in fondo al paese e oltre, in Zambia.

Il paesaggio è più accogliente di come lo avevo immaginato: una foresta fitta dalle foglie giganti e l'improbabile promessa di un cielo azzurro dietro al muro gommoso delle nuvole. La strada è asfaltata, ma le bombe vi hanno scavato buche profonde come un uomo.

"Serge, perché fino a Kikwit non hai preso l'autobus della Sotraz? Costa più del camion ma è di lusso, c'è anche l'aria condizionata. Ce n'è uno ogni mattina presto," mi dice una donna intenta ad allattare un bambino al quale ogni scossone strappa di bocca il capezzolo. "Ha due mesi e l'ho chiamato Laurent, come monsignor Monsengwo." L'arcivescovo è l'eroe delle masse, l'unico uomo politico zairota che abbia il coraggio di sbattere la verità in faccia a Mobutu. Troviamo l'autobus della Sotraz, quello partito da Kinshasa ieri mattina, qualche chilometro dopo: l'albero di trasmissione spezzato in tre tronconi e deposto come un cadavere sull'asfalto. L'autista è rimasto solo e siede sconsolato con la schiena appoggiata a una ruota, in attesa del suo destino. "I passeggeri se ne sono andati, hanno preso un camion," ci dice.

Un'ora più tardi incontriamo il camion: è uscito di strada e si è capovolto su un fianco a trecento chilometri dalla capitale. Il carico si è rovesciato sull'erba. I passeggeri si sbracciano quando ci vedono. Qualcuno ha il volto insanguinato e aspetta un passaggio per Kinshasa sul lato opposto della carreggiata. Alcuni dormono per terra. "Un colpo di sonno," dice una voce. "Era ubriaco," ribatte un'altra. "Feriti gravi?" domanda il nostro autista. "Per fortuna no." Salgono due militari in divisa, diretti come me a Lubumbashi, al confine. Mi si siedono accanto e fanno subito le presentazioni. "Kalenga." "François." "Scuola di gendarmeria nazionale," aggiungono. All'inizio li guardo con sospetto, anche se gli altri passeggeri non sembrano farci caso. Dopo un po' che viaggiamo, però, François si avvicina e mi dice a bassa voce: "C'è stato un morto". "Dove?" "Sul camion. L'autista. Nessuno ha detto niente quando hanno visto un bianco. Non hanno voluto che pensassi male dello Zaire. Tu hai freddo. Prendi questo." Mi porge un maglione verde oliva. È troppo stretto, ma lo indosso con gratitudine. Non sono più tanto sospettoso nei confronti dei due militari. "Come poliziotti non avreste dovuto rimanere lì?" "Futuri poliziotti, *mon cher ami.* Frequentiamo ancora la scuola, e dall'altro ieri siamo in licenza. Trenta giorni. La prima dopo un anno di corso. Se va bene, per arrivare a Lubumbashi ci vorranno dieci giorni. Calcolane altri dieci per tornare, diciamo quindici per evitare sorprese e non rischiare la diserzione. Rimangono cinque giorni da passare con i genitori, con le mogli e con i figli. Un anno che non vedo mia moglie e i miei figli, e ho solo cinque giorni da passare insieme a loro. Poi mi aspetta un altro anno a Kinshasa. Mi dispiace per quel poveraccio, ma ormai la polizia non gli serve più."

Era Kalenga a parlare. Al discorso si unisce anche François: "Alla scuola ci insegnano soltanto cazzate. Tenere buona la gente col manganello e con la pistola. Non impari mica a comporre un morto, o a soccorrere un ferito. È per la famiglia che siamo lì, per mantenere la moglie e i figli. Quasi tutti sono lì per questo. Molti vogliono il potere, perché indossare un'uniforme in Zaire significa ricevere regali, o estorcerli. Ma c'è una parte di noi che rifiuta questo sistema. Alcuni di noi sono lì soltanto per la famiglia, credimi". La segregazione della caserma gli ha fatto venir voglia di sfogarsi, di parlare.

Non faccio fatica a credere che alla scuola di gendarmeria ci siano allievi convinti di poter fare i poliziotti veri. Ma che cosa accadrà quando si ritroveranno in pattuglia con una masnada di vecchi ladri sottopagati e che per di più non ricevono lo stipendio, quando dalla realtà suadente dell'accademia passeranno a quella dura della professione di stato con uno stato che non li paga? Domando: "Non avete diritto a uno sconto sul biglietto aereo?" ma so già la risposta. "Sarebbe troppo bello. Due ore e sei a casa. Sempre che l'aeroplano parta, perché le compagnie aeree di questo paese sono con le pezze al culo e non hanno soldi neanche per il carburante. Ma ricordati: lo Zaire non regala niente a chi serve la patria. Cosa credi, che per andare a Kikwit abbiamo pagato meno di te perché portiamo la divisa? Niente sconti in Zaire, *mon cher ami.* Casomai maggiorazioni." Venticinque anni all'anagrafe, facce da trentenni e tono da sessantenni delusi da una vita passata troppo velocemente.

Anche il camion va troppo veloce sul rettilineo. Passiamo in mezzo a un villaggio come una meteora e spiaccichiamo due cani nel giro di dieci secondi, proiettando ai lati delle ruote stracci pelosi e sanguinolenti che atterrano sull'asfalto con un ultimo guaito. "Accidenti, e se fossero stati bambini!" dice un passeggero. "Non si sarebbe fermato manco se fosse stata sua madre. Questi qui" dice un altro, e indica la cabina, "hanno solo fretta di arrivare."

Una sola persona, tra quelle che viaggiano nel cassone, ha l'autorità di fermare il proiettile a sei ruote con un colpo della mano sulla cabina. È un membro dell'equipaggio che ha in mano una lista delle fermate. Bussa quando deve far scendere un passeggero o quando deve lanciare un pacchetto. "Che credevi, che ci fossero i postini?" sogghigna con la lingua da rettile che si agita dietro la gabbia di denti gialli e marci. Poi bum, bum, altre due botte sul metallo e via.

Solo una volta, alle porte di Kikwit, il camion si ferma spontaneamente. Accosta di lato, spegne il motore, e rimaniamo così, in silenzio. Penso a un guasto meccanico, ma nessuno scende. Si ferma anche la lingua del capo cassone. Guardo negli occhi i passeggeri e capisco che ne sanno quanto me. Non parlano, non si guardano intorno, non approfittano della sosta per mangiare o ridare vita agli arti mummificati. Mi sorprende la loro incapacità di reagire: sembra perfettamente normale che il camion sia fermo e che non accada nulla. Sto a guardare curioso questa seduta di meditazione collettiva, e passano cinque minuti. Quindi la tosse catarrosa del motorino d'avviamento ridà vita ai pistoni addormentati. Ripartiamo senza un perché.

La lingua del capo cassone anticipa la mia domanda, lesta come un cobra che si scaglia contro la mangusta. "In quel punto esatto, dove c'è il dosso, una settimana fa si è rovesciato un camion come questo. Una buca troppo profonda. Cinque morti, compreso l'autista." Il codice d'onore dei camionisti prevede una sosta per ricordare i defunti. Il breve rito è scaramantico, come se si invocasse protezione dalle anime dei sacrificati sull'ara d'asfalto. L'uomo ha parlato sottovoce. "Meglio che gli altri non sentano, non credi? Ma io sapevo che tu mi avresti chiesto il perché. L'uomo bianco è curioso, molto curioso. Lo zairese si accontenta di quello che sa. Oppure, se sa troppo, ci ride sopra. Meglio così, sennò impazzirebbe. Conosci la barzelletta dell'inferno? Un uomo muore e finisce all'inferno. Qui lo accoglie un diavolo e gli dice: 'Puoi scegliere tra il girone degli europei e quello dello Zaire'. 'Che differenza c'è?' chiede il morto. 'Nel girone degli europei, per tutto il giorno, il tuo guardiano riempie un secchio di merda e te la tira addosso,' gli spiega il diavolo. 'E in quello dello Zaire?' domanda l'uomo. 'È esattamente lo stesso,' risponde il diavolo. 'E il vantaggio dove starebbe?' dice ancora l'uomo. Il diavolo strizza l'occhio e gli dice: 'Amico mio, nel girone dello Zaire, quando c'è la merda manca il secchio, quando c'è il secchio manca la merda e quando ci sono tutte e due manca il guardiano che te li tiri'." Ride di gusto e la lingua rotea come una bestiola impazzita.

Conoscevo già la barzelletta. L'avevo sentita raccontare in versioni diverse a Cuba, in Russia e anche in Calabria, e in seguito l'avrei ascoltata in parecchi altri paesi. È il manifesto internazionale di chi ride della propria povertà. Riderci addosso come sputarci addosso, in un gesto di disprezzo e assieme di somma dignità. "Ah, guardati da quelli lì!" sibila poi, volgendo appena gli occhi verso i due militari. "Sono tutti dei figli di puttana. Ladri come il Maresciallo e se appena possono ancora di più. Io ti dico solo: stai attento."

Entriamo in città con il serbatoio agli sgoccioli, e l'autista si ferma a contrattare per la benzina a prezzo di mercato nero. "Ne prendo quel tanto che basta per arrivare a Idjofa, là costa molto meno. E a Idjofa compro solo quaranta litri che ci portano fino a Lubue. Rispetto a Kikwit, a Lubue la benzina quasi la regalano. Perché non si ferma in città? Aspetti domenica, così forse riesce a vedere lo spettacolo dei danzatori mascherati allo stadio." "Lungo la strada non troveremo danzatori?" "*Papa*, lungo quella strada non si danza, si sopravvive." *Papa* e *mama*, in Zaire sono termini che indicano rispetto, di solito riservati alle persone anziane. Temo che in questo caso l'autista abbia utilizzato la parola *papa* con più di una punta d'ironia. Ricordi, figliolo? È lungo la Route nationale n. 1 che passeremo. "Domenica è lontana. Proseguo con lei." "Allora sono altri tre milioni fino a Ilebo. E da lì le converrà prendere il treno. Le strade saranno impraticabili." Devo ancora scoprire quanto sia elastico, in Zaire, il concetto di impraticabilità.

Nelle tre ore necessarie per fare il pieno faccio domande sui treni Ilebo-Lubumbashi in giro per la piazza e scopro che:

a) I treni passeggeri partono due volte la settimana, come accade da sempre;

b) I treni passeggeri partono due volte al mese, come accade da sempre;

c) I treni passeggeri sono stati soppressi sine die;

d) I treni merci hanno sostituito quelli passeggeri;

e) La linea è interrotta in più punti a causa delle frane;

f) Non si sa che cosa ne sia stato dei treni, ma se voglio posso aspettare il prossimo a casa di uno dei passeggeri del mio camion, che abita a Ilebo. Posso starci tutto il tempo che desidero;

g) Non esiste un orario sicuro per via dell'assoluto caos politico in cui è precipitato il paese. C'è in ballo la Conferenza nazionale, per la prima volta Mobutu ha concesso un parlamento multipartito e c'è il caso che il suo grande rivale, monsignor Monsengwo, ne diventi il presidente; anche se il Maresciallo ha sicuramente già lavorato nell'ombra per piazzare i propri uomini nei punti chiave della Camera. Comunque sia: "Tutti stanno col fiato sospeso, e lei si aspetta che i treni si muovano?" (Kalenga e François, che mi hanno seguito, per quanto sconsolati approvano con la testa.)

Indirettamente, scopro anche che:

a) Monsengwo è un eroe nazionale che risolleverà il paese dal disastro;

b) Monsengwo è corrotto come Mobutu, che lo ha sicuramente comprato;

c) Monsengwo è un uomo del governo belga che trama per riprendersi lo Zaire.

Intanto il serbatoio del camion è stato una prima volta riempito con imbuto e bottigliette, svuotato con cannuccia e grandi risucchi da parte della stazione di servizio semovente (uomo più carriola più bidone di benzina) dopo una feroce litigata quando si è scoperto che l'autista non aveva incassato il pedaggio da tutti i passeggeri e quindi non era in grado di pagare il pieno, riempito nuovamente quando l'autista è riuscito a procurarsi i soldi e infine, a seguito di un secondo, ferocissimo alterco sul prezzo del carburante, prosciugato dell'equivalente di due bottigliette da tre quarti di litro.

Al tramonto lasciamo Kikwit e penetriamo in un utero verde e rigoglioso che si chiude lascivo sul camion e sulle teste di noi figli e vittime della natura, costretti dalla pietà per vecchi, bambini e onnipresenti donne incinte a stare in piedi in bilico sui sacchi e sul mesto carico umano, aggrappati all'intelaiatura metallica che in altri tempi reggeva il telone e con i sensi ben vigili per schivare le liane e i pesanti tronchi che ci vengono incontro all'altezza della fronte.

Adesso noto due uomini che prima non c'erano e che viaggiano in condizioni ben peggiori delle nostre: "cunei", li chiamano i passeggeri. Stanno appesi allo sportello posteriore del cassone, un piede poggiato sul predellino e l'altro penzolante nel vuoto. Quando il camion si arrende di fronte alle impietose salite di fango viscido come sangue e le ruote cominciano a slittare all'indietro, il loro compito è quello di saltare giù e, fulminei come incursori, piazzare sotto ai pneumatici due grossi cunei di legno che arrestino le ansimanti tonnellate del Mercedes in corsa verso il riposo. "Non c'è un mestiere pericoloso come il loro," mi dice un passeggero. "Un cuneo non sempre riesce a fermare un bestione come questo. Con questi occhi ne ho visti più di uno morire spiaccicati sotto le ruote, più di uno, sissignore. E noi qui a guardare senza poter fare niente, con la paura di sfracellarci contro un albero."

Uno dei "cunei" deve aver capito che parliamo di lui, e si inserisce nella conversazione. "Benvenuto sulla pista per Ndjofa, il capolavoro di Monsieur Mobutu. Il più grande ladro dello Zaire. Sei fortunato, bianco, com'è il tuo nome? Serge, sei fortunato, perché questo sarà l'ultimo viaggio della stagione e potrai raccontare di aver percorso il capolavoro di Monsieur Mobutu: fra un paio di settimane cominciano le piogge e su questa pista non passerà più nessuno per qualche mese. Le città rimangono isolate. Hai visto com'è già adesso? Bastano due gocce e la strada si trasforma in una palude. È meglio che l'autista si dia una mossa, perché se comincia a piovere sul serio qui ci possiamo accampare."

Ben presto vedo all'opera i "cunei". Ascoltano il numero dei giri del motore come ascolterebbero l'ansimare della donna con cui stanno facendo l'amore, e si accorgono della minima variazione. Stanno attenti soprattutto alle impennate, all'urlo frustrato dei cavalli che raggiungono le ruote e non trovano un appiglio per la propria potenza. Le loro orecchie sanno che il camion slitterà all'indietro molto prima che cominci a farlo davvero. Io, invece, capisco che qualcosa non va quando li sento urlare "*Vite! Vite!*" e, nel buio, vedo due gatti neri che saltano giù dal cassone e spariscono sotto le ruote posteriori. L'autista frena e il camion rutta come una bestia sazia di sangue. L'acciaio sembra afflosciarsi, impotente, in attesa che tutto quel fango rosso lo risucchi e lo trascini verso il suo destino. Il rumore delle ruote che slittano sul fango sembra prodotto da una bocca titanica che mastichi un osceno bolo gelatinoso. L'autista ha spento il motore, la sua esperienza gli dice che può contare solo sugli uomini della retroguardia armati di tek. Arretriamo di un centimetro, o di cinque, o di cinquanta, nell'oscurità è impossibile valutare, e si sentono, preoccupati, i passi all'indietro e le sorde bestemmie dei "cunei" che assecondano l'immane movimento della bestia morta. Poi ci fermiamo e la luna si riflette mille volte nelle gocce di sudore che imperlano il volto dei "cunei".

"Scendere e scaricare i bagagli." L'ordine è secco, militare, affannato. Vale per tutti, nell'ordine inverso rispetto a quello di abbandono di una nave che cola a picco: uomini, donne, bambini, feti in attesa di vedere la luce, vecchi rosi dall'artrite inasprita da sessanta o settanta stagioni delle piogge. Sulla fanghiglia si ammonticchiano valigie, sacche, enormi taniche. Il gemito della fatica pervade la giungla e si mescola al ronzio degli insetti. Vado accanto alla cabina per osservare la pista illuminata dai fari: un terribile torrente rosso che si precipita a valle, le creste e i cavi delle onde da mare in tempesta immobili a formare immense colline e gore di terra putrida che ha perso la porosità e la forza per assorbire l'acqua color mattone. Infilo una mano nella terra, affonda fino al polso: la consistenza è quella dell'argilla bagnata che attende di essere trasformata in vaso.

"*Poussez! Tout le monde!*" Altro ordine secco urlato nella notte. Sessanta mani svegliate dal sonno si appoggiano contro il cassone, si infilano sotto i parafanghi per spingere, si aggrappano al paraurti anteriore per tirare. Le punte dei piedi nudi s'immergono nell'argilla alla ricerca di una radice, di un sasso, di qualcosa di solido per fare leva. Appoggio anch'io le mie mani e ripenso al Sahara. La sabbia era secca e soffice, traditrice come questo fango. Aveva fame, sembrava voler fagocitare le ruote del camion per inghiottirlo e digerirlo con calma nelle calde profondità delle sue viscere. Anche il fango dello Zaire ha fame, e cerca di deglutirci con quel biascicare da dinosauro assetato. Stessa scena del Sahara, stessi ordini gridati nella stessa lingua, "*poussez, tout le monde*". Uomini, vecchi, donne incinte, giovani madri con appesi alle spalle neonati, bambini che prendono la cosa come un gioco: trenta disperati si preparano a lottare contro le tonnellate di ferraglia che tentano di fiaccarli sputando nei loro polmoni un fumo nero.

Motore in moto, come la campana del ring. I "cunei" incitano la ciurma come i capisquadra nella stiva di una galera romana.

"Spingere perdio, spingere, forza, spingere! Avanti, o ci passiamo la vita! Spingere!" "Vaffanculo! Non stiamo forse spingendo?" si volta e urla una donna sopra al fragore del motore in prima ridotta. Tiene un bambino sulle spalle, legato come un prosciutto con un'imbragatura di stracci. Ne incrocio per un attimo lo sguardo, gli occhi sbarrati, troppo giovani per comprendere il perché di questo Armageddon, il perché del fumo che li fa lacrimare, il perché delle urla isteriche. Spingiamo e spingiamo, spingiamo per un'eternità che, mi dice il mio orologio interno, dovrebbe sfociare nell'alba. Lo sforzo di spingere si somma a quello di strappare la gamba al terreno che vuole inghiottirla, per compiere il passo successivo. Spingiamo e con un grido di gioia selvaggia, animalesca, il grido del branco che ha avuto ragione sulla preda, vediamo il cassone che, finalmente animato da vita propria, si stacca al rallentatore dalle nostre mani e si allontana. I fari sono lassù, in cima alla collina, due lumini da tomba inghiottiti dall'aria nera e umida. Seicento metri. Almeno. Più i trecento che abbiamo percorso spingendo. A valle ci aspettano tutti i bagagli, e le taniche, da riportare a bordo. Un chilometro abbondante. I piedi scivolano sul fango come le ruote, inciampano nelle radici, le caviglie sfiancate si piegano dolorosamente sui sassi sporgenti, provate dal peso in equilibrio sulla testa e dallo sforzo di vincere una salita la cui pendenza aumenta di un grado a ogni passo.

Il "cuneo" che mi aveva rivolto la parola cammina di fianco a me, a testa bassa, schiacciato sotto un gigantesco sacco di granaglie. "Che ti avevo detto, è il capolavoro del Maresciallo Capitano, di quel gran figlio di zoccola. Grande, grandissimo figlio di zoccola." Non capisco se sta parlando a me o ai suoi piedi. I bambini piangono da qualche parte intorno a noi. Molte voci imprecano contro il Maresciallo Capitano. "Ladro." "Bastardo." "Guarda in che condizioni..." Raffiche di lampi illuminano il cielo. È la marcia dell'odio. Quando il camion è di nuovo carico è mezzanotte. Avremo percorso sì e no quaranta chilometri.

L'autista non si fida a proseguire con i passeggeri a bordo. "Troppo ripido, troppo ripido," dice. "Scegliete voi, se camminare dietro al camion o rischiare di spingere ancora." Camminiamo fino alle due. "Non ci si può godere neanche l'aria fresca," mi dice un uomo additando il tubo di scappamento che ci vomita addosso il prodotto immondo della combustione del gasolio. Il camion va troppo veloce per noi, e ogni cento metri si ferma per aspettarci. I fanalini di coda ci aiutano a non cadere in una buca. "E già, almeno si poteva fare una passeggiata salutare," ribatte un altro. Qualcuno ha ancora la forza di scherzare. Assisto a questo miracolo in silenzio, col fiatone e le tempie che pulsano.

Alle due il camion spegne il motore. "Filtro sporco, forse anche gli iniettori. Il gasolio è pieno di terra," comunica l'autista quando lo raggiungiamo. "Qualcuno ha una torcia?" Un passeggero ce l'ha, un cilindretto d'alluminio che sparge davanti a sé una macchiolina di luce timida e tremante, ma si rifiuta di metterla a disposizione. "Compratevela." L'autista e uno dei "cunei" armeggiano sotto il cofano per un'ora buona. Intorno, volontari dotati di accendino si alternano per fare luce. Il filtro viene lavato con una spruzzata di gasolio, quel poco che basta. "Mi piange il cuore a sprecarlo così." Si soffia negli iniettori fino al limite dell'ipossia. Il cofano viene chiuso.

Quando ripartiamo vengo invitato in cabina. "Ho visto che portava il bidone. Venga a riposarsi un po'." Sul sedile siamo in cinque. Fa freddo. Ho le ginocchia schiacciate contro il cruscotto e a ogni scossone le rotule mi maledicono. Una donna, che non è mai scesa dal camion, mi si accoccola contro come una gatta, senza svegliarsi. Di una gatta emana anche l'odore acre, di una gatta che si è rotolata per giorni nella spazzatura senza darsi nemmeno una leccata. Mi tiro sui polsi e sulle reni il maglione militare troppo stretto e cerco di trarre calore dal suo corpo come lei cerca di trarne dal mio.

I fari illuminano un incubo verde e rosso: una miriade di insetti che danzano un sabba impazzito dentro i due coni di luce. Coleotteri bicorni come rinoceronti e con la corazza da carrarmato, cinquanta grammi di chitina, ali e polpa giallastra, ogni tanto si sfracellano con un tonfo sordo contro il parabrezza. La strada è un po' migliorata, ma ha cominciato a piovere, una pioggia leggera e insistente. Piove nell'abitacolo, attraverso fessure scavate dalla ruggine e attraverso le guarnizioni marce. Un rivolo d'acqua scende impetuoso all'interno come un torrentello di montagna lungo il parabrezza, gira intorno al tachimetro che segna venticinque all'ora e finisce sulle ginocchia mie e dell'autista.

Ci fermiamo a dormire quando l'autista si accorge che la testa gli cade sul volante, e ci rimettiamo in marcia quando l'alba, soffocata dalle nubi, ci sveglia. Non ha mai smesso di piovere, e le gore sulla pista si stanno riempiendo a velocità impressionante, nonostante cadano dal cielo solo goccioline finissime. L'acqua nelle pozze impedisce all'autista di valutarne la profondità, e spesso il camion (troppo carico, dice l'autista, troppo carico) si piega al limite del rovesciamento. "*Descendez, tout le monde! Poussez, tout le monde!*" La scena pietosa della notte si ripete cinque volte prima di entrare a Idjofa.

Scopro di essere affamato verso mezzogiorno, quando l'autista comunica che siamo vicini alla città. Immagino negozi, pane, manioca, carne, bevande. Un boato attenuato dagli strati di muscoli, di grasso e di pelle si leva dal mio stomaco. Da più di ventiquattr'ore non tocco cibo né acqua, e lo stesso vale per molti dei passeggeri a bordo. "Brutta strada, no?" È l'autista che mi distrae dall'ascolto attento delle mie rimostranze gastriche. "Più avanti non fa che peggiorare." "Uno dei cunei mi ha detto che il tratto peggiore era questo. Il capolavoro di Mobutu." "Questo sarà il capolavoro, ma poi, da qui allo Zambia, ci ha messo la firma."

Alle porte di Idjofa ci fermano gli Mp. Un agente è in piedi in mezzo alla pista, col fischietto in bocca e il braccio teso in alto come quello di un tuffatore. Divisa kaki, casco bianco, ghette bianche, guanti bianchi. Un bianco immacolato e offensivo in un paesaggio così lordo di fango rosso. Guanti bianchi e anima nera. "*Merde, c'est la police militaire.*" Sono i peggiori, bofonchia l'autista. Dieci chilometri l'ora, cinque, uno. Stop. Mormorii e fruscio di vita semiaddormentata dal cassone. L'autista scende. Gli vengono chiesti i documenti del camion. L'Mp li prende ma non li degna di uno sguardo e intavola subito le trattative. Chiede tre milioni di zaire. "Lei non ha l'assicurazione per trasportare passeggeri," dice. "Ce l'ho, ce l'ho, *papa*, è lì dentro!" L'autista indica il portadocumenti sudicio in mano al poliziotto. "Non c'è. Tre milioni o non passa. E scendono tutti quanti." "Non ha nemmeno guardato, *papa*." "Non c'è." Ritrovo un appunto scritto quella mattina, mentre assistevo alla squallida contrattazione. Le lettere sono piegate all'indietro, un segno di rassegnazione, di sottomissione inconscia a questo potere imperante, imbattibile, capillare, una piovra mostruosa con un milione di occhi e un miliardo di tentacoli: "Sono stanco. Stanco di vedere mafiosi in divisa, stanco delle complicazioni, stanco dei ritardi. Oggi sono veramente stanco". Scrivevo e fissavo l'Mp, e lui ogni tanto fissava me con un'espressione tra il curioso e il diffidente, cercando di capire cosa ci facessi lì ed elucubrando uno stratagemma per spillarmi dei soldi.

Lo stillicidio è durato un'ora, durante la quale l'autista ha tirato fuori le banconote una a una, svolgendole dal grosso rotolo. A ogni banconota che si aggiungeva al mucchio in possesso del poliziotto, questi scuoteva la testa e ripeteva come un computer idiota: "Tre milioni". Dopo aver pagato, l'uomo è risalito in cabina, ha sbattuto i documenti in una tasca del sedile, ha messo in moto, ha ingranato la prima come se dovesse tirare un pugno a uno *sparring partner* ed è partito rombando. Un chilometro dopo ha inchiodato, ha tirato fuori il portadocumenti e mi ha mostrato un foglio: "Assicurazione per il trasporto di passeggeri," diceva l'intestazione. "Ce l'ho, vede, ce l'ho, cazzo!" ha urlato rivolgendosi a me. Per il fatto di essere straniero mi attribuiva la neutralità di giudizio. "Però anche lei ha chiesto una cifra esorbitante per trasportare i suoi passeggeri," gli ho fatto osservare. "È la tariffa regolare. Nessuno fa pagare di meno. Con quanto crede che rimarrò una volta a destinazione, a forza di passare posti di blocco come quello?" mi ha risposto lui, e ha ingranato di nuovo la prima: stavolta era il colpo risolutivo per mandare KO l'avversario.

Adesso siamo a Idjofa, io, Kalenga e François, seduti al tavolo di un ristorante buio come una tomba e sporco come una latrina. Abbiamo mangiato *fufu* accompagnato da un piatto pieno di sugo dove galleggiavano grosse chiazze di grasso e un boccone solitario di carne pelosa – carne di capra ci hanno detto – e abbiamo bevuto Coca-Cola che un cameriere svogliato ci ha versato in tazze di plastica dal bordo mordicchiato. Kalenga e François hanno offerto il cibo e io ho pagato la Coca-Cola, che costava dieci volte tanto. I due militari ruttano di soddisfazione. "Quando abbiamo bevuto l'ultima Coca, eh, François?" "E chi se lo ricorda, camerata?" "La birra non vi piace?" domando. Incapsulata nelle bottiglie scure e panciute, la Primus raggiunge miracolosamente ogni angolo della nazione. Le città restano isolate per mesi, finisce il sapone, finiscono la farina, lo zucchero e il sale, ma la Primus, per chi paga, non manca mai. "Certo che ci piace. Quando abbiamo bevuto l'ultima birra, François? La verità è che non volevamo abusare. La birra costa troppo." "Però nutre più della Coca," fa osservare François.

Ho soldi in abbondanza. A Kinshasa credo di aver cambiato molto più di quanto mi servirà. Il cambiavalute mi ha comunicato che non potrò riconvertire gli zaire in franchi o in dollari, e in un impeto di patriottismo mi ha consigliato di utilizzare quanto mi rimarrà per acquistare prodotti dell'artigianato locale, malachite, bigiotteria. Al diavolo la bigiotteria. Ordino tre birre e i militari scolano metà bottiglia in un sorso. Bevono e ruttano, ridono, bevono e si sbrodolano come bambini. L'ebbrezza, per loro, arriva ancora prima di cominciare a bere.

Con le bottiglie in mano camminiamo verso la piazza, una spianata circondata da baracche e dominata da un albero secolare, un tronco immane e nero che sorregge da solo una foresta di rami morti. A tre ore dall'arrivo, l'autista sta ancora penando per ottenere il gasolio che gli serve. I conti non tornano, gli mancano soldi perché alcuni passeggeri devono ancora pagarlo. Due commercianti di Ilebo garantiscono per loro e anticipano il denaro, non si sa se perché sono amici o perché hanno una gran fretta di partire. Vestono meglio di tutti e indossano scarpe di pelle di gusto italiano che, anche se ricoperte da una spessa crosta di fango secco, contrastano violentemente con tutto ciò che ci circonda. I due hanno l'aria di essere inseguiti e si rifiutano di dire in che cosa commerciano. "Diamanti?" "Bianco, chi commercia in diamanti viaggia in aereo, non in camion. Non fare domande bizzarre."

Partiamo alle sei di sera, quando il sole ha ormai perso la sua battaglia quotidiana contro le nubi. Le ruote abbandonano l'oasi di terra battuta di Idjofa e subito si trovano a dover nuovamente combattere con il terreno, con quei due solchi profondi e scivolosi, separati nel mezzo da una montagna di plastilina rosso sangue, che attraversano il paese e le sue miserie. Sono tornato nel cassone, senza spiegazioni.

Alle porte della città alcuni bambini si sono piazzati strategicamente ai bordi della pista, in un punto dove i mezzi sono costretti a rallentare, e ci assalgono dolcemente cercando di venderci mandarini. Ne compro una manciata, ma quando il camion si allontana mi maledico, perché ora gli occhi di tutti sono fissi sui piccoli frutti arancione pallido. Avrei dovuto comprarli in blocco. Intuisco che molti, durante la lunga sosta, non hanno mangiato; e capisco che non potrò stare qui, bellamente seduto in mezzo ai miei compagni di viaggio, a sbucciare e a mangiare mandarini senza sentirmi a disagio. Distribuisco perciò i frutti e gli uomini fanno in modo che le donne li abbiano per prime. I passeggeri sbranano gli spicchi come gli avvoltoi spolpano le carcasse. Qualcuno mangia anche la buccia. Gli unici a rifiutare sono i due commercianti, evidentemente sazi. Non ho tenuto nessun frutto per me, perché veder mangiare con tanta avidità mi fa scordare la sete e la fame. Però i passeggeri mi fanno uno dei più bei regali che mi sia capitato di ricevere. Mi porgono, con un sorriso, un oggetto piccolo e tremulo. È un mandarino senza buccia, ricomposto nella sua forma originaria mettendo assieme gli spicchi di diversi frutti. Quando hanno visto che per me non era rimasto nulla, i miei compagni di viaggio hanno tenuto da parte ciascuno uno spicchio. Ora ho questo nuovo frutto, e posso mangiarlo senza sentire il peso dei loro sguardi, scoprendo che mi scalda più di una bottiglia di cognac d'annata.

"Questa è la Route nationale n. 1, vedi? Ti sembra sensato dare questo nome a un simile merdaio? Dovrebbe essere la prima strada del paese, la più importante, e guarda in che stato si trova. Se questa è la più importante, ti immagini le altre?" Sono più di due ore che saliamo e scendiamo con i piedi nel fango, dietro al camion che va a passo d'uomo e sembra sul punto di rovesciarsi ogni pochi metri. I due solchi sono scomparsi, inghiottiti da voragini talmente ampie e profonde che paiono in grado di inghiottire anche l'intero camion: in questo caso nemmeno una squadra di sommozzatori sarebbe in grado di localizzarlo.

Per la prima volta, credo, da quando sono partito mi soffermo a pensare alla vera ragione per cui mi trovo in Africa: emulare la Parigi-Città del Capo. Il rally non è mai passato di qui. Le auto sono state caricate su una nave per aggirare lo Zaire e l'Angola e sono sbarcate in Namibia senza nemmeno una macchia di terra rossa sulle carrozzerie scintillanti di sponsor. Penso alla Parigi-Città del Capo, al Camel Trophy, al rally dei Faraoni e alla Mille chilometri della Bassa California, e comincio a odiare queste farse. È un odio che comincia piano, sommesso come una sinfonia, e che come una sinfonia monta passo dopo passo, inciampo dopo inciampo, scivolata dopo scivolata, in un crescendo che mi porta a esclamare, da solo, nella notte, in italiano, madido di sudore e a capo chino, perché quando si marcia a capo chino la schiena duole meno: "Che cazzate!". "Come hai detto?" domanda François che cammina accanto a me. "Niente," gli rispondo, "niente di importante".

Che cosa, se non la logica del business, può aver portato a ideare gare nelle quali gipponi rombanti si sfidano a superare le stesse difficoltà che la gente con cui viaggio è costretta ad affrontare normalmente per rivedere un parente lontano, per inseguire un sogno di ricchezza, o anche solo per sopravvivere? Penso alla Parigi-Città del Capo e, mentre cammino sulla Route nationale n. 1, non posso che disprezzare questo stupido e costoso gioco del percorrere le strade dei poveri con i mezzi dei ricchi.

Noi continuiamo, nella notte, il nostro rally personale. La giungla è come una sala da concerto dove il direttore d'orchestra è impazzito e i musicisti ubriachi suonano inseguendo i loro sogni. In fondo alla sala, lontane, urlano le scimmie. Poi, più vicino al pubblico, friniscono i grilli giganti, squittiscono i piccoli roditori, sfrecciano audaci, accanto alle orecchie, coleotteri che ronzano come aeromodelli, cantano gli uccelli che immagini possiedano un piumaggio cangiante: solo un uccello con un piumaggio dai mille colori può essere capace di cantare come una soprano. "Se appoggi l'orecchio per terra puoi sentire le formiche." "Sentirle camminare?" "No, sentire che ti mordono. In Zaire abbiamo le formiche più cattive dell'Africa."

Fa freddo, eppure camminando sudiamo, e l'umidità si incolla sulla nostra pelle come una muta subacquea. Il camion sbuffa lontano, solo nella sua lotta. Siamo un bolo di cibo ormai quasi digerito, che scende verso il basso, piano piano, nelle viscere tortuose di questo continente. "*A gauche. Maintenant au milieu. A droit. Au milieu.*"

Il passeggero che non voleva prestare la torcia all'autista ora è in testa al gruppo, simile a un sacerdote che, con un flebile lumino, guidi i suoi adepti in una processione senza meta. A destra. A sinistra. Al centro. Ancora a destra. Salite e discese e ancora salite. Sulla pista nessuno può permettersi di camminare al buio senza rischiare di essere fagocitato dalle mille bocche di fango nascoste. E noi zitti, ad ascoltare il pastore e a stare attenti a posare il piede dove l'ha appena poggiato chi ci precede. Dal fondo della fila qualcuno impreca, ma sottovoce, si sente appena: "Tre milioni per andare a piedi. Qui ce la facciamo tutta a piedi, porca puttana". "Forza, forza, tra un po' saremo passati," gli risponde un altro. Quando raggiungiamo il camion sono le dieci di sera. L'autista vuole fermarsi a dormire. Scoppia una lite, i passeggeri vogliono proseguire. "Vi prego," conclude l'autista, "non ce la faccio più," e si chiude a chiave nella cabina. Mi infilo nel cassone imbottito da un materasso di corpi sudati, e una coltre di altri corpi sudati mi ricopre subito dopo.

Ho dovuto rimettermi l'orologio. È più forte di me: mi dico che è per tenere un diario preciso, con la data e l'ora di ogni avvenimento significativo. La verità è che leggere le ore nell'arco del sole o nella scia della luna mi disorienta. Abbiamo inventato uno strumento che ci dice quando è ora di mangiare, quando di prendere l'autobus e quando di visitare gli amici, e ora ne siamo schiavi. Che importanza ha sapere che Kennedy fu assassinato all'una e mezzo del pomeriggio? Se la guerra del Golfo fosse scoppiata a mezzogiorno invece che a mezzanotte le sorti sarebbero state diverse? Siamo stati educati così dai giornali: a conoscere l'ora e il minuto della morte o dello scambio degli anelli dei personaggi celebri, dei lanci dello Shuttle, degli attentati dinamitardi, dei terremoti.

Così ora so che alle quattro del mattino il camion si rimette in moto con un tremito, e che sono più o meno le quattro e un quarto quando un cane idrofobo che sonnecchiava nel mio intestino comincia a scalciare e a mordere in preda alla rabbia. "Stai male?" mi chiede François che mi vede piegato su me stesso. "Il cibo. Forse l'acqua. Bisogna che questo camion si fermi." Le pareti vegetali che ci opprimevano si sono un po' ritirate e davanti a noi si apre una valle da leggenda celtica, un orrido irto di sterpi tropicali e invaso da una nebbia spessa e solida. La luce dell'alba è greve, di un azzurro maligno. La strada è in discesa e, in questo tratto stranamente privo di buche, permette la velocità iperbolica di quaranta chilometri orari. François si dà da fare, scavalca una decina di corpi mugugnanti per raggiungere la cabina e vi picchia con forza. Il camion non rallenta. "Che succede?" "Il bianco sta male. La pancia," risponde François. "Non si fermerà. La pista è buona, e l'autista vorrà arrivare in fretta al primo villaggio per mangiare. Falla qua, Serge." "Già, falla qua," dice un altro. "Che t'importa?"

Il cane non mi dà tregua e continua a lacerare brani del mio intestino coi denti aguzzi. Resisto forse un altro quarto d'ora, poi mi calo i pantaloni sudici e libero il mostro idrofobo sul pavimento del cassone. Gli uomini mi fissano, chi ridacchiando, chi con uno sguardo di compassione. I bambini guardano lo spettacolo come se fossero stati trasportati per incanto a Disneyland, e lo memorizzano per raccontarlo, un giorno, ai loro nipoti. Le donne rivolgono lo sguardo altrove, più per il mio pudore che per il proprio. Un uomo mi aiuta a pulire il pavimento e mi dà una pacca sulla spalla: "Va meglio?". Faccio segno di sì. Sono loro amico.

Entriamo alle dieci in un villaggio che non ha nome. Il camion, parcheggiato in mezzo alle poche capanne di frasche, ne diventa il totem, l'obelisco, la cattedrale. I bambini escono nudi dalle capanne, agitando festosi i pancioni rigonfi per l'idropisia e i piccoli vermi marroni che penzolano tra le loro gambe. Uno dei "cunei" si occupa di gonfiare gli pneumatici con un tubo collegato al serbatoio dell'aria dei freni. A poco a poco escono anche gli adulti, attirati dal fragore del motore che gira a vuoto per produrre aria compressa e dal lezzo dell'ossido di carbonio. Le donne ci offrono sfere verdastre di *fufu* e foglie di manioca bollite. Un cacciatore esce dal sipario verde che incombe alle spalle delle capanne. Porta una scimmia floscia, buttata su una spalla come una stola macchiata di sangue. Una freccia l'ha trafitta alla gola. La carne di scimmia è una prelibatezza locale, arrostita o affumicata. Chiede se vogliamo comprarla, ma non trova un acquirente. "Nemmeno la testa?" insiste. "Il cervello è la parte migliore." Altri segni di diniego. "Non avete sapone? Qui sono mesi che non arriva il sapone." Tiro fuori dalla sacca due saponette da albergo e gliele porgo. "Grazie, bianco. Grazie, *papa*. Guarda, ecco." Prende il machete e con due colpi mozza la testa dell'animale. Un fiotto di sangue morto e nero cade nella polvere. "È tua, *papa*." Sto per rifiutare, ma François mi dice: "Non respingerla, si offenderebbe. È un uomo dei boschi".

Così ripartiamo, io col mio trofeo grondante sangue, un piccolo volto nero con le mascelle serrate, i dentini sporgenti e gli occhi sbarrati nello stupore della morte, e tutti i passeggeri che insistono perché tiri fuori la macchina fotografica e mi faccia immortalare con il dono in pugno. Sono così tenaci che alla fine cedo, e scoppia una mezza rissa per decidere chi dovrà essere il fotografo. Porgo la macchina a François, che preme il pulsante di scatto, aspettandoselo rigido come il grilletto di un Fal calibro sette e sessantadue. La foto sarà mossa, ma almeno i miei compagni di viaggio si sono placati. Ridono: "Selvaggi, selvaggi! Regalare la testa di una scimmia!". Capisco di poterla gettare fuori bordo senza suscitare la loro disapprovazione.

La pista è tornata a essere stretta: la giungla, una mareggiata di felci giganti, di liane intricate, di tronchi, di rami, di radici aeree d'un verde brillante e così lisce e perfette da sembrare grossi cavi elettrici, ne rosicchia qualche centimetro ogni giorno. Le fronde si abbracciano in alto e si chiudono sulla pista come la volta di una cattedrale. È uno stile romanico vegetale, basso, opprimente, che oscura il cielo. La mole del camion apre . accarezzando i rami e nel cassone precipitano a migliaia g tanti delle grandi foglie, disorientati e incattiviti per il catacl che si è abbattuto su di loro. Cadono sulle nostre teste, sul braccia e sulle gambe nude enormi ragni pelosi, cavallette, insetti dal corpo poderoso, bruchi molli e pulsanti, coleotteri corazzati di metallo nero, serpentelli, farfalle vestite a festa con l'apertura alare di un piccione, creature colorate dal lungo nome latino e dalle zampe lunghe e spinose alle quali un collezionista dedicherebbe l'onore di una cornice di radica e di un'intera parete di casa.

Il museo vivente di entomologia, preso dal panico, si dispone rapidissimo in ordine sparso fra i nostri corpi, mordicchiando, pungendo, arrancando con le zampette per infilarsi sotto i vestiti. I bambini strillano mentre le madri danno la caccia agli assalitori. Chi ha un asciugamano si avvolge la testa per proteggersi. Da un ramo antico, che si spezza con uno schianto al nostro passaggio, si paracaduta un battaglione di formiconi rossi agguerriti come soldati della Legione straniera. La loro missione ha un solo scopo: mordere. Scopro con stupore quanto male possano fare un paio di pinzette larghe sì e no tre millimetri, strette da insignificanti muscoli grossi come la punta di uno spillo. Un soldatino lungo quattro centimetri si accanisce sul dorso della mia mano: faccio per staccarlo ma tra il pollice e l'indice rimangono solo le due piccole sfere del corpiciattolo. La testa è sepolta nella carne e continua a mordere finché non la brucio con l'accendino.

Quando l'autista ferma il camion e ci ordina di scendere lo faccio con sollievo. Tutti prendono a scrollarsi di dosso bruchi e formiche. "Canna da zucchero!" urla un uomo, e spuntano i machete e i coltellini a serramanico. Ci mettiamo d'impegno a segare alla base i tronchetti violacei, e mastichiamo con voracità le fibre dolci, attenti a non perdere nemmeno una goccia del succo. Troviamo anche delle radici di manioca che mangiamo crude. È un pasto completo, che ci fa dimenticare il camion e le sue pene: pistoni surriscaldati intenti a bruciare a vuoto litri di carburante per guadagnare una collinetta di dieci metri.

Ci saluta un giovane da una bicicletta sulla quale, al posto del manubrio, è stato montato un volante da camion. È abilissimo nello slalom tra le fosse, e sale agevolmente il pendio che il camion fissa ansimante, mentre i "cunei", sudati più che mai, sono intenti a puntare due badili sotto le ruote posteriori per creare un

. Nell'attesa mi diverto a calcolare la velocità me- iamo partiti: quindici chilometri l'ora. Più che a ito a deprimermi. Lo dico a François e a Kalen- o, zitto per l'amor del cielo. Ogni ora in questa è un'ora in meno con le nostre famiglie". Oltre corre tra due pareti verticali d'argilla rosa. La distanza fra le due pareti è esattamente uguale alla larghezza del cassone, che opera come una pialla e trascina con sé morbidi riccioli di terra. Proseguiamo così per parecchi chilometri. Nel caso ci trovassimo di fronte un altro camion chi dei due dovrebbe retrocedere? Da quando siamo partiti non abbiamo incontrato nessun veicolo.

Alle quattro del pomeriggio, quando sotto la volta verde è già l'imbrunire, incrociamo il Katembo, un fiumiciattolo giallo e stanco nel quale la Route nationale n. 1 si immerge per un centinaio di metri. Nella radura vicino al fiume scopriamo con stupore un accenno di sole e una luminosità che avevamo dimenticato. Non c'è ponte: una chiatta a motore prolunga la strada sulla superficie dell'acqua facendo la spola da una riva all'altra ogni ora (se c'è qualcuno da trasportare) dalle sei del mattino alle cinque del pomeriggio. Quando arriviamo la chiatta è sull'altra sponda. "Abbiamo un'ora," ci comunica l'autista, "c'è il tempo per fare un bagno."

La prospettiva è allettante. Mi sento addosso tutto il sudiciume di questo paese, concentrato in una patina sudaticcia, nerastra, maleodorante, che ha invaso i pori della pelle, le gengive, si è incastrato fra i peli della barba, è penetrato nei meandri più bui del mio corpo. Apro la sacca e prendo una saponetta, lo spazzolino e il rasoio. François e Kalenga fissano la saponetta e ho l'impressione che la desiderino. "Avete bisogno di sapone?" dico loro. "Effettivamente!" Un ragazzino ci accompagna alla sponda del fiume lungo un sentiero stretto e scivoloso. "No, per di là no!" ci grida dietro nei pressi di un bivio. Domandiamo perché, ci sembrava la strada più comoda da prendere. Ride e muove le mani dall'alto verso il basso, disegnando delle sinusoidi. Spalle, seno, glutei straripanti nella sua immaginazione di bambino. "Di là, solo le donne. Gli uomini di qua." Ci fa capire che è una specie di bagno pubblico. Le donne occupano la posizione privilegiata, a monte. "Viene molta gente a lavarsi qui?" gli domando. "Molta. Tutta la gente che passa di qui vuole fare il bagno. L'acqua è molto buona. Ecco."

Ai piedi del sentiero, una piccola insenatura incorniciata dalle mangrovie si apre sulla placida piscina Katembo. In un attimo siamo immersi nell'acqua fino alla cintola, i piedi piantati nel fango molliccio del fondo, e ciascuno si strofina con vigore soffiando e mugolando di piacere. Soffiamo, sputiamo, tiriamo su col naso, ci grattiamo e infiliamo le dita nelle orecchie con l'ossessività dei musulmani che si preparano a entrare nella moschea.

Quando mi sento pulito non resisto alla tentazione di un tuffo e di una nuotata. Sogno l'assenza di peso che porta sollievo alle vertebre martoriate e vado verso il centro del fiume con un crawl lento e ristoratore. La corrente quasi non si percepisce. Mi fermo con la pancia all'aria per godere del silenzio, rotto ogni tanto dalle grida di uccelli lontani, e della striscia di cielo racchiusa tra le fronde delle mangrovie. A un tratto, dalla riva, Kalenga e François si mettono a urlare come se fossero posseduti da un demonio acquatico. Urlano verso di me, e con le braccia fanno grandi gesti frenetici che significano: torna indietro!

In un primo momento penso che sia per le donne, che da qui intravedo non lontane (posso distinguere i capezzoli color cioccolato eretti per il fresco tocco dell'acqua) mentre a riva la loro nudità era celata da un grosso cespuglio di mangrovie. Non si sono accorte di me. Rivolto verso François, con aria interrogativa, traccio nell'aria le stesse sinusoidi del ragazzino. No, no! mi fa segno lui e indica un punto alle mie spalle. E ancora, sempre con le mani nere: torna indietro! Mi pare anche di afferrare una parola del suo francese gutturale. Una parola troppo semplice e troppo brutta: *croco*. Mi giro di scatto, e quello che vedo mi gela il sangue. Sono due occhi da dinosauro che sporgono appena sopra la superficie e vengono lentamente verso di me, lasciandosi dietro una tenue scia di scaglie: *croco* = coccodrillo = morte.

I militari l'avevano visto tuffarsi dall'altra sponda mentre nuotavo nella sua direzione, si erano precipitati fuori dall'acqua e si erano messi a gridare.

La mia nuotata è violenta, disperata, scoordinata, gesto atletico trasformato in gesto di sopravvivenza. Mi scordo dove, come e quando si gira la testa per respirare, bevo, quasi soffoco per l'acqua nella trachea, forse ho un rigurgito. E continuo a battere le braccia sulla superficie, a battere, a battere e a spingere nella speranza di essere più veloce del mostro preistorico che ha deciso di avermi per cena. Nonostante sia immerso nell'acqua, avverto una vampata di calore e il sudore dell'adrenalina che sprizza fuori dai pori. Eccomi qui, nel mezzo del Katembo, a vivere uno di quei sogni dai quali tante volte mi sono svegliato madido di sudore e col fiatone: inseguito da una tigre giù per una rampa di scale senza fine, diretta verso il centro della terra, tento di accelerare la corsa percorrendo i gradini a dieci a dieci e invece rallento sempre più, come se a un certo punto mi ritrovassi immerso in un appiccicoso magma primordiale, e sento il fiato dell'animale proprio dietro alla nuca, sapendo che da un momento all'altro potrà azzannarmi.

Un fiume tropicale ha lo svantaggio di avere poco o niente di diverso dal Po o dal Ticino o dal Tevere, e per questo è traditore. Ti immergi nelle sue acque e ti rifiuti di credere che la loro profondità torbida possa nascondere coccodrilli, boa e bilharzie anziché trote, tinche e pesci gatto. Quella che hai di fronte è di solito un'immagine familiare che non associ al pericolo, e anzi ti sembra strano non vedere in circolazione un gruppo di mondine vocianti o una barca di pescatori di anguille del Polesine, come in un documentario di Antonioni.

E invece eccomi a battere, battere, battere le braccia rigide per i muscoli ormai gonfi e contratti da crampi di panico. Il mio cervello, ormai disconnesso dal corpo, è bombardato da immagini flash di denti corti e tozzi, lunghe mascelle, scaglie puntute, stomaci dove l'azione degli acidi gastrici e il macinio dei ciottoli ingoiati per facilitare la digestione riducono in poltiglia liquida ciò che poche ore prima era carne viva, ossa, muscoli, una storia e un nome registrati all'anagrafe. Credo di aver intravisto anche la chiatta che attraversava il fiume e di aver pensato che forse non avrei fatto in tempo a prenderla. Sono solo cinquanta metri, ma potrebbe essere una nuotata dalla terra alla luna.

Quando vedo le mangrovie vicine mi metto in piedi e comincio a correre nell'acqua che mi arriva alle ginocchia, sollevando più spruzzi di un mezzo da sbarco. Oltre la cortina nebbiosa che mi è calata sugli occhi vedo due forme nere che si agitano come una tifoseria ansiosa davanti all'ultimo rettilineo di una gara di trotto. Forse sono i due militari, forse mi stanno gridando qualcosa, forse...

Quattro, sei braccia mi tirano fuori dall'acqua e corriamo su per il sentiero fra gli strepiti delle donne. Mi guardo e mi scopro vivo e intero e una stanchezza immensa crolla su di me, pesante come il sipario di un teatro. Sono circondato da un drappello di persone, con Kalenga e François in prima fila. "Merda, Serge, ci siamo presi uno spavento!" "Hai visto com'era grosso? Ti poteva ingoiare in un boccone solo." "Ci siamo accorti che scendeva in acqua quando ti sei messo a nuotare. Perché non sei corso indietro subito?" "Una storia di donne," rispondo e mi viene un riso isterico che fatico a controllare. "Cazzo come nuotavi! Non avevo mai visto un bianco nuotare, e tantomeno così forte!" Kalenga e François ridono anche loro, di gusto.

Mi rimetto addosso gli abiti sudici che mi sembrano più belli e profumati di uno smoking fresco di sartoria, e ridendo come ubriachi ci incamminiamo verso il villaggio.

I bambini sono già corsi avanti a spargere la voce, e tutti gli abitanti sono sulla soglia delle capanne ad aspettare. Un bianco quasi divorato da un coccodrillo fa più notizia di uno zairese già mezzo digerito. Incontriamo il nostro autista: "Vi è andata bene, sapete? Mi ero scordato di dirvelo, prima che scendeste al fiume. Non è la prima volta che uno dei miei passeggeri rimane sul fondo, o nello stomaco di una di quelle bestiacce". Grazie *papa*, risponde François con ironia. L'autista lo guarda storto. "La chiatta è arrivata, ma ho paura che per stasera non potremo passare," ci dice. "Avete tempo di andare a mangiare un boccone."

In una capanna compriamo manioca bollita, *cassava*, un piatto di sugo che viene pomposamente presentato come spezzatino di antilope e tre bottigliette di Coca-Cola. Ci mettiamo a mangiare di fronte all'imbarcadero, dove la chiatta, con una Land Rover a bordo, sta mollando gli ormeggi per raggiungere l'altra riva. "Significa che passeremo la notte qui," commenta François. "Sempre peggio," scuote la testa Kalenga. L'autista, costernato, è venuto a dirci che gli sono stati chiesti dieci milioni di zaire per poter passare. Ma non è colpa sua, ha giurato, i documenti sono a posto.

Si avvicina a noi un nero alto, con le ciabatte infradito di plastica e una pancia prepotente celata da una camicia a fiori sgargianti. "Buona sera, signori." L'uomo si presenta come capo del posto d'immigrazione di Katembo e ci ricorda cortesemente che sull'altra riva comincia la provincia del Kasai occidentale e bisogna spostare le lancette dell'orologio avanti di un'ora. Poi, con incredibile faccia tosta (incredibile dal momento che sono in compagnia di due militari), mi chiede il passaporto e reclama il pagamento di una "tassa di emigrazione" di mezzo milione di zaire. Contratto per un po', ma l'episodio del coccodrillo mi ha reso più conciliante, e dopo un po' estraggo le cinque banconote da centomila sotto gli occhi impotenti di Kalenga e di François.

Lo *chef de poste* torna subito a essere gentilissimo, come se, in fondo alla sua anima nera, fosse tornato a galla il filamento di Dna che custodisce la dignità e il senso di colpa. Ci offre di passare la notte al coperto, nella capanna di fango che ospita il suo ufficio. "Quanto avete pagato quelle *sucrée* che state bevendo? Ottantamila, novanta?" "Novanta." "Con lo stipendio di un mese me ne potrei comprare undici."

Quando il sole tramonta, mi infilo spossato nel sacco a pelo steso sul pavimento della baracca, in qualche modo grato allo *chef de poste* per avermi salvato dall'attacco crepuscolare delle zanzare. Gli altri passeggeri, a parte i due militari, si sono raggruppati sotto al camion e continuano a schiaffeggiarsi le parti esposte del corpo. Ha cominciato a cadere una pioggia fitta, che presto si tramuta in acquazzone. Poco lontano, da qualche parte nel villaggio, echeggiano i tamburi e i canti degli uomini e delle donne che salutano il sole.

Ci svegliamo all'alba, madidi di sudore e con un bisogno insopprimibile di grattarci: le zanzare sono entrate nei sacchi a pelo. Andiamo dall'autista: "Novità?". "Ci siamo accordati per cinque milioni."

Non appena hanno terminato di sciacquarsi la faccia e i denti con l'acqua stagnante del Katembo, i passeggeri si attaccano alla radio come a un salvagente in pieno Atlantico. Sono avidi delle notizie sommarie che giungono tra una scarica e l'altra, lampi di temporali ormai lontani che vogliono ricordarci la loro presenza nell'etere: la conferenza continua e pare proprio che Mobutu abbia acconsentito ad affidare a Monsengwo la presidenza del parlamento.

La conferenza, la conferenza: per la prima volta una speranza concreta di democrazia. Si scatenano discussioni feroci su Monsengwo, alle quali partecipano con fervore anche i ragazzini: è corrotto, non è corrotto, è un ladro, non è un ladro. Intanto alla fine del notiziario si annuncia che la banca centrale ha svalutato lo zaire del 40%. "Tanto chi ci va all'estero?" commenta qualcuno. E ancora: Monsengwo è o non è corrotto?

Noi ce ne stiamo seduti vicino alla riva, mangiando *gaufre* di pasta dolce estratte da uno stampo incrostato e bevendo vino di palma e acquavite di mais, ad aspettare che succeda qualcosa. Verso le dieci ci raggiunge l'autista, più sconsolato che mai: "Adesso sono quelli della chiatta. Dicono che non hanno più carburante e che si è scaricata la batteria". Più tardi una delegazione formata dall'autista stesso, dai due "cunei" e da uno dei commercianti, si reca in canoa sull'altra sponda per trattare con il pilota della chiatta. Portano la batteria del camion e una tanica di gasolio. Passa un'ora, durante la quale è certo che diverse centinaia di migliaia di zaire, sulla sponda opposta, hanno cambiato proprietario, e la chiatta finalmente si muove verso di noi. Alle due passiamo il Katembo, con tutta la popolazione che ci saluta. "*Adieu, blanc!*" Il bianco miracolato. Kalenga e François vogliono celebrare con una foto ricordo. Quando siamo al centro del fiume sputo in acqua. È per il coccodrillo.

Il Kasai ci accoglie con una salita scivolosa per via degli scrosci di pioggia notturni: un'ora per passare, tutti e trenta a spingere il camion con i bambini del villaggio che fanno il tifo e ci mollano pacche sulle chiappe.

Torniamo tra le braccia della giungla nell'umido, soffocante regno delle ombre perenni e di misteriosi cimmeri equatoriali. Intorno alle buche più profonde, crateri erosi da decenni di piogge torrenziali, troppo larghi per poterli aggirare, gli uomini si danno da fare con le pale e con le mani per riempire il vuoto con uno strato di terra, in una tumultuosa cerimonia di sepoltura senza cadavere. Nella notte tronchi secolari hanno perso la presa nel terreno molle e sono rovinati al suolo, di traverso in mezzo alla pista. Li spostiamo a forza di braccia, nani testardi che, armati di povere leve, bastoni, spranghe, unghie, bicipiti, tricipiti e quadricipiti, compiono l'impossibile, sudando come pugili e strappandosi i tendini, solo per poter proseguire la propria marcia in mezzo a zanzare voraci e trovare un altro ostacolo dietro la curva successiva. Siamo costretti a camminare dietro al camion per buona parte della giornata. C'è chi giura che abbiamo marciato per trenta chilometri: "Altre volte è andata meglio".

Quando la pista migliora e saliamo nel cassone è il crepuscolo. I corpi spossati dalla marcia si aggrovigliano indifferenti al sesso, all'età, alle infermità, nella ricerca affannosa della posizione migliore per le ossa doloranti. Due uomini litigano e si affrontano, prima sul cassone, poi a terra. Uno strappa da un albero un ramo morto lungo un paio di metri e lo brandisce come una spada, l'altro gli tira grosse pietre. Sembra un ridicolo allenamento di baseball.

Forse uno dei due uomini sono io, improvvisamente regredito allo stadio primordiale.

Già, forse sono io.

Intervengono gli altri per porre fine alla lotta.

Nel dormiveglia ricordo una bambina con le treccine che, indifferente al girone infernale in cui è precipitata, intona sommessamente un inno al Signore e strappa placida, una dopo l'altra, le zampe di un grosso ragno.

13.

Siamo arrivati a Ilebo alle due del mattino, e ci siamo accampati di fronte al fiume Kasai. I primi raggi del sole spazzano la nebbia con un alito tiepido. Usciamo dai sacchi a pelo fradici d'umidità e cerchiamo, avidi come lucertole, un ritaglio di luce dorata. L'acqua, nella gloria dell'alba, ha i toni del miele, dell'ambra e dell'oro antico, e i pochi barcaioli che la solcano in canoa sono pigri fantasmi circondati da un alone fosforescente. Gli isolotti, nere chiazze cespugliose, proiettano lunghe ombre sulla corrente.

Una piroga ci porta dall'altra parte del fiume e andiamo a piedi alla stazione, un vecchio casermone in legno impregnato dell'odore acre della ferrovia. Interpelliamo dieci persone, e abbiamo dieci informazioni diverse: fino alla prossima settimana non ci sono treni nemmeno per Kananga; per almeno cinque giorni non troverete nemmeno treni merci; i treni sono stati soppressi; sono qui da tre giorni e non ho visto l'ombra di un treno.

"L'unico treno di cui si hanno notizie lascerà Lubumbashi sabato prossimo, e se tutto va bene sarà qui tra dieci giorni. Però non ripartirà subito, potrebbe fermarsi altri due o tre giorni," ci dice una bocca vecchia e biascicante, l'unica cosa che si intravede del bigliettaio delle Sncz, trincerato nel suo botteghino, dietro a un paravento di legno con due fessure, una all'altezza delle mani per smerciare biglietti e l'altra davanti alla bocca per trasmettere le poche informazioni che sa ai pochi che ancora hanno voglia di chiedergliele. "Una volta ci si poteva contare, su questi treni. Ce n'erano due alla settimana, e partivano in orario. Al massimo un giorno di ritardo. Ma ogni settimana che faceva il Signore, due treni andavano a Lubumbashi. Oggi è andato tutto a puttane. I locomotori sono fermi, senza gasolio. Io vi posso consigliare solo una cosa: comprate il biglietto adesso e bivaccate qui. Può succedere di tutto. Se arriva un merci, prendete il merci e potete anche essere a Lubumbashi fra quattro giorni."

Paghiamo e andiamo a sederci sull'unica banchina di fronte all'unico binario roso dalla ruggine. Ingrossiamo le fila di una moltitudine silenziosa di uomini, donne, bambini e neonati che, appoggiati sui loro grandi sacchi di iuta, dormono, discorrono sottovoce, si spulciano vicendevolmente, ma perlopiù fissano con lo sguardo assente un punto imprecisato al di là delle rotaie.

"Lei, dove ha preso quel maglione?" È un vecchio capitano dell'esercito che mi alita in faccia la domanda, a pochi centimetri dal naso. "Glielo hanno dato questi due qua?" Indica François e Kalenga, appisolati a un passo. Rispondo di no. "E allora dove l'ha preso? L'ha rubato, forse? È un maglione militare, dell'esercito dello Zaire, vede? Come il mio. E lei non sembra un militare dell'esercito dello Zaire, proprio no." Pronuncia "esercito dello Zaire" come un catechista invasato pronuncia il nome del suo dio. "Guardi che se anche non glielo hanno dato loro, finiscono nella merda lo stesso. Avrebbero dovuto arrestarla, lo sa? Lei è un civile vestito da militare, signor bianco." "Va bene, me lo hanno prestato loro. Ma solo perché avevo freddo. Stiamo viaggiando insieme." "Chi dei due?" Indico François di malavoglia. "Soldato! Sveglia! Nel mio ufficio." Siamo a rapporto come due reclute nel posto di polizia di stazione, di fronte a una scrivania, al vecchio capitano e a un ritratto di Mobutu che pende da un lato.

L'ufficiale ha intimato l'attenti a François, che è scattato come una molla, e quasi quasi stavo per eseguire l'ordine anch'io. Il nostro futuro, così come ce lo prospetta il capitano in un lungo discorso infarcito di valori quali "patria", "dignità delle forze armate" e "sicurezza nazionale", è piuttosto nero: espulsione immediata dall'esercito per François, processo e carcere militare per me. Ma dopo aver trascorso sei giorni in Zaire, sono piuttosto propenso a credere che al capitano non freghi assolutamente niente né della patria, né della dignità delle forze armate, né tantomeno della sicurezza nazionale. È molto probabile che la nobile concione termini con una volgare richiesta di denaro.

Intanto però vedo François tremare come un bambino, il mento rivolto verso l'alto, gli occhi fissi nel vuoto o forse in quelli di Mobutu, le braccia rigide lungo i fianchi, le mani con le dita unite, tese, parallele alla riga dei pantaloni in un attenti da manuale. Lo vedo tremare e penso alla moglie e ai tre figli di cui tiene le foto nel portafoglio e mi fa pena, ed ecco di nuovo quella rabbia impotente che sale dallo stomaco come una vampata di calore.

"...però, soldato, se il suo amico è disposto a darmi due milioni di zaire, posso scordarmi di tutta la faccenda." Come previsto. "Signor capitano, posso parlare un attimo al mio amico?" domanda François. "Riposo, soldato. Si prenda il tempo che vuole."

Usciamo dall'ufficio. François sembra sul punto di piangere. "Quello stronzo. Può fare davvero quello che ha detto, sai, può farmi sbattere fuori dall'esercito. Se lo fa sono rovinato, non posso più mantenere la mia famiglia. Aiutami, Serge, per favore." Come avrei potuto dire di no, anche se non avesse tirato fuori il portafoglio per mostrarmi una volta di più le foto dei suoi figli?

Torniamo dentro. Il capitano ha l'aria trionfante come se fosse stato appena nominato ministro della Difesa. François è più sollevato, ma segue le contrattazioni con ansia. Offro mezzo milione di zaire. Discutiamo per qualche minuto. Il capitano accetta. Mi chiede se potrò mandargli per posta qualche foto dei calciatori italiani. Pretende che annoti il suo indirizzo sul taccuino: Capitano Shabani Katubu, II battaglione, Kasai, Ilebo, Zaire. "E tu," aggiunge rivolto a François che sembra aver ritrovato la vita, "tu mi darai una maglietta."

François vola a prendere la sua sacca, torna e ne sparge il contenuto sulla scrivania del capitano, il quale sceglie una t-shirt bianca, di almeno tre taglie più piccola della sua. "Che gran brutto figlio di puttana!" mi scappa detto in italiano. Si volta di scatto, gli occhi neri fissi sui miei. Deve aver capito qualcosa, ma per fortuna non abbastanza.

Parla lentamente, con voce grave, e accarezza la pistola che porta al fianco. Mi sono scritto la frase appena uscito dall'ufficio, per non dimenticarla. "Attento, te lo dice il vecchio Shabani. Può darsi che tu non arrivi ad avere i capelli d'argento come i suoi."

Con la frustrazione in corpo vado all'ufficio immigrazione per l'ennesima registrazione del mio passaggio e l'ennesimo timbro sul passaporto. Sto entrando nella *zone minière*, il losco Eldorado sotterraneo del paese che permette a Mobutu le sue stravaganze da sceicco arabo e che, se migliaia di avvoltoi troppo potenti non se ne disputassero i diritti, potrebbe trasformare lo Zaire da quel putrido letamaio che è adesso in una florida potenza africana.

Kasai, Katanga, Shaba. Nomi che evocano il sangue e le squallide cronache di una guerra combattuta per soldi (ma quale guerra si è mai combattuta per uno scopo diverso?).

1960: undici giorni dopo i risultati delle prime elezioni politiche del paese, col nazionalista Patrice Lumumba primo ministro e Joseph Kasavubu, suo acerrimo nemico, presidente della repubblica, Moses Tchombé, primo ministro della straricca provincia del Katanga (oggi Shaba), dichiara l'indipendenza con l'appoggio del Belgio e delle sue compagnie minerarie intente a mungerne il sottosuolo. È la guerra.

Arrivano i paracadutisti da Bruxelles, arrivano i soldati dell'Armata Rossa chiamati da Lumumba, arrivano i caschi blu delle Nazioni Unite insieme ai mercenari di mezzo mondo. Le foglie verde smeraldo della giungla si tingono di rosso cupo: il colore del sangue delle vittime. Tra i soldati circolano storie agghiaccianti di interi plotoni catturati nella boscaglia dai guerriglieri baluba e divorati dopo una lenta cottura sulla brace.

Si combatte fino al 1963, quando Kasavubu e il suo esercito riprendono il controllo del Katanga e il presidente è costretto ad accettare Tchombé nel governo. Due anni dopo, Mobutu imporrà al mondo il suo corpaccione presidenziale.

Ora che sono qui, sul palcoscenico di questi antichi orrori, mi vengono in mente le strofe di una lugubre litania, una canzone dei mercenari tradotta chissà da chi e imparata non so più dove:

Son morto nel Katanga
Venivo da Lucera
Avevo sol vent'anni
E la fedina nera

Di me la gente dice
Che sono mercenario
Soldato per bottino
Soldato per denaro

Adesso che son morto
Guardate nel mio sacco
Ci troverete un mitra
E un'oncia di tabacco

Le guerre creano restrizioni per chi viaggia, anche a decenni dalla firma della pace. Nascono zone ad accesso ristretto, sorgono barriere burocratiche, si montano posti di blocco dove soldati stanchi non capiscono chi devono ancora bloccare dopo tutti questi anni e perché. Adesso scopro che, in teoria, non potrei viaggiare in treno fino a Lubumbashi attraversando il Kasai e lo Shaba. In teoria, perché in Zaire i dollari potrebbero sovvertire anche la legge della caduta dei gravi facendo galleggiare nell'aria le pietre. "Lei non ha il permesso per viaggiare nella *zone minière*." "All'ambasciata di Roma sapevano che avrei fatto questo percorso. Perché nessuno mi ha detto che avrei avuto bisogno di un permesso?" Ci provo, ma so già che dovrò mettere mano al portafoglio. Infatti il funzionario dell'immigrazione mi risponde: "Mezzo milione e non ne parliamo più. E veda di non comprare diamanti di contrabbando, se glieli offrono, perché finirebbe nei guai".

Quando torno alla stazione c'è una festa. Sono comparsi i tamburi, e i passeggeri che aspettavano inerti sulla banchina ballano e cantano, animati da un'energia caduta dal cielo o scaturita dalle rotaie. Il bigliettaio invisibile ha appeso alla finestra di legno del botteghino un cartello che dice: "T.o.m. Kananga: 3ème *ordinaire*, 1.270.000 Z; 3ème *compartiment*, 1.950.000 Z". Davanti alla biglietteria c'è ressa e le braccia si danno da fare per staccare talloncini gialli di carta velina che portano lo stemma della Sncz.

"Hanno messo un Tom! Hanno messo un Tom che parte alle tre!" mi urlano da lontano Kalenga e François, al colmo della gioia. "Che diavolo è un Tom?" domando. Apprendo che Tom sta per *train ordinaire merchandise*, una creatura ibrida composta da carri merci (presidiati da soldati in assetto di guerra per scoraggiare gli assalti) e vagoni passeggeri che in due giorni, forse tre, o forse quattro, ci porterà a Kananga, 370 chilometri di giungla a sud-est. E da Kananga?, mi azzardo a domandare. "Che ti frega, *mon cher ami*? Partiamo oggi, capisci, oggi. È un miracolo."

Al treno mancano prima e seconda classe, andate perdute nella preistoria delle ferrovie zairesi. In compenso ha due terze, entrambe in grado di farti sentire un deportato. La "*compartiment*" ti offre la rigida comodità di cuccette ottenute da porte d'appartamento che, nonostante qualche cervello estroso della Sncz abbia inventato il modo di appenderle in orizzontale alla parete, non hanno permesso le si privasse della loro identità originaria e hanno ostinatamente mantenuto le maniglie. L'"ordinaria" ti accoglie con cilici francescani ricavati dall'accoppiamento ad angolo retto di due assi di legno lurido: sedile, schienale e chiodi sporgenti sui quali, in assenza di passeggeri, è possibile sdraiarsi e sognare di essere in classe "scompartimenti".

Tutto ciò che normalmente costituisce un treno, fatte salve le ruote, le pareti, il tetto e il pavimento dei vagoni, non esiste. Sono state strappate le lampade dai portalampada e poi anche i portalampada, sono sparite le porte, i cardini, i telai, i posacenere, i tavolini pieghevoli, i vetri dei finestrini e le cornici dei finestrini stessi, che hanno lasciato un semplice buco. Viaggiamo in uno scheletro di treno, un treno ridotto all'essenziale: parallelepipedi pieni di gente e di sacchi, poggiati su ruote di ferro che scorrono su binari.

Sono le sei e mezzo quando ci muoviamo, e sta per fare buio. La ruggine delle ruote stride al contatto con quella delle rotaie sovrastando il concerto degli insetti. "Ce l'avete una torcia?" ci chiede un controllore che ha adocchiato le nostre sacche in bilico sul portabagagli. Appeso alla cintura porta un borsello di cuoio con un paio di manette e una torcia elettrica nera e lucida, da sceriffo americano. Rispondiamo di no. "Allora se dovete dormire, dormite abbracciati alle valigie, perché siete sul treno dei ladri. Alla metà di questi qui non gliene frega niente di arrivare a Kananga. Hanno pagato il biglietto, sempre che l'abbiano pagato, solo per rubare. Una valigia, una giacca, un paio di scarpe, qualsiasi cosa. Arraffano quello che capita alla prima occasione e si buttano giù. Qui di notte è buio pesto, l'avete visto, non c'è neanche una luce. Dormite abbracciati a tutto quello che avete e non vi togliete le scarpe."

Prima che le tenebre avvolgano il vagone compriamo un piatto di carne di scimmia affumicata e *fufu* che una donna nello scompartimento vicino estrae da un pentolone ancora caldo. Poi leghiamo insieme i bagagli e ci prepariamo per la notte. Nello scompartimento siamo solo noi tre. Kalenga e François si sdraiano sulle panche, mentre io mi infilo nel sacco a pelo steso sul pavimento. François ha un accendino. Ogni tanto lo fa scattare e punta la fiammella sopra le nostre teste, per assicurarsi che le sacche ci siano ancora. "Possono essere maledettamente silenziosi," ci ha avvertito il controllore.

La notte cala su di noi come un incubo. Le orecchie tese come quelle dei ciechi, ascoltiamo lo sferragliare dei vagoni, il frinire degli insetti, il *crac* dei rami sulla strada ferrata che si spezzano al passaggio del treno, i pianti dei bimbi, il russare degli adulti, i discorsi sommessi, i passi felpati di anime inquiete che percorrono senza sosta il corridoio, le urla dei controllori (*Billet! Billet!*), le bestemmie, le corse improvvise, un tramestìo insistente nello scompartimento a fianco.

Non riusciamo a dormire. Forse, mi dico, chi diventa cieco deve imparare nuovamente ad addormentarsi. La paura generata dalla sua nuova condizione impone alle sue orecchie di sintonizzarsi sulle frequenze più basse e più alte della gamma udibile mettendo il corpo in uno stato di allarme costante. Sul treno, usciamo dalla nostra forzata cecità solo quando François accende la sua fiammella o quando i raggi potenti e inquisitori delle torce in dotazione alla Sncz spazzano il corridoio. Nella rètina, o forse nell'immaginazione, rimangono impresse sagome umane ingobbite, nere, in cerca di bottino. (*Possono essere maledettamente silenziosi.*) Li vedo ovunque.

Il treno continua a tossire come un cavallo bolso e a trascinare nel cuore della giungla il suo carico di vittime e di ladri. Imprecazioni in francese e in dialetto locale e tonfi sordi di nocche che si abbattono sui corpi ci fanno capire che un ladro è stato catturato. Ne trascinano uno per le mani proprio di fronte al nostro scompartimento. Ricostruisco l'immagine attraverso i rumori. Due controllori, o due poliziotti (sento le loro voci: "Stronzo, stronzo!" gli dice uno; "Andiamo, non fare il bambino," gli dice l'altro), lottano per trasportare l'uomo, che si è lasciato andare per terra e si agita come un epilettico in preda alle convulsioni. Ei, ei, ei, ei, ei, continua a gridare con una voce da baritono. Ei, ei, ei, suona come il lamento di un animale preistorico ferito a morte. Continuerà tutta la notte, un ei, ei, ei che scema in un singhiozzo, tace per qualche secondo, ritrova all'improvviso vitalità e volume, affoga di nuovo in un gorgoglìo di lacrime.

Dove l'hanno portato lo scopro solo all'alba, seguendo il suo verso morente. "Vuole vedere?" mi dice il controllore della sera prima. "Venga, venga." In fondo al vagone c'è uno scompartimento chiuso con un lucchetto e piantonato da un gendarme in divisa. La porta scorrevole non ha il vetro, e dunque il lucchetto appare pateticamente superfluo. Dentro sono una ventina, sdraiati sul pavimento, accatastati l'uno sull'altro, le mani ammanettate o legate dietro la schiena con strisce di spugna ricavate da un asciugamano.

L'uomo vicino alla porta mugola ancora "ei, ei, ei" e ha gli occhi gonfi di pianto e di insonnia. "A ogni viaggio si riempie. È il nostro carcere di bordo. Quello lì stava rubando, l'abbiamo pescato con le mani infilate in una valigia. Il padrone dormiva. È inutile che piangi, scemo. Altri erano solo senza biglietto." "E li arrestate?" chiedo. "No, quelli scendono alla prima stazione. Se sono ladri o no, non lo sapremo mai. Molti hanno bisogno del treno, ma il biglietto è troppo caro per loro. Di andare in camion in questa stagione non se ne parla neanche, e l'aereo da Kananga a Lubumbashi costa quaranta milioni di zaire, si figuri. Così salgono a scrocco, ci provano. A ogni stazione vengono buttati fuori, però a destinazione prima o poi ci arrivano. Magari in due mesi, ma ci arrivano."

Mentre arrotolo il sacco a pelo fradicio d'umidità, scopro di avere un forte mal di gola. "Anch'io," mi dice François, che ha dormito riparandosi dall'aria e dalla pioggia di insetti con un asciugamano avvolto sul capo. "Tieni, lo fa passare." Mi porge un pezzo di radice che sta masticando. Deglutisco una saliva amara e bruciante. "Mi vuoi avvelenare." "Se avessi voluto ucciderti ti avrei lasciato nel Katembo, a parlare col tuo amico."

La radice è miracolosa: dopo qualche minuto il mal di gola è sparito senza lasciare traccia. "I miei nonni mi hanno sempre curato con le erbe. Non ho mai preso una medicina vera in vita mia."

Alle sette arriviamo, a passo d'uomo, di fronte a una stazione senza nome: una capanna di legno soffocata dalla gramigna e una coppia di binari appartata tra le erbacce, intorno il nulla. Ci attende un esercito. Quando il treno si ferma, veniamo assaliti da truppe sudate che cominciano a rovesciare a bordo i soliti enormi sacchi di granaglie e le valigie di plastica rigida nate per l'aeroporto e destinate a morire nella giungla. Si avvicina ai carri merci, attaccati in coda, una processione di camion. Uomini-formica, vigilati dalle guardie armate, trasportano sacchi di tapioca sul treno camminando in bilico sul bordo dei vagoni. "Quanto manca a Kananga?" mi informo. Il capotreno mi gela con la sua risposta precisa: "Trecentoventi". Nella notte abbiamo percorso soltanto cinquanta chilometri.

La donna dello scompartimento-ristorante ci attende con la colazione: scimmia, *fufu* e un limone anoressico, senza succo, da strizzare fra i denti per togliersi di bocca il sapore della carne. Tutte le radio si sono accese per il notiziario del mattino, per le novità sulla conferenza nazionale. "Forse arriva davvero la terza repubblica," commenta qualcuno. "Qualsiasi cosa, basta che crepi il Maresciallo..."

Dopo cinque ore fermo nella stessa stazione cominci a notare anche i particolari più insignificanti. Le traversine dei binari, per esempio, sono di ferro, realizzate da una fonderia italiana. Ciascuna porta un marchio in rilievo roso dalla ruggine. L'erba che cresce intorno ai binari è disseminata di banconote da cinquecento zaire, vittime dell'inflazione assassina, pezzi di carta senza valore straziati dalle piogge, dall'umidità notturna, dal solleone e dalla calura soffocante. Centinaia di Marescialli, i colori della divisa sbiaditi dal sole, continuano a fissare il cielo con il loro sguardo indifferente a tutto.

Ma ecco, finalmente capisco che cos'ha di diverso questa stazione rispetto a tutte le stazioni, *gare routière* e *bus station* incontrate da quando sono partito: quelle brulicavano di donne coi cesti di frittelle sulla testa, di bambini carichi di sacchetti di frutta, di vecchi che trascinavano borse-frigo rattoppate, piene di ghiaccio sciolto e di bibite ormai tiepide. Arrivavi e ti assalivano, ti bombardavano di cibo da riempirti lo stomaco per settimane. Qui, invece, nessuno vende niente perché non c'è niente da vendere.

All'una interpello il capotreno. "Ne avremo ancora per molto?" "Laggiù continuano ad arrivare camion. Potremmo star qui tutto il giorno e tutta la notte e anche domani. Ma forse arriva un treno merci rapido, che va diretto a Kananga e non fa fermate. Forse può viaggiare sul locomotore." Evito di indagare su come diavolo abbia fatto a sapere che sta arrivando un altro convoglio, visto che la stazione è completamente isolata, senza telefono né radio. Gli allungo un pacchetto di sigarette. "Vedrò di parlare col conducente." Il merci arriva, sbuffando, un'ora dopo. Il capotreno sale a bordo col fiatone. "Potete andare sul locomotore." È stato lui, scoprirò, a far fermare il treno piantandosi a gambe larghe in mezzo al binario.

Il locomotore è un monumentale diesel-elettrico marca General Electric, anno di costruzione 1970, lordo di grasso e nero di fumo. I pantografi, mollemente afflosciati sul tetto, sono da sempre inutilizzati. È solo a Kamina che inizia la linea elettrificata.

Ci arrampichiamo, io e i due militari, su per lo scalino ripido e viscido che porta alla cabina di manovra. "Tu," mi chiede il conducente, un ometto nero e unto come l'immensa macchina che governa, "non sarai mica un mercenario?" "Perché, ce ne sono ancora da queste parti?" "Non se ne sono mai andati. Qui non si è mai smesso di combattere. Dove ci sono diamanti c'è guerra, mettitelo in testa. Dammi centomila zaire per la birra, e io non ti faccio domande. A bordo, però, niente casini. Te ne stai buono e tranquillo." Non oso controbattere. Non ho ancora capito se è pazzo. Se ne sta appollaiato sullo sgabello di legno, felice di manovrare tutte quelle leve di ottone lucido e ammaccato, come un bambino ipnotizzato davanti a un videogioco. Sul quadro c'è una quantità di lancette e di strumenti con le scritte in cirillico. "Perché sono in cirillico?" gli ho domandato. "E perché preoccuparsi? Tanto non ha importanza: pressione dell'olio, dell'aria dei freni, contagiri, non ce n'è uno che funzioni."

La macchina sferragliante di Belzebù si mette in marcia col tum-tum-tum dei 1650 cavalli che sembra salire direttamente dalle fucine dell'Inferno e che lancia verso il cielo, estremo insulto al rivale, una blasfema scorreggia color seppia. Il vento caldo ci accarezza la faccia. La cabina, un metro e mezzo per quattro metri scarsi, è occupata dal conducente, da due donne incinte sofferenti per il caldo e da un giovane sdraiato per terra, col moncherino fresco del piede destro avvolto in uno straccio lurido d'olio e di sangue. Ha perso il piede alcuni giorni fa, alla stazione di Ilebo. È sceso al volo prima che il treno si fermasse ed è finito sotto le ruote. L'hanno medicato come hanno potuto. Adesso torna a Kananga, a casa. Il conducente lo fa viaggiare gratis.

Così noi viaggiamo all'esterno. Siamo una decina, disseminati sulla stretta passerella che corre tutt'intorno al locomotore. Il binario si snoda in mezzo a un tunnel vegetale, un arco a tutto sesto di fogliame rigoglioso che ci nasconde l'orizzonte e parte del cielo. La nostra occupazione è quella di schivare i rami, lo stesso divertimento disperato e suicida dei bambini brasiliani che, in equilibrio a gambe larghe sul tetto dei treni, dimenticano lo squallore della favela concentrandosi sui pali e sulle arcate delle gallerie che vengono loro addosso a gran velocità e che a volte, se non sono abbastanza rapidi a spostarsi, si prendono la loro breve vita con un colpo secco. Decapitati, tagliati in due dai fili, spiaccicati come polpette sulla massicciata. Surfisti, li chiamano in Brasile.

Noi, qui, siamo surfisti per forza. Non abbiamo niente da dimenticare, nessun incubo a cui sfuggire. Dobbiamo solo viaggiare.

Sono concentrato e non vedo nemmeno il paesaggio. Giro la testa soltanto quando ai lati della ferrovia compare la carcassa coperta di ruggine di un antico vagone, deragliato e lasciato a morire disteso su un fianco.

Passiamo colline e valli, ma la percezione della salita e della discesa è data solo dal variare dei giri del diesel e dall'ansimare asmatico dei freni. Adesso stiamo scendendo in una lunga valle, e il locomotore, spinto lungo la pendenza dalle tonnellate dei vagoni che si porta dietro, sbuffa come un gigantesco toro infuriato. La discesa sembra non avere fine.

Intuiamo che qualcosa non va dallo sguardo del conducente. Stiamo andando troppo veloci. Un militare della scorta arriva trafelato saltando dai carri merci. "Il fuoco!" urla. "Stiamo andando a fuoco!"

Adesso ci accorgiamo anche noi delle prime lingue di fiamma e del fumo che si leva da sotto i nostri piedi come una nebbia maligna. Quando arriviamo a fondo valle e il conducente riesce a fermare il treno in un tratto pianeggiante, il fuoco arriva all'altezza della cabina.

Saltiamo giù, tra le fiamme e il fumo acre, e aiutiamo a scendere le donne incinte e il ragazzo mutilato. "Bisogna spegnerlo o saltiamo per aria!" grida il conducente e strappa la linguetta dell'unico estintore a bordo. Esce un ruttino polveroso che dura un attimo: scarico. "Con la terra! Presto, cazzo!"

In venti, comprese le donne incinte e i militari che hanno buttato a terra i fucili, ci inginocchiamo davanti all'enorme serbatoio accarezzato dolcemente dalle fiamme. Intravedo il giovane senza un piede che scappa lungo il binario saltellando sulla gamba buona. Affondiamo le unghie nel terreno e gettiamo isteriche manciate di terra rossa sul serbatoio. Lavoro come un automa, prendi e getta, prendi e getta, respiro l'aria rovente e il fumo cercando di non pensare, ma penso e mi domando a quale temperatura una cisterna con cinquecento litri di gasolio può esplodere.

Quanto c'è voluto? Le fiamme erano dappertutto, grasse e insistenti come quelle di una molotov alla gelatina, le spegnevi qui e si riaccendevano là dove credevi di averle spente un attimo prima, coprivano le ruote, i freni, i carrelli, il telaio, lambivano i fili dell'impianto elettrico. "Se si attacca all'impianto elettrico sono cazzi," urlava il macchinista, "qui ci restiamo un mese!"

A un tratto, dalla giungla fitta come una siepe sono usciti uomini e bambini seminudi, e si sono messi anche loro a tirare terra. I bambini lo prendevano come un gioco. Noi eravamo sempre più stanchi, sempre più sudati, sempre più lerci, grasso più polvere più fumo più gasolio più sudore, più una seconda pelle di sconforto.

Non so quanto ci sia voluto, esattamente. So solo che adesso siamo accasciati sulle rotaie, la schiena rotta, il sudore che cola sugli occhi, il fiatone che continua da un quarto d'ora e il fuoco finalmente domato.

Erano le pastiglie dei freni, mi ha spiegato il macchinista. Troppo consumate per reggere una discesa simile, e con così tanti vagoni. Le ganasce hanno cominciato a spruzzare scintille, e le scintille hanno trovato un rivolo di gasolio proveniente dal serbatoio. Bisogna arrivare alla prima stazione e sostituire i freni. "Ma con calma. Con calma."

Uno a uno risaliamo a bordo. I bambini ci salutano contenti. Il giovane mutilato sbuca dalla sterpaglia, gli occhi diffidenti di un animale braccato. Lo aiutiamo a salire. Non l'ho mai sentito dire una parola. Ripartiamo a passo d'uomo col sole che tramonta. A Luebo smontano il locomotore per cambiare le pastiglie dei freni. Ci vogliono cinque ore, durante le quali mangiamo arachidi tostate (l'unico cibo disponibile) e ci dissetiamo alla fontana della stazione con l'illusione di sciacquare anche la patina di fumo che si è depositata sulle pareti delle nostre trachee. Viene a manovrare la pompa lo stesso bambino che ci ha venduto le arachidi.

A notte fonda ci sveglia il tum-tum-tum del diesel pronto per partire. Ci siamo addormentati in sette sul pavimento della cabina, metallo freddo come un tavolo da autopsia, irto di sporgenze e di bulloni.

C'è un nuovo macchinista, che ci prende a calci e ci chiede mezzo milione di zaire a testa o, per quel che lo riguarda, possiamo pure scendere. I militari, eccezionalmente, sono esentati. Il mutilato spiega che non può pagare. "Allora fuori dalle palle," gli dice il macchinista. Penso a Joseph, Joseph il profugo di Monrovia e il suo fantasma che ogni tanto mi tormenta ancora. "Li metto io per lui," dico. "No," mi blocca il ragazzo. "Non c'è bisogno che butti via i tuoi soldi, bianco. Le ferrovie mi hanno ridotto così, e ho il diritto di viaggiare gratis," e scende con un balzo. È la prima volta che sento la sua voce. "Non ho bisogno di te, prenderò il prossimo treno!" urla al macchinista che è rimasto a bocca aperta, e poi sparisce nella notte.

"Non potrebbe viaggiare su un merci, e quindi non capisco come sia riuscito ad arrivare fino a Kananga. È illegale per uno straniero." Il capo distretto della Sncz di Kananga ha la faccia onesta, il sorriso onesto e parla come un uomo onesto, col tono pacato e solenne da Corte Suprema. "In Zaire vale ancora l'aggettivo 'illegale'?" gli chiedo. "Sissignore, nel mio distretto vale. Almeno finché lo comando io. È poco, lo capisco, ma si comincia dalle piccole cose. Però lei mi sta simpatico, perché non è un corruttore. È una vittima, come tutti i cittadini di questo paese. Anche i macchinisti che sicuramente le hanno chiesto i soldi per arrivare fin qui. Sono tutti vittime. Perciò adesso lei mi firma questo, e io le rilascio un *libre parcours* fino a Lubumbashi, che le consente di viaggiare su qualsiasi treno e impedisce ai macchinisti di chiederle la tangente."

Il foglio che devo firmare dice: "Dichiaro di esonerare l'Office de Chemins de fer du Sud da tutte le responsabilità per ogni rischio o incidente che possa sopravvenire nel corso di questo viaggio. La presente vale per i miei eredi e aventi diritto come rinuncia a ogni ricorso contro la società e il suo personale per il risarcimento dei danni subiti, materiali o corporali, diretti o indiretti". L'incidente si dà per scontato. "Stanotte dovrebbe partire un merci per Kamina. Le farò sapere quando. Intanto conoscerà Mathilde. Sono sicuro che avrete molto da dirvi."

Mathilde è la sua segretaria, una ragazza minuta con un vestito a fiori. "Mathilde, prenditi una mezza giornata e rifocilla quest'uomo. È arrivato da Ilebo col treno. Puoi immaginarti quanto ne ha bisogno." "Ma non è necessario, posso andare in un albergo," protesto. "Non se ne parla neanche. Gli alberghi di Kananga sono pessimi." Scambiamo qualche parola e scopro che Mathilde parla italiano. "Ho studiato a Roma, per un anno. Andiamo?" La ragazza che lavora con lei approfitta dell'occasione e molla la scrivania. Si incamminano a braccetto per un sentiero di terra, coi tacchi che affondano nel fango, e canticchiano in coro: "Mon-sen-gwo! Mon-sen-gwo!". Io le seguo con la mia sacca in spalla, senza la minima idea di dove stiamo andando, e senza preoccuparmene più di tanto.

La casa è grande, dominata da un enorme frigo degli anni cinquanta e da un tavolo infinito. Le pareti azzurre sono aggredite da chiazze di muffa. "Vivo qui con tutta la famiglia. Siamo cinque fratelli. Laggiù c'è il bagno. Vai a lavarti, ho scartato una saponetta apposta per te." Sul pavimento di cemento dello stanzone è pronto un secchio colmo d'acqua, e sul davanzale della finestra è stata poggiata una saponetta di marca italiana. Le mie dita nere lasciano impronte sacrileghe sull'avorio della saponetta. Mi strofino a lungo, finché mi sembra di non sentire più il puzzo di gasolio.

Esco dal bagno in mutande. I miei pantaloni sono spariti. "Te li ho lavati, ti spiace? Erano in uno stato pietoso." "Non ne ho di ricambio." "Non preoccuparti. Con questo caldo si asciugano subito. Siediti e mangia."

Mathilde ha cucinato un piatto di riso con la carne, sul quale mi avvento. Apre il frigorifero, colmo per metà di bottiglie di Simba. "Mio fratello maggiore vende birra." Mi mette davanti una bottiglia gelata, e bevo ancor prima di ringraziare. È una sensazione strana, stare in questa stanza in mutande, a mangiare e bere mentre lei mi fissa. "Perché viaggi in treno?" "Per una follia," dico. E aggiungo: "Come mai una donna che ha studiato a Roma e conosce l'italiano finisce a fare la segretaria?" "Non c'era niente di meglio. Ma presto cambierò, sai. Ho preso una decisione." I suoi occhi si illuminano di una luce serena. "Hai trovato un buon posto?" "Sì. A giugno prenderò i voti. A Kananga non tutti inseguono lo stesso sogno."

Il sogno che inseguono tutti, a Kananga come a Mbuji-Mayi, a Tshikapa e in decine di altri villaggi della zona, è il baluginare in mezzo ai sassi di una pietruzza dalla trasparenza ipnotica, la ricchezza improvvisa che viene dalla terra, il riscatto da decenni di albe e di tramonti riflessi sulla tua schiena curva, sulle tue braccia sudate e doloranti a forza di spaccare pietre.

Diamanti. Ecco il sogno-incubo-ossessione che ti entra nel sangue come la malaria e che non puoi più scacciare. Basta, rinuncio, giuri a te stesso al tramonto con le vertebre spezzate. Non ce la faccio più. E all'alba sei di nuovo lì, con le piaghe delle dita strette intorno al manico del piccone. Un giorno ancora, solo uno. Se fosse proprio oggi quello buono? E così si consuma la tua vita. Sono gironi infernali, le miniere di Mbuji-Mayi, dove migliaia di condannati immersi nel fango rosso fino alle ginocchia scontano per l'eternità la loro pena: sognare. Sognano e scavano e sognano, legalmente e illegalmente, le donne coi bambini appesi alla schiena, i vecchi ormai ciechi per la cataratta, i giovani che a trent'anni sono già da buttare.

A.P., abruzzese, venne qui nel 1965 attirato dallo stesso miraggio. Ha un'attività "ben avviata," dice, due Land Rover e qualche dipendente locale. Non vuole dire di che cosa si occupa. Ha saputo che era arrivato un connazionale in città e mi ha mandato a chiamare. È venuto un ragazzino a casa di Mathilde e ha detto "C'è un italiano che ti vuole vedere". Mi accoglie come un figlio. "Minchia, ma tu sei pazzo. Fino a Città del Capo te ne vuoi andare in treno, in 'sto paese di merda! Tieni, mangia che avrai fame. Formaggio, salame, tutta roba buona che arriva dall'Italia. Mi costa un po' di tangenti farla entrare, ma ne vale la pena. Senti che formaggio. Te l'eri scordato, eh? Se non si vive per mangiare, in Zaire, per che cosa si vive? Soldi non se ne fanno più come una volta. Anzi, non se ne fanno proprio più. Eppure qui tutto ruota intorno ai diamanti. Hai visto che schifo le ferrovie? Non c'è un treno che parta in orario. Eppure, tutte le sante settimane arrivano due treni merci dal Sudafrica, coi vagoni belli lustri e moderni, puntuali come orologi svizzeri. Sono treni privati, scortati da un esercito. Scaricano quello che devono scaricare e se ne tornano a casa con i sacchetti di diamanti ben chiusi in un vagone blindato. Cambio merce. C'è ancora gente ricca qui, straricca. Gente che fa avanti e indietro da Kinshasa con il jet privato mentre la compagnia aerea di stato non ha il carburante nemmeno per far decollare gli aerei. Hanno potere, alla fine sono loro che governano. Mobutu li ha sempre coccolati, gli ha concesso il libero commercio senza imposte, le agevolazioni bancarie, la riduzione sulle tasse. Ha paura di loro. E a loro le concessioni non bastano mai. La settimana scorsa, in piena conferenza nazionale, hanno voluto farsi sentire: si sono messi d'accordo e hanno comprato tonnellate di dollari, poi le hanno buttate nel mercato nero e hanno fatto crollare il prezzo. Un messaggio, capisci? Perché non torno in Italia? Perché ormai io sono quello 'scappato', al mio paese mi rifiuterebbero. E poi, se torno, che cosa mi metto a fare? Mangia, non fare complimenti. E bevi la birra finché è fresca. Questo paese è uno schifo. Ma non è colpa di nessuno. Quando i militari si sono ribellati mi sono cagato addosso. Sono stato barricato in casa per una settimana. Dovevi sentire come sparavano. Ma gli puoi addossare delle colpe, a quei poveracci? Quelli sparavano per fame. E tu vai fino a Lubumbashi in treno. Cazzo che coraggio."

A.P. mangia anche lui di gusto, mentre si perde nei suoi ricordi. Mi dà il numero di telefono della sua famiglia in Italia, mi chiede di chiamarli "perché da qui te lo scordi," di dire che l'ho incontrato e che sta bene. "Ah. Grazie," mi risponderanno quando chiamerò. E nient'altro.

"La sua locomotiva è la 1344 e parte alle nove. Alle otto si faccia trovare in stazione." L'uomo con la divisa della Sncz è entrato in casa, ha lasciato il messaggio e se ne è andato in fretta, intimidito dalla lingua straniera. A.P. mi accompagna alla stazione personalmente, con la Land Rover.

Troviamo Mathilde che sta parlando con Kalenga e François. Anche loro hanno ottenuto il permesso di salire sulla 1344. Saluto Mathilde con un abbraccio che avrei voluto più stretto e la promessa di una corrispondenza che finirà nelle grinfie di chissà quale doganiere e non arriverà mai a destinazione, e A.P. mi infila in tasca un panino fatto al volo con le ultime fette di salame.

La 1344 parte puntuale alle nove, ma è diretta all'officina per sostituire i fari che non funzionano. Divido il panino con i militari e assistiamo alle operazioni in una specie di fucina di Vulcano che avrebbe potuto ispirare Goya per uno dei suoi quadri neri. Un gendarme che continua a chiamarmi "*Monsieur le Blanc*" mi chiede i documenti e se ne va scocciato quando gli mostro il *libre parcours*.

Quando la 1344 si mette in marcia è notte fonda e stiamo dormendo accoccolati sul pavimento della cabina. L'alba ci sorprende immobili su uno scambio in mezzo alla foresta, col diesel in moto e il tum-tum-tum che penetra nel cervello e nello stomaco, forte come il battito del cuore del mondo. "Siamo qui da dieci ore e non si muove niente," dice il macchinista. "La linea è a binario unico e stiamo aspettando di incrociare un altro treno. Noi siamo in ritardo di quattro ore, e lui doveva passare tredici ore fa." "Ha tenuto il motore acceso per dieci ore?" "È benzina di Mobutu. Tutta quella che sprechi non finisce nelle sue tasche."

Tum-tum-tum. Mezzogiorno.

Tum-tum-tum. L'una.

Tum-tum-tum. Le due.

Il macchinista tiene una scimmia affumicata sul cruscotto, e ogni tanto ne taglia una fetta col coltello a serramanico. Me ne offre, ma rifiuto.

Tum-tum-tum. Le tre.

Il caldo è insopportabile. Non c'è niente da bere, e l'originaria fragranza del salame e del formaggio di A.P. si è trasformata in un alito di tomba che sale dallo stomaco e raddoppia la sete.

Tum-tum-tum. Le quattro.

Che cosa darei per saper spegnere questo maledetto motore. Il macchinista è scomparso, ma dove? Fuori c'è il nulla silenzioso e assolato. L'aria è rovente e anche gli insetti hanno perso la forza di volare. C'è una baracca di legno mezzo crollata che dovrebbe essere la stazione.

Trovo il macchinista che divide una bottiglia di grappa di rafia con due militari. Se li vedesse il vecchio Shabani dai capelli d'argento! Tormentati dal caldo e dall'alcol hanno tolto la divisa, e se ne stanno sdraiati in mutande verdi, ubriachi, con gli stivaletti ai piedi. "Siediti," mi invitano. "In tuo onore ci facciamo lo spinello più grande che tu abbia mai visto. Marijuana pura, che ne dici? Senti che profumo."

Scopro che la capanna non è una stazione, ma il posto di controllo dello scambio solitario. C'era una radio, ma l'antenna è sfasciata e manca la benzina per il generatore. Ci sono due brande senza materasso, un fornellino a gas e c'erano provviste per cinque giorni. Da due settimane questo è il loro mondo. Un cambio della guardia avrebbe dovuto rilevarli al sesto giorno, ma non è mai arrivato. "Domani sono dieci giorni che non mangiamo," mi dicono. Dieci giorni abbandonati nel nulla rovente, a macerarsi nella noia, nella marijuana, nell'acquavite e nella speranza che arrivi qualcuno a sostituirli. Spolpano con gusto la scimmia affumicata.

Beviamo e fumiamo una sigaretta lunga e grossa come un avana. Oltre la cortina di vapore aromatico che mi si è depositata sul cervello e sul fondo dell'occhio, li vedo ridere e darsi pacche sulle spalle lentamente, sempre più lentamente come in una esasperante moviola. Ora sono io che mi muovo, svuotato e inzuppato di tutto il sudore che tratteneva il mio corpo, divenuto una spugna flaccida. Il paesaggio intorno ruota maestoso e lento come ruota la terra. Più tardi, molto più tardi, mi ricorderò di essermi trascinato fino all'acciaio incandescente della locomotiva.

Ci sono i cannibali, penso. Ho le labbra incollate. Dove sono? Nel Katanga. I baluba. Ti stanno cuocendo in un pentolone con il *fufu*. Mercenari. Viva i soldi, viva la morte, viva la guerra. Ti hanno rubato tutto ma che importa, tra un po' ti affetteranno. Dov'è il tuo plotone? Il fuoco scotta. Gocce di sudore rotolano giù per la fronte. Svieni, così morirai dolcemente.

Rinvengo al suono di un tam tam. I baluba fanno festa. Fanno sempre festa prima di un banchetto. È buio, eppure mi pare di vederli danzare. Un agitarsi di lance, di piumaggi e di muscoli affilati, nella penombra dove guizzano le fiamme. Si muovono al ritmo del tamburo.

Tum, tum, tum, tum. Ascolta bene, sembra lontano ma si avvicina.

Tum, tum, tum, tum. Adesso è fortissimo, lo sento nel corpo vitreo degli occhi, nel midollo, nel cervello. Scuote tutti i miei tessuti molli che tremano e danzano seguendo il suo ritmo. Non è troppo regolare?

Tum, tum, tum.

Un tamburo da 1650 cavalli. Marijuana. Alcol. Finalmente apro gli occhi. È buio e sono sdraiato sul pavimento della locomotiva. Lontano vedo ancora la baracca, un lumino a petrolio illumina le sagome di tre uomini addormentati. Il motore è ancora acceso. Sono le tre del mattino e siamo immobili. Richiudo gli occhi.

Di nuovo l'alba, malsana e zeppa di zanzare. François e Kalenga sono sbucati dal nulla, fradici d'umidità. "Che notte maledetta." "È passato il treno?" "È passato. Ventiquattr'ore fermi come idioti." "Andiamo," dice trionfante il macchinista indaffarato con le sue leve. "Addio," urliamo ai soldati che si fregano le tempie doloranti e agitano le braccia indebolite dalla fame. È una sorpresa sentir cambiare ritmo al diesel.

Viaggiamo per un paio d'ore, fino alla stazione di Kele, che è triste e desolata come lo scambio della notte precedente. "C'è un vagone che è deragliato ieri, un chilometro più avanti. Si è rovesciato su un fianco. Lo stanno rimettendo in piedi e ricaricando. Non potete proseguire," ci dicono. "Il caldo deforma le rotaie. È una linea costruita in economia, tutti i soldi avanzati sono andati al nostro grande presidente. Deragliare qui è normale come forare una gomma andando in bicicletta su una pista di pietre," mi spiega il macchinista. "Quanto aspetteremo?" "Prendiamocela comoda."

Di fianco alla stazione immersa nel verde e nel silenzio languido del mezzogiorno ci rifugiamo all'ombra del portico dell'hotel Gare de Kele, una locanda deserta messa in piedi con le traversine avanzate dopo la costruzione della ferrovia o rubate in qualche cantiere. Anche il portico è recintato da una fitta siepe di traversine, che nasconde la locomotiva e ne attenua il battito, ormai destinato a continuare fino alla fine del mondo. "Chi dorme qui?" domando al padrone. "Nessuno da dieci anni."

Ci porta un piatto di fagioli bolliti e conditi con lo zucchero e una caraffa d'acqua tiepida e fangosa. So che mi farà male, ma la bevo d'un fiato. C'è un altro piatto? domandiamo. Ci rispondono che quello che ci è stato appena servito era il fondo della pentola. Carne? Niente. Pollo? Niente. *Fufu*? Forse. Aspettate, controllo. Niente. Acqua? Ancora un po'. Beviamo per prepararci a una lunga notte di fame e di sete.

Quando è il momento di pagare si avvicinano due uomini di bassa statura usciti da non so dove (tutti, lungo questa ferrovia, sembrano uscire da non so dove), con la camicia stirata e il cappello di paglia dalla tesa larga. Un lusso. "Offriamo noi," dice uno dei due e mette sul tavolo qualche banconota. Poi estrae un sacchetto dalle mutande. Lo apre, e dentro c'è il fuoco. "Sono quasi mille carati grezzi," sussurra. "Bianchissimi, poche intrusioni, belle pietre ovali. Almeno trecento carati, una volta tagliate. Dammi diecimila dollari e sono tue. Amico, se ci beccano rischiamo di finire in galera insieme e ci conosceremo molto bene, perché ci schiafferanno dentro per la vita. Ma se va bene tu diventi ricco." Ammiro la franchezza.

Prendo una pietra a caso dal mucchio. Non conosco i diamanti, ma la trasparenza che si intravede a sprazzi sotto la crosta di vetro ruvido è troppo brillante, troppo irreale per essere falsa. Anche il rischio è troppo grosso per poterlo correre a cuor leggero. Sempre ammesso di avere i soldi richiesti: in questo momento ho in tasca l'equivalente di una cinquantina di dollari, che mi rendono ricco per lo standard zairese, ma che di fronte ai due loschi commercianti col panama mi collocano nella bolgia dei poveri. "No," dico. "Scegli tu il prezzo." "No, grazie. Non posso." (*Non compri diamanti di contrabbando o sono guai.*) "Novemila." "No." "Come vuoi, amico. A diventare ricco sarà qualcun altro. Il pranzo te lo offriamo lo stesso," e spariscono. Di tanto in tanto penso ancora a quel sacchetto e a cosa sarebbe stato di me e della mia vita se quella mattina avessi avuto diecimila dollari con me.

Abbiamo preso l'abitudine a entrare nelle stazioni di buon mattino, e ho preso gusto a terminare le lunghe e dure tappe del viaggio all'alba. Di solito accade il contrario, si viaggia di giorno e si riposa la notte. Noi, eccentrici viaggiatori su rotaie putrefatte, percorriamo la foresta di notte e al sorgere del sole, come guerrieri trionfatori di un assedio, ci fermiamo nelle città, riempiendo il silenzio delle ore morte col fragore del nostro cavallo d'acciaio.

Abbiamo aspettato a Kele fino a notte inoltrata, divorati dalla fame e dall'arsura, e alle sei del mattino abbiamo raggiunto Mwene-Ditu. Il treno di ieri è deragliato di nuovo, ci ha avvertiti il personale appena entrati in stazione. Altre dieci ore di attesa. Se va bene.

Camminiamo nel fango fino al mercato che non è lontano e, alle sette, è già affollato. Compriamo pane, carne arrostita e birra Simba in quantità. Ci aggiriamo fra le bancarelle, il macchinista è in cerca di un videolettore. "Costa meno e del registratore non me ne faccio niente. Non c'è niente da registrare, qui." "Vuol dire che in questo mercato si può trovare un videoregistratore?" Siamo circondati da banchetti che espongono scimmie affumicate, frittelle che sfrigolano nell'olio color melassa, carne cruda tappezzata di mosche, venditori di ortaggi avvizziti e di spazzolini da denti usati. Kalenga e François sono lontani, in esplorazione degli angoli più nascosti del mercato, a caccia di un paio di jeans. "Dove si commercia in diamanti si può trovare di tutto." "E lei, col suo stipendio, come lo paga un videolettore?" Mi pento dell'impertinenza, ma lui non se la prende. Sorride e strizza l'occhio: "Con quello che lei ha rifiutato di comprare ieri".

Il videolettore non si trova e nemmeno i jeans, così, non paghi, ci infiliamo in un ristorante dove ordiniamo *fufu* e carne al sugo. Prendiamo la pasta molliccia dalla stessa ciotola, con le mani, e la intingiamo nella pentola del companatico usando il cavo della mano come un cucchiaio per raccogliere sugo e brandelli stopposi di carne.

Mi fermo a meditare sul modo di mangiare africano. Mani al posto delle posate. Mani che si tuffano nel cibo, si infilano in bocca, vengono pulite accuratamente dito per dito dalle labbra e tornano, lustre, a tuffarsi nel cibo che è proprietà comune, intrecciandosi con altre mani. Un rituale che sfama rendendo fratelli gli sconosciuti. Ricordo che quando ero bambino, ai pranzi parentali, gli zii mi offrivano ciò che avevano avanzato nel piatto rassicurandomi con un "non l'ho nemmeno toccato". Perché, mi chiedo ora in questa capanna-ristorante, davano per scontato che tu avessi schifo di loro? Forse era semplicemente il retaggio di un'antica credenza: "Solo i selvaggi e i nostri nonni montanari mangiavano tutti nello stesso piatto," e ciò aveva lasciato nel loro inconscio un eccessivo senso di vergogna e di pudore.

Mentre sto mangiando mi rendo conto di non aver ancora chiesto al macchinista il suo nome. "Bukasa. Bukasa Nzeji, *conducteur de ligne*. Forse me lo potrebbe spedire lei un videolettore. Si segni l'indirizzo. Tenga duro. Se spostano quel treno in tempo, domani saremo a Kamina. Lì inizia la linea elettrificata, e arriverà a Lubumbashi in un batter d'occhio. Sono solo quattrocento chilometri." Ci sarebbero voluti altri quattro giorni.

La polizia dell'ufficio immigrazione mi ha fermato di nuovo, all'uscita del ristorante. Volevano vedere il permesso per circolare nella *zone minière*, e ho rischiato di non poter proseguire. Mi hanno accompagnato alla stazione e mi hanno intimato di non muovermi dal treno. Bukasa, François e Kalenga sono rimasti con me per solidarietà.

Dopo un po' che aspettavamo senza ricevere notizie, Bukasa si è messo ai comandi e ha esclamato: "Mi sono rotto le palle di stare qui. Andiamo avanti e ci fermeremo dove c'è il treno deragliato". Ci arriviamo poco dopo. Due carri merci sono schizzati fuori dalle rotaie senza rovesciarsi, e le ruote di ferro poggiano ora sulla massicciata.

Quello che si presenta davanti ai nostri occhi è uno dei più commoventi esempi di determinazione che abbia mai visto. Trenta uomini hanno scaricato il contenuto dei vagoni – sacchi di granaglie – e, raggruppati da un lato della massicciata, stanno facendo leva sotto le ruote con lunghe sbarre di ferro, sputando sangue nel tentativo di rimettere il greve mastodonte sui binari. Spingono, urlano con i volti deformati da partoriente e ogni volta il vagone supera un altro ciottolo e avanza di un centimetro. Un centimetro = dieci millimetri. Per arrivare alla rotaia mancano cento centimetri, una distanza che appare impercorribile e imponderabile come cento anni luce.

Fissiamo lo spettacolo e poi ci guardiamo negli occhi. Non c'è bisogno di parole. Scendiamo ad aiutare. Finché il vagone resterà qui ci rimarremo anche noi. Però non è l'interesse che ci spinge a scendere: è il gusto di una sfida. Non contro il peso immane del vagone, non contro la forza di gravità e nemmeno con noi stessi. È contro Mobutu.

Rimettendo i carri dove devono stare con la sola forza delle nostre braccia, dimostreremo in qualche modo che il Maresciallo non ha vinto e che, nonostante egli sia convinto di tenere in pugno il suo popolo dopo averlo soggiogato e affamato per un trentennio, quel popolo trova ancora la forza di compiere un'impresa che scoraggerebbe Eracle. I due vagoni inerti sono la nostra Idra di Lerna, il nostro leone di Nemea, le nostre stalle di Augìa lorde della merda di trent'anni. Mobutu è il nostro Euristeo. Zeus assiste dall'alto, indifferente come vuole il copione. E quando, dopo nove ore di fatiche, di sudore, di piaghe aperte e di muscoli tesi al limite dello strappo, sentiamo lo stridore dell'ultima ruota che scivola nel binario, anche noi crediamo di aver conquistato l'immortalità e ci sentiamo dèi di questo oscuro Olimpo africano.

"Kamina, città del progresso!" dice Bukasa e con un gesto teatrale abbraccia l'ampio tappeto di binari della stazione, i tralicci e la linea sospesa a cinque metri da terra che fornisce il nutrimento alle locomotive elettriche. "Da qui a Lubumbashi, *pas de problèmes, ça va*? Okay?"

Mezzogiorno è passato da tempo. Abbiamo trascorso metà della notte immobili sul nostro binario-prigione "per un problema di comunicazioni". "Quali comunicazioni?" ho domandato a Bukasa. "Quelle che non ci sono e che non ci saranno mai," mi ha risposto. "Ma adesso," dice trionfante, felice che noi si possa proseguire in fretta, "adesso con l'elettricità e il binario doppio andrete come in aereo. *Vite! Rapide!* Ecco, quella locomotiva laggiù. Va sicuramente a sud. Rallento solo un po' e voi saltate giù. Addio. *Bonne chance*".

Attraversiamo i binari come ladri e raggiungiamo il locomotore. Mostriamo il *libre parcours* al macchinista, e lui fa segno di salire nella cabina posteriore. Mi stupisco del suo silenzio, del fatto che vada tutto così liscio. Il merci è diretto a Tenke.

"Benvenuti a bordo. Avete fame?" Accoglienza da prima classe di un jumbo, nonostante la cabina di ferro sia angusta e unta e non abbia sedili reclinabili ma solo lo sgabello del macchinista. L'uomo che ci porge il cartoccio di arachidi tostate è vestito quasi da steward, con una giacca a quadri di cotone soffice e i pantaloni chiari senza macchie. Affondiamo le mani nel cartoccio. "Come fa a sapere che abbiamo fame?" "Quando si arriva con il treno da cui siete appena scesi si ha sempre fame. So anche del deragliamento. E, purtroppo per me, devo viaggiare spesso su questa linea. Sono capo distretto."

Partiamo (stupore per l'assenza dell'urlo del diesel e del suo fumo pestilenziale, piacevole ronzio di miliardi di elettroni che corrono nel corpo di questa scatola di ferro e le infondono la vita), e i venti binari di Kamina diventano presto due.

Il paesaggio cambia senza preavviso. Tra le palme giganti termitai cilindrici alti cinque metri si alzano verso il cielo come rovine di colonnati dorici impastati di terra e di saliva, templi che testimoniano una muta e strisciante colonizzazione estesa per decine di chilometri. "Lo sa che le termiti hanno l'aria condizionata, mentre noi siamo qui a morire?" dice il capo distretto che ha cominciato a sudare copiosamente. La cabina è un piccolo forno per il calore generato dal motore elettrico, nascosto dietro una sottile parete di ferro. "Praticano dei fori tutt'intorno alla base del termitaio, e fanno convergere le gallerie in un camino centrale che sbuca in cima all'edificio. L'aria calda tende a salire, e così lungo il camino si crea una corrente che mantiene l'interno del termitaio fresco come una caverna."

Ritrovo un appunto: "C'è uno dei cieli più belli e tersi e azzurri che ricordi di aver visto". Ci stiamo arrampicando sugli altopiani dello Shaba, antiche placche paleozoiche che danno origine alla catena dei Mitumba, culminante a 1700 metri, e che, più a sud, dopo Lubumbashi e dopo Lusaka, precipitano per accogliere l'acqua dello Zambesi nel glorioso tuffo delle cascate Vittoria. La foresta si apre per lasciar passare il Congo, che attraversiamo nella gabbia metallica di un ponte cigolante. Lo rivedo dopo due settimane. Così vicino alle montagne da cui sgorga è poco più di un torrentello, le acque marroni ignare di ciò che le aspetta nei 1400 chilometri da percorrere prima di giungere a Matadi e sfociare nell'Atlantico.

Il ronzio muore di colpo e ci ritroviamo avvolti nel silenzio della foresta e dei termitai. Davanti si sente sbattere una porta. "Interruzione," blatera il macchinista. Il capo distretto scuote la testa. "Ci avevano promesso che saremmo andati come il vento," dice François con un tono che tradisce apprensione. "Già, sempre che non interrompano la corrente." Sa che cosa sta per domandargli il militare, e anticipa la risposta: "L'ultima volta sono stato fermo due giorni".

Il sole è tramontato e il fresco della collina penetra presto in cabina assieme alle zanzare assetate di sangue. Ci barrichiamo all'interno cercando di trarre dalla parete il calore residuo del motore senza vita. Le arachidi sono finite. Non c'è acqua. François e Kalenga russano fragorosamente.

Dal buio mi arriva il sussurro del capo distretto. "È sveglio?" È il tempo delle parole per scordare la fame e la sete. "Le confido un segreto che lei non rivelerà a nessuno. Nemmeno ai suoi amici qui. Non sarò capo distretto ancora per molto." "Si licenzia?" "Ho fatto il colpo della mia vita. Ho trovato la malachite." "Dove?" "Nel terreno dei miei genitori. Lo hanno coltivato per tutta la vita, hanno vissuto da poveri e avevano la ricchezza sotto i piedi. Poi son saltate fuori queste scaglie verdi. Ho fatto fare una prospezione e ho rischiato grosso, perché ho speso quasi tutti i risparmi. C'è un filone. Ho pagato cinquantamila zaire di tasse. Tutti i diritti di sfruttamento sono miei. Vado a Lubumbashi a sistemare le ultime carte, e quando tornerò sarà l'ultimo viaggio che faccio con il *libre parcours*. Poi, in aereo, cazzo! Al diavolo le ferrovie, al diavolo Mobutu e viva questo paese benedetto."

Ci sveglia la fame. Ho fitte alla pancia per quel poco che ho mangiato e fitte allo stomaco per quello che avrei dovuto mangiare. Mi apparto lontano dal treno, vergognandomi della mia condizione. Esploriamo la foresta in cerca di qualche bacca, di un tubero o di una radice commestibili. Niente. "Mangerei anche le termiti," dice il capo distretto. "Sono ottime, cotte su una pietra calda. Ma chi lo butta giù un termitaio così?"

Un altro mezzogiorno bollente. Da quanto non beviamo? Due giorni? Tre? La sete fa strani effetti. "Non c'è un radiatore su questa locomotiva?" chiede Kalenga. Vorrebbe berne il contenuto. "No," dice il macchinista, "sfortunatamente non c'è."

Nell'ora più calda il leggero tremore dei cavi ci avvisa che è tornata la corrente. Saliamo a bordo veloci come pompieri, per non perdere nemmeno un secondo del prezioso fluido elettrico che arriva per chissà quale grazia remota.

A Luena, luogo senza ragion d'essere, la desolazione eletta a espressione geografica, il macchinista ferma il treno e ci aggiriamo intorno alla stazione abbandonata in cerca di acqua e cibo. Ci aspettavamo banane, arachidi, avocado, canna da zucchero, manioca. "Adoro le banane con le arachidi," mi ha detto il capo distretto. L'accostamento suonava raffinato come "adoro le fragole col Dom Perignon," presagio d'un futuro benessere fondato sulla malachite.

Tutto quello che troviamo sono quattro patate dolci lessate e due limoni che strappiamo dalle mani di un venditore-bambino. Una patata scarsa e tre spicchi di limone a testa. Niente acqua. Dei limoni mastichiamo a lungo la buccia per trarne le ultime molecole di succo, e ingoiamo la poltiglia nel vano tentativo di riempire il vuoto doloroso delle nostre viscere. "*Petit*, qualcun altro vende cibo?" domanda il capo distretto al bambino. "No, signore." "E tu che diavolo ci fai qui?" "Aspettavo voi." "Dov'è il villaggio?" "Lontano, signore. Mezza giornata di cammino. Se parto adesso, arrivo a casa stanotte."

"Arriviamo fino a Tenke," decide il macchinista. "Quanto?" "Quindici ore. Se va bene." Se va bene. E se non va bene? Berremo il nostro stesso sangue? "Non ho sofferto la sete nemmeno nel Sahara," mormoro incredulo rivolto a me stesso. "Che cos'è il Sahara?" mi chiede il macchinista.

Dopo ventidue ore, sei delle quali passate in silenzio ad aspettare che tornasse la corrente, ecco Tenke e i suoi venditori di avocado. Tenke resterà per sempre impressa nella mia memoria come la città degli avocado. Ne compriamo un cesto, e troviamo anche un cartoccio delle arachidi che piacciono tanto al capo distretto. E acqua che sgorga copiosa da un secchio di stagno. Assaporo la pasta morbida e oleosa dei frutti e sorprendo la mia lingua a studiarne i segreti della consistenza prima di inghiottirla. Apprezzo l'accostamento con le arachidi anche se, mi convinco, si sposerebbero meglio con una banana. Mangiamo fino a non poterne più, e quando la frenesia lascia spazio alla quiete dell'uomo sazio ci informiamo sui treni che proseguono per Fungurume, quaranta chilometri a est. "Ci conviene scendere lì," ha detto il capo distretto. "La ferrovia incrocia la strada asfaltata, con un *taxi de brousse* arriviamo a Lubumbashi in un attimo," strizza l'occhio, "e ora che arriva il treno noi siamo lavati, sbarbati e pettinati."

Ora che sono in fondo allo Zaire, sul punto di lasciarmi alle spalle l'inferno dell'Africa e i suoi dannati senza nome impegnati a combattere le loro silenziose battaglie quotidiane, tutto sembra andare più veloce.

Un locomotore dove siamo stipati in undici ci porta a Fungurume in tre ore. Ritroviamo la Route nationale n. 1, che ha indossato di nuovo il mantello d'asfalto per farsi bella con il vicino

Zambia. Trascino le suole degli stivali sull'asfalto, stupito da una superficie tanto piatta. Alcuni dei miei neuroni, addestrati negli ultimi quindici giorni ad accettare come possibile il collegamento fra le apocalittiche immagini registrate durante il viaggio in camion ("Questa la chiamano Route nationale n. 1, ti rendi conto?") e la parola "strada", riorganizzano i dati e ritrovano la giusta distinzione fra i termini: asfalto = strada, terra = pista.

È il tramonto. Ci infiliamo in un ristorante che si chiama Moitié-Moitié il cui menù prevede un unico piatto: zuppa di fagioli con zucchero. Domando al proprietario perché il locale si chiama così. "Perché in questo paese tutto è fatto a metà. Anche la strada qui di fronte, la numero uno. È una mezza strada. Non ne ha la dignità. Mobutu è un mezzo presidente. Non ne ha la dignità. E anche questo è un mezzo ristorante. Lei va in Zambia, no? Vedrà, vedrà. Fa male essere così vicini al paradiso e sapere come si sta dall'altra parte."

Facciamo l'autostop per Lubumbashi. Ci dà un passaggio un commerciante libanese, come quello che ho incontrato sedici giorni fa al porto di Kinshasa. La coincidenza chiude in qualche modo il cerchio, e mi dà la sensazione di essere giunto al termine di una tappa importante. L'aria cristallina dei mille metri di altitudine sferza i nostri volti attraverso i finestrini aperti. Ottanta chilometri l'ora: una sensazione dimenticata.

Arriviamo nell'antica Elizabethville verso le dieci di sera. Larghi viali di terra battuta, edifici cadenti e bassi, quasi vergognosi di ergersi oltre il secondo piano, marciapiedi-discarica che le mosche hanno eletto a loro regno. "Questa era una città splendida, una volta," dice il libanese. "Guardi come l'hanno conciata in trent'anni di indipendenza." È una questione di punti di vista: a me sembra splendida ancora adesso.

14.

François e Kalenga sono volati a casa. Ci siamo abbracciati forte, e mi hanno detto: "Dovremo ripartire domani". Deve essere dura, con i postumi di una sbronza d'affetto durata una notte, rimettersi in viaggio verso nord e verso un anno di sobrietà forzata.

Al mattino mi preparo a lasciare lo Zaire. Addio, Maresciallo, e *chapeau* al suo popolo costretto a sopravvivere nel nido di serpenti in cui Lei lo ha precipitato.

Alla *gare routière*, dove mi imbarco su un camion per la frontiera di Kasumbalesa (ottanta chilometri), vengo assalito da venditori di malachite che sperano voglia disfarmi degli zaire residui, destinati a diventare carta straccia nel momento esatto in cui metterò piede in Zambia.

"*L'Office des Routes travails pour Vous*", informa un cartello lungo la pista devastata che conduce al confine. Una delicatezza insospettata, soprattutto quel "*Vous*" maiuscolo. C'è veramente qualcuno che, al dipartimento delle strade, si interessa del destino di chi è costretto a percorrerle e lo rispetta tanto da dedicargli lo sforzo di un'iniziale maiuscola? Ipocrisia di frontiera. La prima impressione, e spesso anche l'ultima, è quella che conta. Tutti i paesi cercano di dare il meglio di sé nei pressi della porta d'ingresso. Rifanno il trucco alle strade che portano agli aeroporti o ai posti di confine, potano le siepi, spazzano l'asfalto, lucidano i cartelloni con i "Benvenuti" e gli "Arrivederci a presto", si arrabattano per dare un'impressione di modernità, di efficienza, di attenzione nei confronti del visitatore. Qui gli operai fanno quello che possono: riempiono le voragini gettandovi dentro, senza sosta, ottimistiche palate di terra rossa.

Incontriamo tre posti di blocco degli Mp. Per tre volte ci fanno scendere e ci costringono a metterci in fila uno dietro l'altro. Ci perquisiscono, aprono i nostri bagagli, insistono con le mani sul seno delle ragazze, poi fanno risalire tutti.

Due giovani di Lusaka si siedono di fianco a me. "Perché vi fate palpare senza reagire?" domando loro. Una delle due apre la lampo della borsa e mi mostra una ventina di magliette colorate e qualche paio di jeans. "Veniamo a comprarli a Lubumbashi una volta alla settimana. È per rifornire il negozio. Ci guadagnamo sopra venti volte tanto. Val bene una palpata di tette. I militari in genere si accontentano, anche se qualche volta c'è lo stronzo che ti palpa per bene e poi ti chiede anche la maglietta. Il problema vero, però, non è uscire dallo Zaire: è rientrare in Zambia. La nostra dogana è più seria. Non li corrompi con queste," si strizza il petto, "o con una maglietta. Ci vogliono soldi, e il guadagno diminuisce." "E allora come fate?" "Di solito va a culo. Stavolta abbiamo trovato te. Io sono Victoria. E lei si chiama Elizabeth. I nomi di due regine. *How do you like it*?"

Nel mio zaino non è rimasto quasi nulla. È andato afflosciandosi giorno dopo giorno, a mano a mano che regalavo pantaloni, magliette e calzettoni sporchi. Ora è di nuovo pieno, rigonfio di t-shirt e di jeans, pronto per passare la frontiera. Sotto gli occhi apprensivi delle due contrabbandiere di abbigliamento casual, i militari zairesi di Kasumbalesa svuotano la mia sacca e accarezzano con voluttà i jeans. "*Ça c'est un cadeau pour moi, n'est-ce pas?*" mormorano. Andate al diavolo, rispondo, ed entro in Zambia.

La frontiera si passa a piedi. Ci accoglie un cartello: "*Zambia: the friendly country*". Saliamo in sette su una Ford vecchia e asmatica guidata da un tassista vecchio e asmatico, che fuma sigarette senza filtro e ha l'aria amichevole come promette il cartello. La macchina ha la batteria scarica, e il vecchio la mette in moto spingendola con noi sette a bordo e saltando dentro al volo per ingranare la marcia.

Victoria estrae da sotto la camicia due magliette, e chiede al vecchio di nasconderle nel vano motore. Lui si scioglie in un sorriso complice e apre il cofano. "Ci sono i posti di blocco," mi dice lei. Ne incontriamo quattro. I poliziotti controllano i passaporti e danno un'occhiata sommaria nel bagagliaio. Ignorano la mia sacca. Un'altra scritta a caratteri garruli ci avvisa che siamo diretti a Chingola, "la città più pulita dello Zambia".

Mi stupisco per cose che, prima, classificavo come ovvietà: l'asfalto liscio, i cartelli che segnalano le buche sulla strada, la presenza costante della linea di mezzeria e la rasatura all'inglese dei prati.

Ma ancora una volta i mobili lucidi e i tappeti stesi sul pavimento dell'ingresso nascondono una casa decrepita, fatiscente e marcia fino alle fondamenta. Fino al 1991, padrone dell'intera stamberga era il presidente socialista Kenneth Kaunda, che era al potere dal 1983 e dall'alto del suo scranno tentava di far quadrare un bilancio fallimentare (tre miliardi e duecento milioni di dollari di debito estero) minato dal crollo del prezzo del rame, metallo che contribuisce per il 90% alle entrate del paese. Per essere presidente di un *friendly country*, Kaunda non era molto amichevole: il suo partito, l'Unip, era l'unico riconosciuto legale e le manifestazioni dell'opposizione e le proteste dei lavoratori venivano represse nel più puro stile africano, cioè nel sangue. Ora la popolazione spera in Chiluba, il nuovo presidente che ha messo fine all'era del monopartito.

"È andata alla grande. *Cool,*" mi dice la regina Vittoria quando arriviamo a Chingola, una colata anonima di cemento e asfalto che potrebbe appartenere a qualsiasi periferia di qualsiasi città industriale del mondo (nulla da obiettare sulla sua pulizia). *Cool*. Forte. La regina parla come uno spacciatore nero di Harlem, e si veste allo stesso modo: jeans scoloriti da acidi misteriosi che hanno lasciato cicatrici bianche e una maglietta stellata che inneggia agli Usa.

Saliamo su un bus collettivo per Kitwe. "*Strictly 26 passengers only*", impone un cartello all'interno. Conto ormai per riflesso condizionato: ventisei. "Vedi come rispettiamo la legge?" mi dice la regina, che mi ha osservato muovere la testa e bisbigliare numeri.

Da Kitwe, la tappa successiva sarà Lusaka. A Kinshasa avevo improvvisamente scoperto di essere povero. La carta di credito se ne era andata ad Algeri e in tasca mi erano rimasti un centinaio di dollari: così, nell'ultima telefonata che avevo fatto, avevo chiesto di spedirmi dei soldi all'ambasciata italiana di Lusaka. Li avrei ritirati, avevo detto con ottimismo, nel giro di cinque o sei giorni. Erano passate quasi tre settimane, e non immaginavo che mezza ambasciata fosse in allarme da giorni per causa mia.

Sul bus restituisco le magliette e i jeans. "Sei *cool*, amico," continuano le regine mentre stipano la merce nelle loro borse.

"La famiglia ha da mangiare per un altro mese." Scopro che il negozio è in realtà una bancarella al mercato di Lusaka, che le due regine sono sorelle e che vendono magliette "per mantenere tre fratelli piccoli che vanno a scuola, una madre che sta attaccata tutto il giorno alla bottiglia e che in verità non mangia granché, e nostro padre che faceva il minatore di rame. Quegli stronzi della polizia lo hanno preso durante una manifestazione, nell'85. Noi eravamo ragazzine. Scioperavano perché il governo aveva aumentato il prezzo della farina per l'ennesima volta. Lo hanno chiuso in un cellulare e gli hanno dato tante di quelle botte che adesso è ridotto su una sedia a rotelle e non può fare più niente. Mangiare, però, deve mangiare anche lui. E poi ci siamo noi che se non mangiamo ci cascano le tette e i doganieri dobbiamo cominciare a pagarli coi soldi". (Ridono.)

Arriviamo a Kitwe troppo tardi per l'ultimo autobus diretto a Lusaka. "Se volete potete prendere il treno, è in ritardo di otto ore e forse ce la fate ancora. Di notte non ci sono autobus, ed è meglio per i passeggeri. Quando c'erano, ne rapinavano sette alla settimana e sparavano anche a chi c'era sopra," spiega un uomo con la divisa statale della Ubz, la United bus transport of Zambia. *The friendly country*. "Quello," indica un bus vuoto e parcheggiato di fianco a un muro "va a Lusaka domattina alle cinque." "Possiamo dormirci?", domandano le regine. "Accomodatevi. Ma non c'è una catena per chiudersi dentro e di notte la stazione è abbandonata. Vedete voi." "Preferisco l'albergo," dico.

Ho chiesto alle regine come mai non fanno l'autostop per risparmiare. "Tu devi essere pazzo. Sai come si dice in questo paese 'fare l'autostop'? *Tipping*, si dice. Dare mance. Non trovi un cane disposto a fermare la sua macchina e a portarti fino a Lusaka per meno di cinquanta dollari. Noi restiamo qui. Ci si vede domattina. Ti spiacerebbe tenerle tu queste? Casomai salisse qualche malintenzionato." "Già, al limite ci facciamo scopare." Riempio nuovamente lo zaino e vado verso l'albergo con cinque chili di jeans e magliette che valgono, secondo il metro delle regine, più della dignità e della vita.

Mi presento in stazione prima dell'alba, lercio e sudato come il pomeriggio precedente. Nell'albergo mancava l'acqua. Gli ultimi pantaloni, quelli lavati da Mathilde, e la mia pelle hanno assorbito tutto il grasso delle ferrovie zairesi e gli odori acri della povertà, della fame, della marijuana, della grappa che con mano tremante ho cercato di versarmi nella bocca ubriaca e delle notti trascorse all'addiaccio. Per la prima volta, nell'aria pulita e fragrante del mattino, sono cosciente del mio afrore di animale. Più mi avvicino alla Civiltà, più sento il dovere di conformarmi alle sue regole.

Per comprare il biglietto per Lusaka infilo novecento kwacha attraverso un buco nel vetro occupato da altre cinque mani testarde in attesa di chissà quale meraviglia proveniente dall'interno del botteghino, mi metto in coda per la pesa dei bagagli (il limite è diciotto chili) di fronte a una stadera gigante da mercato degli schiavi e salgo a bordo. Ritrovo le regine, fresche come fiori appena schiusi. Hanno diviso i sedili con parecchia altra gente. "Nessun pericolo, visto? Hai buttato via i soldi dell'albergo."

L'autobus, un Leyland del dopoguerra, parte semivuoto, in perfetto orario. La strada è liscia come il velluto. "Viaggiamo in perdita," mi dice il conducente. "Si è mai visto un mezzo pubblico in Africa partire senza che si sia riempito fino all'orlo? Che modo è di utilizzare le risorse? Lo vede quel motto lassù? È il motto della Ubz." Ci sforziamo al massimo per servirvi meglio, dice. Sotto, un altro cartello avverte che è vietato portare a bordo animali, carne cruda, vernici, acidi e armi da fuoco.

"Be, per quanto tempo crede che potremo ancora servire lei e tutti quelli come lei? La Ubz sta andando a puttane, così come tutto lo Zambia, e chi è che ci manda in fallimento? Il padrone, lo stato, corrotto fino al midollo e incapace di gestire anche un carretto che vende hot dog. Se non siamo ancora andati a fondo è soltanto perché i furbi si sono assicurati il monopolio sulle rotte internazionali. Sui percorsi interni abbiamo mezzi migliori di quelli privati, certo, sono più comodi e non si viaggia schiacciati come sardine. Ma mi dice a chi gliene frega di viaggiare schiacciato per quattro o cinque ore, se può risparmiare sul prezzo del biglietto? E poi non creda che tutti gli autobus siano belli lustri e coi sedili spaziosi come questo. Dove non c'è concorrenza fanno schifo. Quando andrà in Zimbabwe – mi ha detto che ci va con l'autobus, non è vero? – vedrà su che bel catorcio la faranno viaggiare." Avrò modo di constatare che ha ragione, ma scoprirò che, dopo lo Zaire, a certi particolari non si fa più caso.

Stephanie apre la porta antiproiettile con una foga tale che, se avesse tralasciato di girare la maniglia, avrebbe probabilmente sfondato il vetro. Ha i capelli corti e rossicci e le lentiggini, ed è corpulenta, forte e schietta come una suora missionaria veneta. Stringe in mano una busta, e sulla busta c'è il mio nome scritto a penna. "Disgraziato! *I hate you!* Ti odio. *Where the hell* ti eri cacciato?" mi dice in un misto di italiano e inglese, la sua lingua madre, poi mi ingloba in una stretta materna e stritolante e non capisco se voglia abbracciarmi o strozzarmi. Il portiere nero ci fissa come se fossimo due pazzi.

Nelle città africane i quartieri delle ambasciate sono *sancta sanctorum* silenziosi e deserti, ombreggiati dalle palme e profumati dalle buganvillee, creati con lo scopo di confinare i diplomatici in un mondo dal sapore coloniale, bianco calce e verde prato, il più possibile lontano dalla realtà. Il tassista ha girato in tondo per quaranta minuti prima che avvistassi il tricolore bianco rosso e verde.

Sono entrato nell'atrio dell'ambasciata italiana mezz'ora prima della chiusura al pubblico. Hanno chiamato Stephanie, la segretaria dell'ambasciatore, che si è precipitata con i telex urlando di sollievo: "Disgraziato! Ancora mezz'ora e avremmo fatto partire le ricerche. Stavi per farci passare una brutta Pasqua. Leggi qua".

Apre la busta che contiene i telex. Il primo dice: "Impossibile farti avere il denaro". Il secondo, inviato quindici giorni dopo, è indirizzato a Stephanie: "...sfortunatamente l'ultima volta che ha chiamato era a Kinshasa e avrebbe dovuto viaggiare con l'autobus o qualsiasi altro mezzo di trasporto fino a Lusaka. Questo due settimane fa, e cominciamo a essere un po' preoccupati. Che ne pensa?". "Che cosa avrei dovuto pensare? Venire coi mezzi pubblici da Kinshasa, in piena conferenza nazionale, con lo Shaba in agitazione e i treni che vengono assaliti ogni giorno... Che eri morto, ecco cosa pensavo. Ma come facevo a spiegarlo per telex? Così aspettavo. Un altro giorno, mi dicevo, ancora un altro e vedrai che arriva. Anche l'ambasciatore temporeggiava, però proprio stamattina ci siamo detti: se non arriva entro oggi, bisogna che ci mettiamo a cercarlo. Ah! Passare la Pasqua ad annusare le tue tracce in mezzo allo Zaire! Per oggi il tuo pellegrinaggio si ferma a Lusaka: stasera mangi e dormi con noi."

Passo il pomeriggio con Italo, il marito di Stephanie. Italo ripara frigoriferi e ha un laboratorio nel centro della città. Le telefonate e i fax lo tempestano con l'insistenza di un bombardamento aereo, ed è costretto a rifiutare gli ordini. I suoi operai sono chini sulle carcasse smaltate di bianco e lavorano di cacciavite e di saldatore precisi come chirurghi, le grosse labbra nere semiaperte per la concentrazione. "Sono bravi ragazzi, lavorano sodo. Li pago bene e mi fanno guadagnare bene, ma sono capricciosi come bambini. Bisogna stare attenti a gratificarli, a non offenderli. Più che riparare frigoriferi, faccio il maestro d'asilo."

Usciamo in macchina nel caos polveroso e rovente della città, alla ricerca di un pezzo di ricambio. Abbiamo l'aria condizionata e un autista. Quando parcheggiamo all'ombra delle palme, aspettando che Italo porti a termine le lunghe contrattazioni col negoziante, scendo a fumare una sigaretta e, seduto sul cofano, osservo la gente che passa.

Giacche, cravatte, ventiquattr'ore in plastica, borselli, scarpe sfondate e non, gambe di donne che non conoscono l'arte della depilazione, magliette sudicie e stracciate, mendicanti, impiegati, funzionari statali con la cartella in finta pelle, militari in divisa, orologi placcati d'oro finto, tacchi alti che si infilano nelle smisurate fauci delle grate e vi rimangono impigliati. Palazzi, autobus, traffico, frastuono di sirene e di clacson. Una città attiva.

L'autista si è precipitato ad aprirmi la portiera, è tornato al posto di guida e mi guarda fumare. Non abbiamo una Rolls, ma è comunque una macchina bianca e pulita con l'aria condizionata (lo si capisce dai finestrini chiusi), e io sono comunque un bianco con un autista nero. Vedo gli sguardi dei passanti che si fissano per un attimo su di me e d'un tratto mi sento a disagio, come un bifolco invitato a cena da un ambasciatore tra cristalli e argenti.

È stato il cambiamento improvviso. Ieri ero povero tra i poveri, disperato tra i disperati, costretto a spartire due patate per cena e ad abbassare la testa come gli altri di fronte alle prepotenze dei camionisti, dei poliziotti, dei soldati. Era facile comunicare tra compagni di sventura, e ci voleva poco a guadagnarsi la fiducia altrui. Oggi, per quanto ancora sudicio e maleodorante, sono entrato in orbita sopra la scala sociale, sono tornato a essere un bianco che respira aria filtrata e piacevolmente fresca e che ha un autista che lo solleva dalla fatica di girare una maniglia. Ai passanti non interessa rivolgermi la parola. E io, con che scusa potrei avvicinarli?

Stephanie, Italo e la loro bambina, Ayesha, hanno una villa enorme che stasera profuma di buona cucina. Stephanie ha preparato un vero banchetto pasquale, con tanto di agnello e salsa di menta. Italo ha voluto a tutti i costi che visitassi altre due ville poco distanti, uguali a quella dove vive con la famiglia. "È così che investo i miei soldi," echeggia la sua voce tra le pareti spoglie della casa ancora odorosa di vernice. "Il terreno non costa niente, e la manodopera poco di più. Così spendo tutto in mattoni, piastrelle e cemento. Gran belle case, che si affittano come niente fosse. Case da ambasciatori."

Stephanie ha insistito perché facessi un bagno. Le ho detto che mi sarebbe bastata una doccia sperando, però, che lei rilanciasse l'offerta del bagno. Lo desideravo più di ogni altra cosa, ma ero restio a immergere il mio corpo lurido nella loro candida vasca. Ora sono nell'acqua bollente fino al collo, e sento i pori della pelle aprirsi e sputare sudiciume. "Per toglierti di dosso lo sporco dello Zaire ci vuole un bagno," aveva tuonato Stephanic. Non è solo lo sporco dello Zaire che deposito nella vasca: è il grasso delle locomotive del Congo, la terra rossa del Gabon, i minuscoli escrementi delle zecche, la polvere della Nigeria, gli ultimi insistenti granelli di sabbia del Sahara che, quando la vasca si svuota del liquido torbido, lasciano sul fondo una traccia sottile come la cresta di una duna, nella quale forse un indovino tuareg saprebbe leggere il mio futuro.

È sempre più difficile rimettersi i pantaloni induriti dallo sporco. Più sono pulito, più avverto il loro odore di cane malato. Per fortuna mi è rimasta qualche maglietta fresca.

La serata è riscaldata dalla birra, dalle risate, dai capitomboli di Ayesha e dalla compagnia di alcuni ospiti che vogliono la descrizione dettagliata di tutto quello che ho visto in Zaire, e quando ho finito con lo Zaire attaccano a fare domande sul Congo, sul Gabon, sul Camerun, salendo sempre più a nord. Ogni tanto Stephanie si intromette nel discorso e dice: "È o non è un incosciente?". Quando torna dalla cucina con cinque irish coffee preparati a regola d'arte, siamo arrivati in Algeria. Gli ospiti non riescono a credere alla storia delle liste d'attesa compilate dai passeggeri di fronte all'Air Algèrie di Tamanrasset.

Vado a dormire a tarda notte, in un letto morbido dalle lenzuola croccanti. L'autobus per lo Zimbabwe parte domattina alle sei. Prima di addormentarmi annuso ancora una volta, incredulo, la mia pelle profumata.

L'autobus va a Bulawayo. Inizialmente volevo entrare in Zimbabwe a Chirundu, arrivare a Harare e da lì proseguire per il Sudafrica. Poi ho deciso che non volevo perdermi lo spettacolo delle cascate Vittoria, quindi ho allungato un po' l'itinerario. Da tempo ho abbandonato la sfida dei quaranta giorni. Anzi, a dire il vero ho smesso di contarli e non saprei dire esattamente quanti ne siano trascorsi dalla partenza.

Inter city bus terminal è un nome troppo roboante per il buio lazzaretto dove Italo e Stephanie mi hanno scaricato alle cinque e mezzo del mattino, invitandomi a passare da loro "ogni tanto, per prendere un caffè". Il pavimento dell'enorme mausoleo di calcestruzzo è disseminato di corpi addormentati, avvolti in lenzuola bianche che li fanno sembrare salme. Corpi ricomposti da mani pietose sul luogo di un incidente aereo. Corpi caldi e tremanti di febbri incurabili che aspettano la morte sulle rive del Gange. I corpi descritti da Alessandro Manzoni, rosi dalla peste e accatastati in attesa delle fiamme.

Cammino tra questi corpi inquietanti che mugolano al mio passaggio e vado a comprare il biglietto; poi corro verso i cessi perché sono tormentato da un attacco di dissenteria. Il fetore mi assale senza pietà. Le porte che nascondevano i tre loculi sono state scardinate da secoli e tre uomini sono piegati sulle tazze cercando di lasciarsi andare di fronte allo sguardo curioso e ai commenti ironici di chi è in attesa del proprio turno. Anch'io devo sottopormi a questa umiliazione, e deporre il mio ignobile prodotto nella tazza cronicamente intasata che trabocca di feci malate, elemosinando un vecchio ritaglio di giornale. "*You ever see a white man shit?*" domanda al vicino l'uomo che mi sta di fronte. "*They probably shit white!*" risponde l'altro, e scoppia una risata generale. Non avverto malignità. "*That's Africa, man!*" dice qualcuno da lontano, e so che si è rivolto a me.

"Ho visto che hai provato l'*amenities block*," mi dice il giovane seduto di fianco a me sull'autobus. È di Bulawayo, studia medicina a Harare, ultimo anno. *Amenities block* significa "edificio delle amenità". Dove sarebbero le amenità? gli chiedo. "Non conosci lo Zimbabwe? È così che si chiamano da noi i cessi. Fai attenzione, non è che siano solo cessi. Di solito c'è anche la doccia e la vasca da bagno. Però non credere che le condizioni dei nostri cessi pubblici siano molto migliori di quello che hai appena visto. E scommetto che non sai nenche cos'è una *blair toilet.*" Non lo so. "Ah, non la troverai in nessun'altra parte dell'Africa! È una delle grandi attrazioni dello Zimbabwe. È il cesso acchiappamosche che usano i contadini. Una buca a spirale dipinta di nero attira le mosche verso la luce e le porta a schiantarsi contro una tavola spalmata di melassa, o qualcos'altro di appiccicoso. Tu sei seduto sul tuo cesso e non c'è l'ombra di una mosca che ti infastidisca."

Mentre ascolto la lunga dissertazione sull'arte del defecare, il sole si è impadronito del cielo e ha arroventato l'aria all'interno del pullman. Il conducente ha deposto un sudario umido sulla grande conchiglia di metallo bollente che occupa la parte anteriore dell'abitacolo e contiene il vecchio motore. La strada è pessima, con lunghi tratti sterrati, c i sedili si ricoprono presto di una polvere bianca e finissima. Il mio compagno di viaggio riprende la sua litania: "Stiamo andando in un paese schifoso, amico mio. Sono dodici anni che abbiamo l'indipendenza, e sono dodici anni che le cose peggiorano. Peggio dei tempi di Rhodes".

Cecil Rhodes, avventuriero senza scrupoli in nome e per conto della regina Vittoria, partì nel 1888 alla conquista dell'odierno Zimbabwe, allora regno degli ndebele, e vi riuscì con la truffa: fece firmare a Lobenguela, capo degli ndebele, un accordo che, grazie a una traduzione modificata (il testo tradotto dava il permesso di "scavare un pozzo"), gli consentiva di sfruttare le risorse minerarie dell'intero territorio. In cambio Lobenguela riceveva mille fucili, una pensione vitalizia di cento sterline al mese e un battello a vapore.

Sulla base dello stesso accordo, il cui testo poteva essere interpretato a piacere, il governo britannico affidò alla British South Africa, la società di Rhodes, il controllo del commercio, dell'immigrazione, della polizia e delle vie di comunicazione sul territorio di Lobenguela.

Rhodes era già smisuratamente ricco grazie alle speculazioni sulle miniere di diamanti sudafricane di Kimberley, ma voleva di più: voleva una nazione sua. E la ottenne. Nel 1895, dopo aver preso possesso delle principali città alla testa di due eserciti, uno di soldati che scacciavano gli abitanti dalle case e l'altro di coloni pronti a occuparle, fondò la Rhodesia. "Il nome giusto per quella terra di pirateria e di saccheggio," scrisse Mark Twain.

Il nome rimase fino al 1980, quando, dopo decenni di segregazione razziale, di lotte fra i vari partiti nazionalisti, di guerre civili e di occulti giochi di potere, la Gran Bretagna di Margaret Thatcher riuscì a mettere d'accordo le diverse fazioni e nel paese si tennero le elezioni che portarono al potere il primo ministro marxista Robert Mugabe.

La Rhodesia divenne Zimbabwe, stato indipendente. Il sogno di Mugabe era quello di farne un'oasi socialista a partito unico. Ma furono proprio le rivalità tra i due partiti principali, lo Zanu degli shona e di Mugabe e lo Zapu della minoranza ndebele, a sgretolare le fondamenta di questo sogno. Come insegnano, con esempi quotidiani difficili da ignorare, la ex Jugoslavia, la ex Unione Sovietica e tanti altri paesi e paeselli disgraziati sparsi per il pianeta, le rivalità etniche non si risolvono con un dibattito al parlamento o intorno al tavolo dei negoziati. Si risolvono per strada, con il mitra e con il coltello. Questo è successo anche in Zimbabwe, terra delle cascate Vittoria e dei safari fotografici.

"Io sono ndebele," mi dice lo studente, "e all'università ho provato sulla mia pelle che cosa significa il razzismo tra neri. Uno shona continua a odiare uno ndebele cento volte più di quanto odia un bianco. Voi credete di sapere cos'è il razzismo, ma ci sono cose che vanno al di là della vostra immaginazione. Prendi i bianchi dello Zimbabwe. Chi odiano di più? I neri, mi risponderai tu. Nossignore. Prima dei neri, odiano quelli come te, i turisti, i bianchi stranieri che si mescolano con i neri come me, che parlano con loro, che viaggiano sugli autobus e sui treni in seconda classe. *Third world groupies*, li chiamano, le puttane del terzo mondo."

Oggi, spenti gli ultimi fuochi, Mugabe continua a inseguire la sua chimera marxista gettandosi alle spalle con indifferenza i numerosi episodi di corruzione che coinvolgono il suo governo e combattendo l'opposizione politica a colpi di scandalosi brogli elettorali. "Si sono scannati per cinque anni," continua lo studente, "e hanno lasciato che la società si disgregasse. Qual è stato l'unico atto concreto di Mugabe? Cambiare i nomi: delle città, delle vie, delle piazze, dei fiumi e anche delle fogne. È una mania africana. Cambiare i nomi per dimenticare il passato coloniale e tornare alle tradizioni. Ci rimane un primato, però, tra i paesi dell'Africa: siamo quello con la più alta diffusione di Aids. Le statistiche fanno spavento: metà dei pazienti ricoverati negli ospedali sono sieropositivi, e il venti per cento dei cittadini è sieropositivo. E poi c'è anche il problema del sangue: non si fanno controlli, e più del cinque per cento del sangue che utilizziamo per le trasfusioni è infetto."

Il nostro carrozzone ci sballotta mentre corre allegramente verso le cascate Vittoria, grande attrazione del paese.

A Livingstone (anzi, a Maramba), la polizia scopre che l'autobus non ha i documenti in regola. "Ci hanno già controllati a quattro posti di blocco, e lo scoprono solo al quinto?" commenta sarcastico lo studente. Non ci lasciano proseguire.

Un poliziotto sale a bordo, si mette al posto di guida e porta il pullman nel cortile di una caserma, dove ha l'accortezza di parcheggiare evitando l'ombra. Poi se ne va senza una parola, con i documenti del pullman in mano. Il piantone ha chiuso il cancello alle nostre spalle. Siamo stati sequestrati.

I passeggeri se la prendono con l'autista, già umiliato pubblicamente dal gendarme che ha usurpato il suo trono. "La Ubz non era una compagnia statale? E perché mai dobbiamo starcene chiusi in questa caserma anch'essa dello stato?" Il pover'uomo non ha spiegazioni, e si rifugia in un angolo del cortile, all'ombra di un baobab. Dopo mezz'ora di attesa, tre quarti dei passeggeri dormono sotto le stesse fronde, con le guance nella polvere. Passano quattro ore prima che il poliziotto ritorni e, con un gesto silenzioso, ci dia il permesso di ripartire.

Il rombo delle cascate si sente molto prima di avvistare i cartelli della frontiera. Vittoria. Vittoria, ossessionata dalla conquista del mondo. Vittoria spaventata dalla sensualità delle gambe nude dei tavoli. Vittoria con la sua torbida vita segreta. Cascate, laghi, fiumi, stazioni, porti, monumenti e povere contrabbandiere di mezzo mondo portano il suo nome.

Oltre il parabrezza, all'orizzonte, si leva una meringa di vapore bianco, soffice, solido, che gioca con le frequenze della luce e le scompone e le riunisce in un arcobaleno. Un chilometro e settecento metri di ampiezza, cinque milioni di metri cubi d'acqua che ogni minuto si tuffano in una gola profonda cento metri.

Quando scendiamo dal pullman e ci mettiamo in coda per il controllo dei passaporti, il rombo ci avvolge e la nuvola deposita sulle nostre teste miliardi di microscopiche gocce dello Zambesi vaporizzato e trasformato, in una visione alla Jules Verne, in un etereo fiume galleggiante da imbragare e trasportare fino al Sahara perché lo trasformi in un giardino. Siamo entrati nell'arcobaleno con l'autobus e tutte le nostre masserizie: chi si trova nella fascia d'aria gialla, chi in quella violetta, chi in quella rossa. "Ci vorrà qualche ora," mi dice l'autista. "Ci sono altri pullman davanti al nostro, e i controlli durano sempre un'eternità."

Ne approfitto per infilarmi nella giungla, guidato dal tuono che sale dal basso, e per avvicinarmi il più possibile alle cascate. "Spettacoli belli come questo devono averli visti gli angeli nei loro voli," annotò sul suo diario l'esploratore David Livingstone quando vide per la prima volta le cascate, nel 1855. In quell'anno la foresta pluviale era abitata dalla tribù dei makalolo, che chiamavano le cascate *Mosi-oa-Tunya* (fumo che tuona) e che convivevano, fra le felci e gli ebani, con gli ippopotami, i coccodrilli, i boa, i facoceri, i bufali, i leoni e gli elefanti. Doveva ancora arrivare l'uomo bianco a decretare che da una parte delle cascate la terra si sarebbe chiamata Zambia e dall'altra si sarebbe chiamata Zimbabwe. Ieri era il fumo-che-tuona, oggi è la frontiera più bella del mondo, che ti stravolge i sensi, ti inzuppa fino al midollo, ti fa sentire una stupida e inutile molecola del pianeta su cui poggi i tuoi piccoli piedi, in attesa di passare dall'altro lato con l'indispensabile passaporto stretto nella tua piccola mano.

Inghiottito dalla vegetazione fittissima, scosso dall'urlo puro e primordiale del fiume, nel punto esatto dove nasce l'arcobaleno, posso concentrarmi sulla solennità della mia esplorazione personale e dimenticare lo squallido bazar che circonda questa meraviglia della natura, lo stesso che un giorno arriverà a circondare tutti gli angoli del pianeta degni di essere visitati da un turista. L'immancabile statua dello scopritore Livingstone, il Falls Craft Village, ricostruzione di un antico villaggio indigeno con annessa vendita di souvenir ("*come sir, take a look*"), lo Snake Park, rettilario con annessa vendita di souvenir ("*come sir, take a look*"), sculture, tamburi, flauti in legno, cesti, sgabelli intagliati nel legno, cartoline, diapositive scolorite per fotografi insicuri, oggetti d'avorio, collanine di semi, animaletti di finto ebano annerito col lucido da scarpe, uova di malachite e di serpentina, tovaglie all'uncinetto, e poi i ristoranti, le discoteche, i cambiavalute del mercato nero ("*Wanna change dollars? Wanna change kwacha?*"), il rafting sui canotti-salsiccia lungo le peggiori rapide dello Zambesi, le crociere con e senza champagne, le escursioni in canoa, i safari guidati nello Zambezi National Park, le visite alla fattoria dei coccodrilli-borsette, gli spettacoli folcloristici che, se va bene, includono una circoncisione rituale e il volo degli Angeli (il riferimento a Livingstone è intenzionale), che decolla ogni quarto d'ora da una pista ritagliata nella giungla e gira intorno alle cascate a bassa quota, per la gioia delle macchine fotografiche dei passeggeri.

Quando i controlli di frontiera sono ultimati è quasi il tramonto. I poliziotti hanno setacciato l'autobus, smontato un sedile, ispezionato il motore, controllato tutti i passaporti tre volte e interrogato ciascuno di noi come se fossimo venuti qui per arruolarci. Lo Zambezi Bridge, un vecchio mastodonte di ferro sospeso sopra le cascate, cigola sotto il peso delle ruote. La nuvola di spuma ci avvolge. Ci ritroviamo in una nebbia fatata, satura del giallo caldo degli ultimi raggi di sole. L'autista rallenta, nonostante i cartelli lo proibiscano. "Passo su questo ponte da vent'anni e non riesco mai a tirare dritto senza dare almeno un'occhiata."

Al di là del ponte, oltre la frontiera dello Zimbabwe, ci lanciamo verso Bulawayo. Annoto sul taccuino che c'è "un asfalto splendido e una segnaletica ottima". Corriamo su un'autostrada tedesca in mezzo alla savana improvvisamente piatta. Enormi baobab circondati da tavolini di cemento sono segnalati con il cartello "*picnic area*", casomai un tronco da dieci metri di diametro sfuggisse all'occhio dei viaggiatori. Gruppi di babbuini insolenti si parano in mezzo alla strada grattandosi oscenamente i genitali, e balzano di lato appena un istante prima che il pullman li travolga. Più lontano, antilopi, piccoli impala e imponenti *kudu* maschi dalle corna bellicose, trofei hemingwayani montati su corpi lucidi e scattanti, attraversano le due corsie con un solo salto e spariscono nell'erba alta. A poca distanza dal nostro motore rombante, i leoni si preparano per la lunga notte di morte.

A Lupane ci fermiamo a fare il pieno di benzina in una stazione di servizio dove compro una quantità smisurata di barrette di cioccolato e succo d'arancia. Quando sto per pagare mi rendo conto che il succo d'arancia è freddo, perché l'ho appena tirato fuori da un frigorifero self-service. Questo, in qualche modo, mi dà il senso della fine dell'avventura.

15.

Da buon *third world groupie* ho deciso di trascorrere la notte sull'autobus. L'autista ha parcheggiato di fronte all'albergo dove dorme da vent'anni (a spese dello stato) per poi tornare a Lusaka il giorno successivo. I passeggeri che l'indomani avrebbero preso il pullman per il Sudafrica sono scesi a chiedere il prezzo di una camera, duecento dollari dello Zimbabwe, e hanno optato per i sedili dell'autobus, più scomodi ma gratuiti. "Eccovi catena e lucchetto," ha detto l'autista. "Chiudetevi dentro bene."

Bulawayo conta 600.000 abitanti ed è la seconda città dello Zimbabwe. Il suo nome, in zulu, significa "luogo dell'uccisione": nel 1840 Mzilikazi, capo del clan zulu Kumalo, giunse qui con il suo popolo, dopo essere stato scacciato dal nativo Zululand, e conquistò il territorio, allora occupato dai rozwi, a colpi di lancia. I capi rozwi vennero giustiziati sulla vicina collina Thabas Indunas, e Mzilikazi si proclamò re degli ndebele, "coloro che portano i lunghi scudi". La terra venne poi ceduta a Cecil Rhodes da Lobenguela, figlio di Mzilikazi: per il primo passaggio di mano c'erano volute centinaia di morti; per il secondo bastarono poche sterline, qualche schioppo e una vecchia bagnarola.

Il fatto di chiamarsi "luogo dell'uccisione", però, doveva aver segnato il destino di Bulawayo. Fu qui che, dopo l'indipendenza, gli shona e gli ndebele si scannarono per quattro anni. Nel 1983, all'apice della guerra civile, il presidente Mugabe dichiarò lo stato d'emergenza e inviò a Bulawayo le squadracce della Quinta brigata, fresche di addestramento in Corea del nord, con lo scopo di sedare la rivolta ndebele. Doveva essere un'operazione militare pulita e veloce: la soldataglia si diede invece al saccheggio, massacrando migliaia di civili, bruciando i villaggi e giustiziando in pubblico i dirigenti locali dello Zapu.

Siamo arrivati poco prima di mezzanotte. Ho consultato la mia guida al capitolo "locali notturni" e ho scoperto che nei bar di Bulawayo, dopo le cinque del pomeriggio, si entra soltanto con un "abbigliamento casual elegante". Questo, secondo la guida, significa: niente scarpe aperte, niente scarpe da tennis o jeans e "niente che possa anche lontanamente sembrare sporco". Metto via la guida e le speranze di una birra gelata e vado a cena con lo studente in un locale molto casual e poco elegante, dove mangiamo carne di antilope secca, *boerevoes* (piccole salsicce croccanti), frittelle al miele e beviamo una pessima birra di grano calda. Lo studente insiste anche perché assaggi alcune grasse larve catturate nei tronchi di mopani e arrostite sulla fiamma. "Una specialità nazionale," assicura.

All'alba l'autista bussa pesantemente sul finestrino e chiede di aprire il lucchetto. Scendiamo al freddo, strofinandoci gli occhi. Il centro della città è deserto, il silenzio è rotto soltanto dal lieve ronzio dei semafori che lampeggiano e dall'eco secca dei passi di un uomo in giacca e cravatta che cammina in fretta con una cartella sotto il braccio. L'aria è limpida. I grattacieli di cristallo riflettono il sole e, per pochi minuti, sono lame dorate che trafiggono il cielo.

Camminiamo in gruppo fino all'angolo dove ci è stato detto che si radunano i taxi collettivi per Beitbridge, unico posto di confine con il Sudafrica. Tutti trascinano valigie enormi.

Mentre pestiamo i piedi sul selciato per scaldarci, sbucano dal nulla quattro donne grasse con la camicia bianca e il cappello fatto all'uncinetto con una lana spessa di mille colori. Ci guardano e cominciano a battere piano le mani e a cantare una nenia incomprensibile, ballando a tempo e facendo oscillare le chiappe poderose e tremanti come budini. "Che cosa dicono?" domando all'uomo che mi sta di fianco. "È una danza d'addio." "D'addio?" "Non capisco bene le parole. È qualcosa come: andate, uomini, viaggiate sicuri, fatevi onore e tornate ricchi. Tutti, qui, andiamo in Sudafrica per cercare lavoro."

Sono di nuovo sull'itinerario dell'illusione, in compagnia di chi lascia la propria casa all'inseguimento di una vaga chimera di benessere.

Il camion che attraversava il deserto andava verso nord, ad Algeri. I suoi passeggeri speravano nell'Italia, una terra che, per difendersi, diventa ogni giorno più razzista e intollerante.

Il taxi collettivo che stiamo aspettando va verso sud, verso Johannesburg. I passeggeri sperano nel nuovo Sudafrica, ex tempio del razzismo ormai cadente e sconsacrato, con gli ultimi sacerdoti in divisa kaki, capitanati dall'estremista Eugene Terre'Blanche, ripudiati e costretti a rifugiarsi nelle loro enclavi irte di bandiere rosse e nere, vagamente naziste.

Sono passati due anni da quando il presidente De Klerk ha liberato Nelson Mandela e gli ha stretto la mano che era rimasta incatenata per ventisette anni. Non esistono più il Separate Amenities Act (nemmeno il mare aveva il diritto di bagnare, con la stessa onda, un bianco e un nero, e anche alla merda dei bianchi era vietato mescolarsi nelle fogne con quella dei neri), il Group Areas Act, il Population Registration Act e tutte le altre turpi leggi che dal 1948 sancivano la perseguibilità del nero in quanto non-bianco. Una catarsi che il 68,7% della popolazione bianca aspettava e desiderava senza il coraggio di professarlo ad alta voce: c'è voluto, nel 1991, il segreto delle urne.

De Klerk ne era convinto, ma ha voluto lo stesso mettere in gioco il proprio futuro politico con un referendum. Il nuovo Sudafrica è piombato sulle nostre teste con la rapidità di una folgore. Non ci si abitua in fretta agli eventi che sconvolgono il mondo. (Quante volte usiamo ancora Unione Sovietica al posto di Csi?) Quando l'uomo mi ha detto che tutti stavano andando a cercare lavoro in Sudafrica, stavo per chiedergli come avrebbero fatto con l'apartheid. Ho soffocato in gola la domanda un attimo prima che uscisse, dandomi del deficiente.

Arriva un taxi, un minivan con quattordici posti a sedere. Carichiamo le valigie, le sacche, le sporte con il viatico per il sogno. Passano due neri che urlano: "Ma dove state andando, a pregare per il cibo dei bianchi? Domani sarete in una *township* a piangere, a prendere bastonate e a morire di fame! Restate nel vostro paese e mangiate il cibo dei neri. Stupidi! Siete stupidi!". Lo ripetono più volte, in inglese. Mi hanno visto, vogliono che capisca anch'io. Dal gruppo non si leva una sola voce di protesta. Stanno zitti, guardano il marciapiede e si fingono intenti nelle loro faccende. Qualcuno ridacchia.

"Hanno ragione," mi sussurra l'autista mentre i passeggeri sono intenti a stipare i loro bagagli a bordo. "Non c'è speranza oggi in Sudafrica. Parlano tanto dell'embargo che non c'è più, del razzismo che non c'è più, dell'economia che risorge, dei posti di lavoro che fioccano. Ma dove? Li vedo io, questi poveri illusi che partono con le valigie piene e le facce allegre e, dopo tre settimane o dopo un mese, me li ritrovo a bordo con le stesse valigie e le stesse facce, però senza più la voglia di sorridere. Allora gli chiedo: 'come è andata?' E loro mi rispondono che la storia del razzismo che non c'è più è una gran balla, che se anche sei diplomato, ma sei nero, ci pensano cento volte a darti un lavoro, e se appena possono darlo a un bianco, zac! tu passi in lista d'attesa. È vero che i negri hanno la tendenza a lamentarsi e a esagerare le cose, ma sono comunque troppi, troppi quelli che tornano indietro delusi e incazzati. A qualcuno va anche bene, finisce a lavorare nelle miniere. Mio figlio, che ha il diploma, è uno di quelli. Indovini cosa fa?" Fa il sommozzatore, mi dice. Scende a surgelarsi nell'Atlantico al largo del Namaqualand, tra gli squali bianchi, per pompare la ghiaia diamantifera del fondo. Lavora giorno e notte e guadagna la metà di un impiegato, per una compagnia che lo imbroglia sulle percentuali.

Ci lanciamo a centoquaranta chilometri l'ora (nuove visioni apocalittiche di incidenti stradali) sulla strada liscia e rettilinea, in mezzo alla sconfinata piana del Matabeleland. Per i successivi duemila chilometri non incontrerò più curve, ma soltanto impercettibili deviazioni che sembrano infastidire la retta d'asfalto, orgogliosa della propria perfezione geometrica. Ai posti di blocco, tecnici in camice bianco esaminano con occhio clinico lo stato del battistrada, dei freni, del motore.

"Ha visitato il parco nazionale di Matobo?" mi domanda l'autista. Rispondo di no. "È un peccato. Ce l'abbiamo proprio qui a destra. È un posto dove dovrebbe andare. È talmente bello che anche uno dal cuore di pietra come Cecil Rhodes se ne innamorò, al punto da chiedere che lo seppellisero lì. Nell'83 quelli dello Zapu e dello Zanu si spararono sulla sua tomba. Gli ndebele volevano tornare a coltivare le loro terre, e il governo cercò di impedirglielo. A modo suo, naturalmente. Nelle grotte più nascoste si celebrano ancora le messe *mwari*."

Il culto di Mwari, divinità suprema di origine bantu, è tuttora molto diffuso nel paese, anche se le cerimonie si svolgono in segreto. I fedeli si riuniscono in una grotta consacrata a tempio, dove Mwari parla loro per bocca di un oracolo donna, detta appunto la "voce di Mwari". Spesso la sacerdotessa, che vive nella grotta, funge anche da tramite tra il mondo dei vivi e quello dei morti. "Si dice di una 'voce di Mwari' che se ne sta nascosta in una grotta di Matobo da un secolo, e gli abitanti del villaggio fanno a turno per portarle il cibo e l'acqua," racconta l'autista. "Le pare possibile che questo succeda in un parco pieno di turisti che vengono per avvistare i rinoceronti e dormono in *lodge* da cento dollari a notte?"

La frontiera di Beitbridge a mezzogiorno è affollata come un bazar. Ogni giorno centinaia di cittadini dello Zimbabwe si riversano in Sudafrica per comprare merce di ogni genere da contrabbandare e rivendere al doppio. Ho visto una donna scoppiare a piangere come una bambina e cadere in ginocchio davanti a un poliziotto e ai quattro walkman scoperti nella sua borsetta. I controlli sono lunghi ed estenuanti.

In territorio sudafricano, veniamo presi in consegna da quattro mastini biondi in pantaloncini kaki e calzettoni al ginocchio, le pance gonfie per la birra e strette da cinturoni di cuoio lucido, carichi di pistole, proiettili, manette, moschettoni, chiavi, manganelli e giberne. Ci parlano in inglese e con modi bruschi ci mettono in fila sotto il sole. "Muoversi di qui! Muoversi di là! Andiamo, gente!" e giù spintoni e noi ad allinearci, a piccoli passi, come bovini incanalati nel corridoio del macello, sotto lo sguardo vigile di cerberi che sbuffano e hanno le palle vistosamente piene di facce nere da emigranti.

Dovrei essere raggiante, sto entrando in Sudafrica e stasera sarò a Johannesburg, quasi al termine del mio viaggio. Invece, nel fondo del cuore, c'è qualcosa che mi rattrista.

La rivelazione arriva all'improvviso. Ho ripreso coscienza del colore della mia pelle. Sono bianchi i poliziotti che presidiano la frontiera di questo paese e dunque, mi dico, sto entrando in un paese di bianchi, anche se dovrei sapere che questo teorema non regge dal momento che in Sudafrica ci sono cinque milioni di bianchi circondati da trentatré milioni di neri. Eppure adesso so di essere bianco. Mi era già successo a Lusaka, ma lì era durato pochi minuti. Adesso sento che il ritorno è definitivo, ed è questa ineluttabilità che mi ha messo di malumore. Poiché in Zaire potevo sopportare le vessazioni di un poliziotto nero che mi chiamava "*Monsieur le Blanc*," mentre a Beitbridge non tollero che un poliziotto bianco mi tratti alla stregua di un nero.

Che cosa significa? Che sono diventato razzista? O che lo sono sempre stato?

Provo a guardarmi da un punto di vista esterno, cercando di capire perché, improvvisamente, mi dia fastidio essere un *third world groupie* e stare qui in mezzo a una colonia di neri a respirare il loro sudore da disoccupati. Per un attimo temo di aver perduto, in un momento, l'umiltà che questo viaggio mi ha insegnato in sei settimane.

Una volta, scherzando, chiesi a un amico sudafricano che aveva visto il mondo e aveva una buona cultura se non fosse gay. Si offese. "Gay?" mi rispose, "Che razza di domanda sarebbe? Qui siamo in Sudafrica, amico!" *This is South Africa, man.* Quella frase, *this-is-South-Africa-man*, suonava pesante e inappellabile come una sentenza della Cassazione e ne sottintendeva un'altra: ma dove vivi?

Di solito sono gli uomini a cambiare faccia ai paesi, ma talvolta accade il contrario.

Un'ora più tardi mi ritrovo a parlare con un professore di matematica delle scuole medie di Johannesburg, che aspetta nella fila a fianco. "Il Sudafrica non potrà cambiare così facilmente. Ci vorranno molti, molti anni prima che ai neri siano date le stesse opportunità dei bianchi. Non è solo una questione di buone intenzioni. Bisogna sradicare un cancro che ha avviluppato questo paese per quasi mezzo secolo. Abbiamo cominciato con le prime classi miste, bambini bianchi e bambini neri seduti fianco a fianco. Tredici anni. Bene, io a un bambino di tredici anni devo cominciare a spiegare il concetto di equazione semplice, per poi passare all'equazione biquadratica, alle formule per risolvere le espressioni e magari allo studio della funzione e alla rappresentazione sugli assi cartesiani. Mettiamo che abbia nove mesi di tempo. Con una classe di bambini bianchi potevo farlo tranquillamente. Erano cervelli svegli, allenati, elasticizzati da un ciclo di scuole elementari dove l'aritmetica e la matematica venivano insegnate seriamente e a fondo. Inoltre parlavano tutti la stessa lingua. Oggi, a una classe mista con allievi di tredici anni, devo insegnare le stesse cose. Ma i bambini neri non riescono nemmeno a concepire l'idea di un'equazione, perché fino a ieri hanno studiato in modo vago, approssimativo, con insegnanti poco preparati. Se avessi un gruppo di soli bambini neri, dovrei ricominciare dai fondamenti della matematica. Non mi fraintenda, non sono razzista. È un dato di fatto che ho constatato sulla mia pelle.

Dunque, di fronte a questa situazione, devo operare una scelta: ignorare l'impreparazione degli allievi neri e cominciare a spiegare l'equazione, oppure dedicarmi a colmare le loro lacune e ricominciare da zero con i principi matematici. Il problema è che, qualsiasi cosa faccia, metà degli studenti risulta svantaggiata. Se spiego l'equazione, i neri non riescono a seguirmi e alla fine dell'anno si ritroveranno ignoranti come quando erano partiti. Se spiego la matematica di base, i bianchi vengono a scuola per sentirsi ripetere cose che già sanno, e la loro preparazione segna il passo. E non ho considerato il fattore lingua: i neri, in buona parte, non capiscono l'inglese. Questo, purtroppo, si applica a tutte le materie e a tutti i livelli, dalle elementari all'università, e chi ne soffre alla fine è tutto il paese, perché c'è una spaventosa diminuzione della qualità dell'insegnamento. Il paese comincia a sfornare professionisti ignoranti che bloccano la macchina produttiva non appena vi entrano."

Dietro di noi arrivano altri pullman che vomitano persone e bagagli. "Muoversi, forza, per di qui!" urlano le guardie.

"D'altronde la colpa è solo nostra: sono quarantaquattro anni che lavoriamo per atrofizzare il cervello dei neri e rincoglionirli completamente. Ora pretendiamo che l'organo atrofizzato riprenda a sollevare pesi nel giro di ventiquattr'ore. È un'utopia. Ci vorranno anni, almeno tanti quanti ce ne sono voluti per rinsecchirlo. Parliamo tanto di uguaglianza, di pari opportunità, ma è solo sulla carta. Ci sono degli insegnanti che partono dal presupposto che l'intelligenza dei neri sia inferiore, e accettano a malincuore l'idea delle classi miste. Io non ho di questi pregiudizi ma, mi creda, per me insegnare è diventato uno sforzo opprimente."

"E come fa ad andare avanti?" gli chiedo.

"Prima di morire voglio aver contribuito a far sì che la pari opportunità ci sia davvero, in questo paese."

Sembrava che avessimo attraversato il Limpopo appena un attimo prima, e già sfrecciavamo sotto i cartelloni verdi che annunciavano Johannesburg, una triste città d'uffici dove tre milioni di persone vivono in solitudine.

Avevo chiesto l'indirizzo di un buon ristorante alla reception dell'albergo, e mi era stato dato il nome di un centro commerciale aperto fino a tardi, a venti chilometri da dove mi trovavo. "Non c'è niente di più vicino?" "Mi dispiace." La sera era deserta e desolata. Avevo vagato a piedi nelle vie silenziose della *downtown*, tra negozi bui e sbarrati come caveau di banche, vetri antisfondamento, cancelli d'acciaio, occhi diffidenti di videocitofoni, alla ricerca di una luce al neon che mi attirasse in un locale, ma dopo un paio d'ore ero tornato in albergo, dove c'era un buffet semivuoto e un pianista che suonava per non farsi ascoltare. "Le è piaciuto il ristorante?" mi aveva domandato la ragazza della reception. "Non ci sono andato." "Ah." La sua risposta era stata proprio "ah," senza un respiro più del necessario.

Il giorno dopo, recuperata una carta di credito e un minimo di rispettabilità finanziaria senza la quale, a Johannesburg, non sei nessuno, avevo noleggiato una macchina e mi ero lanciato verso sud.

Ho corso per due giorni con il piede pigiato sull'acceleratore, fermandomi soltanto per riempire il serbatoio e farmi pulire il parabrezza dalle croste secche, gialle rosse e marroni degli insetti morti. Gli uomini alle pompe di benzina e dietro i banconi dei self-service dove mi fermavo a comprare *boerevoes* e succo d'arancia sono stati gli unici neri che ho incontrato. Oltre a loro, solo i volti rubizzi e i capelli biondi e pesanti degli afrikaner, e le contrazioni gutturali della loro antica lingua.

Intorno a me ho intravisto sfrecciare le dolci campagne del Transvaal, le immense pianure popolate di struzzi dell'Orange, i paesaggi asettici e artificiali da plastico ferroviario, le colline di velluto verde, gli enigmatici mulini a vento perduti nel nulla dei campi di grano, i vigneti da cui si spremono vini rossi densi come il sangue e vini bianchi che sprigionano l'aroma caldo del sole, i villaggi sonnolenti dove poche casette bianche si stringono intorno alla chiesa come pulcini infreddoliti e dove, la domenica, si cantano inni religiosi vecchi di tre secoli e si balla attorno alla carne che sfrigola sulla brace.

Ieri sera correvo incontro a un enorme sole vermiglio e mi sono trovato di fronte un dosso. Ho rallentato. Sembrava che il sole si stesse poggiando proprio lì, oltre quel dosso. La sua luce invadeva l'abitacolo della macchina come un inchiostro tiepido. Ho ingranato la marcia e ho superato la piccola collina d'asfalto. In basso, al termine di una discesa senza fine, brillavano le luci di Città del Capo e si riflettevano su un mare arancione bello come non ne ho mai visti.

Mi sono lanciato verso quelle onde lunghe e placide con le lacrime agli occhi.

Sono venuto a Cape Point, dove la strada termina davanti all'oceano. Volevo percorrere il mio itinerario da nord a sud fino all'ultimo metro percorribile, fino a trovarmi di fronte all'evidenza del mare, all'impossibilità di proseguire e pertanto alla certezza di essere giunto alla fine. Da quando ho abbandonato la sfida dei quaranta giorni non ho più fretta. Quanti ne sono trascorsi dalla partenza? quarantadue? quarantacinque? cinquanta? Non saperlo mi fa sentire più libero.

Stamattina ho guidato lentamente lungo la strada scolpita nella roccia a picco sul mare, mi sono fermato in un negozietto di Simon's Town dove una vecchia signora di cartapesta vendeva antiche bottiglie e porcellane recuperate sul fondo del mare e incrostate di balani, ho schivato gli spudorati babbuini del parco alla perenne ricerca di cibo a buon mercato e ho fermato la macchina alla base della roccia. Sono salito a piedi, ascoltando il vento che mi asciugava il sudore appena questo stillava dai pori.

Adesso sono seduto sulla pietra e fisso le onde che si accaniscono contro la base del picco, cento metri più in basso. L'Oceano Indiano e l'Atlantico sono avvinghiati in una lotta che dura da millenni, ma il boato dei cavalloni non arriva alle mie orecchie. Titanici spruzzi di schiuma vengono strappati dal vento e scaraventati da un oceano all'altro. Un confine senza posti di blocco, fatto dall'acqua e che l'acqua attraversa cambiando cittadinanza come più le aggrada.

Infilo una moneta in un cannocchiale e mi metto a inseguire un siluro lucido che potrebbe essere un'orca. Bevo raffiche di vento salato come un fluido freddo e vitale.

Quando sono sazio mi volto indietro e guardo verso nord, verso l'Algeria, verso casa, da dove sono venuto.

Un aereo mi porterà a Milano in una manciata di ore, e qualcuno mi servirà del vino ghiacciato mentre sotto le nostre ali indifferenti scorreranno le colline, le giungle, le savane, i fiumi, i laghi, i leoni, i serpenti, i ragni, i coccodrilli, i palazzi dei dittatori, le chiese, le capanne, le moschee e le missioni, i baschi rossi delle forze speciali, i tamburi, le guerre, le taniche di vino di palma, Kalenga e François che arrancano verso Kinshasa, i militari ubriachi, il treno dei ladri, la casa di Mathilde, le miniere di diamanti, lo yacht di Mobutu, Pierrette e il suo frigo vuoto, la puttana ancora sdraiata sul bancone dello Nthe, gli americani di Bitam, i tavoli da *songo*, la mia giacca, alcune delle mie pellicole che nessuno svilupperà mai, Joseph il profugo liberiano, Destiny aggrappato al volante del suo pullman, il cantiere di Jibiya, le dune del deserto, il camionista-sultano Abubakar nel suo eterno peregrinare tra le dune, la sbarra di In-Guezzam, la Casbah di Algeri, Hmidou che aspetta il visto per l'Italia, la spiaggia, il mare. Scorreranno sotto le nostre ali indifferenti nel breve spazio di una notte, e all'alba lasceranno il profumo incerto dei sogni...

Quando mi allaccio la cintura fuori è buio. Il comandante spegne le luci della cabina e dà un po' di gas ai quattro motori voraci del suo Boeing. Si sente un sibilo lontano: senza fretta, rulliamo verso la testata della pista e ci allineiamo per il decollo. Un istante prima che le ruote si stacchino da terra vorrei poter scendere e andare a prendere l'autobus.

TRAVELLER IN "UNIVERSALE ECONOMICA"

Carlo Auriemma, Elisabetta Eördegh
Mar d'Africa
Storie di terre e di vento, di isole e di uomini: in barca a vela dal Mar Rosso verso gli oceani d'Oriente

Miguel Angel Barroso, Igor Reyes-Ortiz
Cronache dai Caraibi
Percorso inedito attraverso le Antille

Giorgio Bettinelli
In Vespa
Da Roma a Saigon

Giorgio Bettinelli
Brum brum
254.000 chilometri in Vespa

Anthony Bourdain
Kitchen Confidential
Avventure gastronomiche a New York

Bill Bryson
America perduta
In viaggio attraverso gli Usa

Duccio Canestrini
Andare a quel paese
Vademecum del turista responsabile

Marc Cooper
Sulle tracce di Che Guevara
Un reporter allo sbaraglio in Latinoamerica

Robyn Davidson
Orme
Una donna e quattro cammelli nel deserto australiano

Cesare Fiumi
La strada è di tutti
On the road, sulle piste di Jack Kerouac
Prefazione di F. Pivano

A.M. Homes
Los Angeles

Eric Hansen
In viaggio con Mohammed
Nello Yemen e nel Mar Rosso

Alain Laurent
Desiderio di deserto

David Le Breton
Il mondo a piedi
Elogio della marcia

Doris Lessing
Sorriso africano
Quattro visite nello Zimbabwe

Cees Nooteboom
Verso Santiago
Itinerari spagnoli

Redmond O'Hanlon
Nel cuore del Borneo

Sergio Ramazzotti
Vado verso il Capo
13.000 km attraverso l'Africa

Alex Roggero
Australian Cargo

Alex Roggero
La corsa del levriero
In Greyhound da Pittsburgh a Los Angeles

Corrado Ruggeri
Farfalle sul Mekong
Tra Thailandia e Vietnam

Oliver Sacks
Diario di Oaxaca

Colin Thubron
Il cuore perduto dell'Asia
In treno dal Turkmenistan al Pamir

Maruja Torres
Amor America
Un viaggio sentimentale in America Latina

Stampa Grafica Sipiel
Milano, febbraio 2007